Play Therapy with Families

A Collaborative Approach to Healing

가족놀이치료

가족을 위한 협력적 접근

| Nancy Riedel Bowers 편저 | 김유숙 · 최지원 · 김사라 공역 |

학지사

역자 서문

부모에게 이끌려 온 상담의 동기가 전혀 없는 중학교 1학년인 효미(가명)와 마주했다. 상담을 이끌어 가기 위해 효미와 대화하려고 애썼지만, 효미는 내 질문에 아무런 반응을 하지 않았다. 나는 책상에 놓인 한 장의 종이를 효미에게 건네면서 말했다. "오늘은 효미가 별로 이야기하고 싶지 않은 날이구나. 그런 날이 있지. 선생님은 너의 그런 마음을 존중하고 싶으니까, 내게 알려 줄래? 이 도화지가 너의 마음이라면 내가 물어서 안 되는 이야기는 어느 정도니? 종이를 잘라서 알려 줄래?" 효미는 반응하지 않았다. 나는 종이를 집어 들고 작게 한쪽 모서리를 자르면서 "그럼 오늘은 이 정도의 이야기만 하면 어떨까?"라고 말을 걸자, 효미는 끄덕였다. 우리의 대화는 이렇게 시작되었다. 대화 도중에 효미 어머니는 효미가 표현하지 않을 때 자신이 얼마나 절망감을 느끼는지를 물이 가득 담긴 종이컵으로 표현했다. 그리고 이렇게 물이 넘칠 것 같으니까 자신도 모르게 소리친다고 덧붙였다. 나는 어머니에게 효미를 편하게 대할 수 있는 만큼 물의 양을 덜어 내도록 했다. 그리고 상담 후반의 대화는 덜어 낸 부분이 어떤 것인지와 그리고 만약 그렇게 된다면 어떤 일이 일어날 것인지에 대해 집중했다.

다음 시간은 오늘 나눈 이야기가 현실에서 일어나도록 각자 무엇을 할 수 있는지 생각해 오도록 했다. 상담을 마무리하려고 할 때 효미는 오늘 언급하지 않겠다고 한쪽으로 밀어 둔 종이를 끌어당기더니 "조금 전에 했던 이야기는 이거예요."라고 하면서 종이의 일부분을 찢어서 내게 주었다. 나는 그 순간 '놀이나 이미지를 상담과정에 적용하지 않았다면 한 달 이상 서로 말을 하지 않던 모녀의 의사소통이 가능했을까?'라고 반문해 보았다. 역자인 우리가 한스카운셀링센터에서 놀이와 이미지를 활용하면서 가족과 만날 때 자주 경험하는 한 가지 예를 여러분에게 소개한 것이다. 우리들은 이 같은 작업을 '가족놀이치료'라고 이름 붙이고 다양한 시도를 하고 있다.

우리는 우리의 현장에 보다 나은 기법을 제공하기 위해 그동안 가족놀이치료와 관련된 여러 가지 책을 함께 읽고 토론해 왔다. 이번에 번역한 Nancy Riedel Bowers의 『Play Therapy with Families: A Collaborative Approach to Healing』은 그동안 우리들이 읽어 온 책들 중에서도 최근의 저서다. 저자는 이 분야의 선구자인 Dr. Eliana Gil의 제자로서 가족놀이치료 분야에서 자주 사용되는 기법들을 제시하고 있으면서, 최근의 경향인 초월적 구조주의(meta-frameworks) 모델을 사용해서 이론과 실천을 탐구하려는 점이 돋보인다. 이것은 급변하는 가정의 변화 속에서 상담사들이 놀이치료와 가족치료를 접목한 새로운 접근방식을 가지고 내담자와 함께 작업을 할 때 큰 도움이 될 것이다. 이 책의 제1장~제3장은 가족과 놀이치료의 이론을 정리했고, 제4장부터 가족놀이치료와 기법에 대해 소개하고 있다. 그러므로 가족놀이치료의 기법에 관심이 있으면 제4장부터 읽어도 좋을 것이다.

또한 이 책은 가족을 만나는 전문가로서 혹은 아동을 만나는 전문가로서 자신의 정체성을 지켜 온 치료사들에게도 도움이 될 것이다. 가족치료사들은 상담과정에 모든 가족이 함께하기를 기대하면서도 막상 어린 자녀들이 오면 그들을 어떻게 다루어야 할지에 대한 아이디어가 충분하지 않다. 또한 놀이치료사들은 어린 내담자와 상호작용하는 다양한 방법을 알고 있고 이를 통해 아동들과 좋은 관계를 유지하지만 이들의 부모들과는 어떻게 상호작용해야 할지 어려워하는 경우가 많다. 가족놀이치료는 가족을 치료단위로서 놀이를 활용한 기법을 상담과정에 적용하여 내담자들이 은유를 통해 자신들이 지금까지 드러내지 못한 내면의 목소리를 드러내도록 하는 것이다. 이것은 놀이에 익숙한 아동은 물론 부모들에게도 회복의 시간이 될 수 있다고 생각한다.

호이징가(J. Huizinga)는 인간의 본질은 놀이하는 것(Homo Ludens)이라고 했다. 놀이는 문화보다 오래된 것으로 사람들에게 자발적인 행위다. 그런데 언제부터인가 현대인들은 일과 놀이를 분리하면서 놀이를 일탈이나 퇴폐적인 것으로 간주해 버리게 되었다. 이 같은 생각의 이유는 그들이 부모가 되어서 아이들의 놀이와 어른의 놀이를 구별하면서 '가족이 함께 노는 즐거움'을 느끼지 못하게 되었기 때문이다. 우리는 이처럼 놀이를 상실한 현대의 부모들에게 놀이의 즐거움과 삶의 기쁨을 회복시켜 줌으로써 건강한 가족관계를 추구하려고 한다.

이 책을 출간하기까지 도움을 주신 많은 분들에게 고마움을 전하고 싶다. 먼저 그동안 한스카운셀링센터에서 가족놀이치료를 매개로 함께해 온 많은 가족들에게 진심으로 감사의 뜻을 전한다. 이들과의 경험이 있었기에 현실감 있는 번역이 가능했기 때문이다. 또한 좋은 책의 출간을 수락해 주신 학지사 김진환 사장님과 편집을 맡아 준 이상경 선생님에게 감사의 마음을 전한다.

2015년 9월
김유숙 · 최지원 · 김사라

편저자 서문

놀이치료의 분야에서의 멘토링을 열심히 찾기도 했지만, 운이 좋았다. 2011년 컬럼비아대학교에서 버지니아 액슬린(Axline)이 걸었던 길을 밟던 순간들은 이 책의 출판 계기가 되어 준 특별한 순간들이었다. 고맙게도 찰스 셰퍼(Charles Schaefer) 박사가 이 책의 계약을 위해 애런슨(Aronson) 박사와 연결을 시켜 주었다. 그리고 개리 랜드레스(Garry Landreth) 박사는 내 박사학위와 수련의직의 연구방향을 제시해 주었다. 그리고 지도교수이자 스승이신 엘리아나 길(Eliana Gil) 박사가 떨어져 있어도 나에게 여러 가지 영향을 주었다. 전 학과장이자 현재 사회복지분야에서 일하고 있는 프랑크 터너(Frank Turner) 박사도 내게 많은 영감을 주었다. 이 책에 기고한 동료들은 놀이와 놀이치료가 아동들에게 특별한 목소리를 제공해 준다는 것을 별다른 설명을 하지 않아도 이해하고 있다. 그들의 일은 매우 중요한 것으로, 나는 그들을 통해 항상 배운다. 위니(Winnie)는 이 책이 나오기까지 중요한 방향을 제시해 준 사람으로 우리는 그녀가 제시한 형식을 따랐다. 편집자 에이미(Amy)는 인내를 가지고 끝까지 정중하게 대해 주었다.

가족은 내게 놀이를 사랑할 수 있는 계기를 만들어 주었다. 캐나다, 온타리오의 퀸트만에서 가족들과 함께 범선을 탔던 것은 여전히 특별한 경험으로 남아 있다. 내 부모와 리델(Riedel), 그리고 자매인 재닛(Janet)과 수잔(Susan)에게 감사한다. 그들은 내게 언제나 자랑거리였다. 나와 매우 특별한 관계를 가진 아동들은 나에게 조건 없는 사랑과 격려를 주었다. 심리학부 석사인 애나(UBC, 2015)와 의학박사인 닉(U of T, 2014)은 끈기 있게 계속 나와 함께 일하고 있다. 일과를 끝낸 후, 남편인 아트(Art)는 웃음과 인내로 나의 매일을 특별한 날로 만들어 준다.

차 례

제1장
놀이는 아동들을 위한 목소리   13
Nancy Riedel Bowers and Anna Bowers

제2장
맥락 설정: 놀이와 치료적 적용   21
Nancy Riedel Bowers

식물이 최대의 성장을 하기 위해서 햇빛과 비, 그리고 좋은 땅을 필요로 하는 것처럼, 사람들은 자기 자신뿐만 아니라 다른 사람들도 있는 그대로 받아들일 수 있어야 한다.

— 『Play Therapy』(V. Axline, 1947)

제**1**장

놀이는 아동들을 위한 목소리

● Nancy Riedel Bowers and Anna Bowers

나는 전 세계를 다니면서 어떤 아동들은 잘 자라고 있고 어떤 아동들은 그저 생존만 하고 있다는 것을 알게 되었다. 어떤 아동들은 주위에 공동체나 가족과 같은 여러 지지자들이 있지만 어떤 아동들은 그런 자원들이 없었다. 그러나 가족들이 어디에 있는지와는 상관없이 놀이는 아동들에게 표현하는 방식과 '목소리', 그리고 창의력을 펼칠 수 있는 기회를 제공해 준다. 그것이 마라케시에 있는 메디나*의 거리를 방황하고 있든지, 최신 태블릿을 가지고 놀면서 자기표현을 하든지, 또는 언덕을 헤매면서 쉴 곳을 찾든지 간에 세계 곳곳에서의 아동들은 놀이를 하도록 격려받는다.

아동이나 아동들을 지지하는 체계들은 가정과 공동체의 전통을 함께함으로써 더불어 치료되는 것과 삶의 역경 속에서 아동 스스로가 회복하도록 돕

---

* 마라케시(Marrakech)는 모로코 중앙부에 있는 도시이며, 메디나(Medina)는 마라케시에 있는 문화 유산으로 오랫동안 정치적·경제적·문화적 중심지 역할을 해 왔고, 서부 무슬림 세계에 영향을 끼쳤다.

는 것 두 가지로 나뉠 수 있다. 놀이는 아동들이 다른 사람과 함께함으로써 자신의 세계가 무엇인지를 들여다보고 보다 잘 이해하게 한다. 그리고 이를 통해 자신이 겪은 것에 대한 감정들을 표현하고 더 나아가 앞으로의 새로운 대책을 마련하는 기회를 제공한다. 놀이는 아동에게 '자기표현의 자연스러운 매개체'이며(Axline, 1947: 9), 어떤 것에 의해 희석되지 않는 이상, 세상을 이해하는 방식과 치료적 요소를 제공해 준다.

이 책은 가족, 정신보건 사회복지사, 교사, 그리고 아동을 위한 책이다. 이 책은 놀이를 통한 치료대안을 강조하면서 가정생활과 놀이의 관계에 대해 보다 깊은 이해를 제공해 준다. 최근의 놀이가 아동의 치료에 어떤 중요한 역할을 하는지에 초점을 맞추면서 가정생활의 변화에 대해서도 이해를 돕고자 한다.

변화하는 사회의 가족

가족은 항상 변화한다. 세상의 모든 곳에서, 각 나라 안에서, 그리고 각각의 공동체 안에서 가족들은 모두 변화한다. 시간과 역사와 변화하는 사회의 영향은 가족이나 각 개인의 정체성 유지와 정상적 기능에 대한 외형적인 조건을 제시한다. 또한 모든 가족은 인생의 어느 시점에서 역경을 겪는데 그들은 다시 균형을 되찾는 방안을 모색하는 것에 있어서 어려운 상황에 직면하기도 한다. 대부분의 가족은 이러한 역경에 성공적으로 적응을 하지만 가족마다 가지고 있는 자원과 기회가 다르기 때문에 어떤 가족들은 이 같은 역경에 대해 적응하기 어려운 경우가 있다.

사람들은 불충분한 경제자원과 정치적 결정들 때문에 물, 식량, 주거지나 의료적 제공과 잠정적 성장의 기회를 갖지 못한다. 가족 내부의 역경이 치료될 기회는 스트레스 요인의 축적, 그리고 가족기능의 균형을 회복하기 위한 가족의 요구에 대처할 때 사용하는 도구와 기술, 가족이 상황에 부여하는 의미에 따라 달라진다.

어떤 가족은 트라우마와 죽음, 감정과 관련된 사건들을 경험한 후 일상의 생활과 치료를 위해 자신들이 가지고 있는 자원에 의존한다. 역사적으로 공동체, 종교적 성향, 의식, 그리고 믿음들은 완충제의 역할을 해 주며 가족지지를 위한 도구를 제공해 준다. 어떤 가족은 역경에 대처하는 방법들을 강화하거나 새로운 방법들을 개발해 가면서 자원의 목록을 늘린다. 이 같은 스스로의 노력에도 불구하고 치료과정을 위해 '외부인'을 초대했을 때 치료적 상황이 일어나는 경우가 많다. 자연적인 치료자원을 중시하는 것과 회복의 과정에서 사용할 수 있는 가족의 강점들을 강화시켜 주는 것은 우리의 치료 과정의 일부분이다.

가족의 성장을 위한 도구들은 자연스럽지만 동시에 장난스럽다. 우리는 지진, 폭력, 건강 문제와 관련하여 수천 명이 한꺼번에 피해를 입은 나라들이 음악, 춤, 게임으로 이러한 상황을 극복해 내려는 것을 목격하곤 한다. 복잡한 트라우마와 다양한 죽음의 시간에도 웃음은 애도와 치료로 이어지고 그것은 일시적인 안심과 위로를 제공해 준다. 장난감이나 다른 형태의 소품은 가족구성원들 간의 교류를 용이하게 해 주고 불안정하고 어려운 시기에 공통된 언어를 제공해 준다. 또한 놀이는 독특한 관점들에 의지하면서 각 가족구성원의 요구에 대처하고, 가족들이 문제들을 함께 탐구하고, 해결을 위한 안전한 바탕을 편하게 제공한다.

놀이는 전 세계 사람들의 인생에서 특별한 역할을 하고 있다. 형태가 무엇이든 간에 아동은 그것과 교류하며 관계를 발달해 간다. 또한 이러한 관계는 놀이를 통해 발달되는 사회적 관계와 지지를 제공해 준다. 가족들은 함께하고, 놀고, 치료하기 위해서 통상적인 방법과 창의적인 방법을 사용한다. 그들은 연결, 공유, 자신들이 함께 있는 이유를 이해하고 많은 경우 서로를 떠난다. 놀이는 이처럼 함께하는 경험과 목적을 제공한다. 그리고 놀이는 가족 관계를 용이하게 해 주고, 연결과 치료와 애착 간의 관련성을 증진시킨다.

이 책의 목적

이 책은 아동치료 분야의 전문가들의 경험과 이론적 검토를 통해 놀이에 대한 이론과 더불어 가족과 그들의 과거와 현재와 변화하는 정의에 대한 개관을 제공하려고 한다. 이 책은 생물학적 가족과 입양가족 및 위탁가족을 포함한 현재 통용되고 있는 다양한 종류의 '가족'을 위해 놀이가 어떻게 치료도구로 기능하는지를 검토하는 것에 많은 부분을 할애하고 있다.

가정생활의 변화는 전 세계에 대한 흥미로운 다양성을 가지게 하는 한편, 가족이 어떻게 살아남게 되는지에 대한 수수께끼도 동시에 가지게 한다. 오늘날의 '가족'에 대한 개관은 상담과 치료현장에서의 중재와 치료적 대안으로 이어진다. 놀이와 놀이의 치료적 요인과 놀이가 가족치료에 기여하는 부분은 어디에서든 가족들이 모두 스스로를 치료할 수 있다는 것이다. 또한 그렇게 할 수 있을 것이라는 관점을 제공해 주기도 한다. 전문적인 개입은 이 같은 기회를 쉽게 포착할 수 있도록 돕는다. 따라서 이 책에서는 몇 가지의 치료모델을 제공하고 있다.

치료도구로서의 놀이

놀이는 사회화, 관계, 애착이 형성하는 기회를 제공해 준다. 연구를 통해 입증된 치료적 개입형태의 놀이치료 모델들은 치료적 방법으로서 놀이의 힘을 강조한다. 이 책의 목적은 지식과 실천을 위한 도구들을 제공하는 것이며 생태체계 내 가족구성원들을 포함하는 놀이치료의 모델들이 이 책의 주요 내용이다.

이 책에서는 가족치료, 가족치료의 시작과 진화 과정, 그리고 가족치료에서 놀이가 포함되는 과정을 살펴보려고 한다. 또한 가족치료의 특정한 모델들을 동시에 포함하고 초월하는 방법으로 초월적 구조주의(Metaframeworks) 모델(Breunlin, Schwartz, & Mac Kune-Karrer, 2001)을 사용해서 가족과 가족놀이치료의 이론과 실천을 탐구하기 위해 사건과 사례들을 적용하였다.

이야기 놀이치료와 관련된 가족개입의 창시자인 마이클 화이트(Michael White)와 데이비드 엡스타인(David Epstein)은 이야기치료에서 가족재구성을 위한 적용을 서술하였다. 적극적인 대안탐색과 놀이 위주의 치료는 상담사와 가족이 직접적으로 사용할 수 있도록 해 주었다.

가족을 축으로 하는 두 개의 놀이치료 모델, 즉 치료놀이와 부모자녀놀이치료 모델은 가족 성장을 위한 치료과정을 강조하였다. 이 모델들의 단계는 구체적으로 기술되어 있으므로 독자들이 치료과정에서 가족구성원과 직접적으로 적용해 볼 기회를 갖을 수 있다. 치료놀이는 가족들에게 애착을 증진시키는 것이며 부모자녀놀이치료는 가족놀이를 용이하게 하는 것으로 두 모델이 추구하는 것은 다르지만, 이 모델들은 세계 여러 나라에서 정신건강 개입의 도구로서 손쉽게 적용해 볼 수 있는 기법이다.

놀이치료에서 자주 사용되는 치료방법인 모래놀이는 입양가족을 위한 치료과정과 관련해서 서술하고 있다. 모래상자는 입양을 선택하는 가족들이 강한 애착을 느끼기 시작하고 유지하기 위한 노력의 도구로 사용하였다. 이들은 그것을 통해 이야기와 감정을 나누고 필요할 때는 문제해결을 위한 매개체로도 사용하였다. 모래놀이 접근을 공부하는 사람들을 위한 직접적인 적용은 이 책의 모래놀이에 관한 장에서 서술하고 있다.

가족치료의 새로운 모델: 협력적인 놀이치료

이 책은 원래 아동과 가족을 위한 놀이치료의 새로운 모델을 소개하고자 하는 의도에서 출간되었다. 이 책에서 공동 놀이치료 모델은 가족의 이야기를 공유하고 강점들과 취약한 부분을 파악하여 변화의 기회들을 계획한다.

가계도:

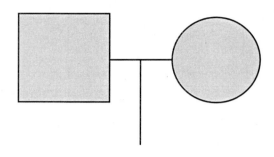

시간선

0년　　　　　　　　　　　　　　　　　　　　　　　　　　　현재

생태도:

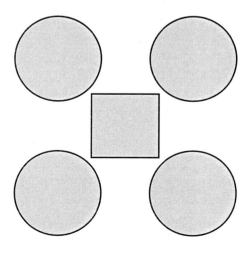

[그림 1-1]　협력적인 놀이치료를 위한 도구

[그림 1-1]에서와 같이 공동의 노력을 통해 바뀐 이야기를 공유하는 도구로서 가계도와 생태도와 시간선을 강조한다. 새로운 가족, 재편성한 가족, 재구조한 가족 모두 놀이라는 매개체를 통해 치료할 수 있는 기회를 제공한다. 세 개의 도구는 아동과 가족의 인생에서 발생한 일들과 가족과 공동체의 관계(가계도)에 대해 이해하는 것, 동시에 가족 안에서의 긍정적이고 어려웠던 중요한 사건들을 보는 것(시간선), 그리고 생태체계와 아동과 가족체계들을 위해 존재하는 사용가능한 모든 자원들에 대한 조감도를 갖는 것(생태도)에 유용하다. 이 같은 자원들과 창의적인 것들(색칠놀이, 콜라주, 음악, 표현을 위한 재료와 예술, 인형극)을 더하면 아동의 삶에 생명력이 불어넣어질 수 있다.

초기 사정, 평가, 종결에 이르기까지 차료과정 동안 아동을 가족 안에 포함시키는 협력적 접근에서 아동들은 장난스러운 기술과 '목소리'를 가졌다. 이 목소리는 자기표현과 치료옵션의 선택과 새로운 애착들을 향상시킨다.

제**2**장
맥락 설정: 놀이와 치료적 적용

● Nancy Riedel Bowers

세계적인 맥락에서 놀이는 무엇인가

이 장에서는 전 세계 곳곳의 치료과정에서 '놀이'를 치료도구로써 표현하는 부분을 개념화 하고자 한다. 최종 원고는 캐나다 온타리오주 워털루 지역의 그랜드강 옆에서 완성하였다. 미국 코드곶의 노셋 해변에서 했던 대부분의 작업들이 원고에 담겼다. 모로코, 칸, 홍콩에서 만난 아동들의 놀이는 놀랍게도 다양했다. 이처럼 놀이는 소통과 가정생활과 공동치료를 위한 여러 가지 다양한 맥락을 제공한다는 것을 알 수 있다.

가족과 가족의 변화하는 개념들은 가족들이 놀이를 통해 치료되는 것에 대한 아이디어, 또는 많은 아이디어들을 만드는 시험대를 제공한다. 전 세계적으로 가족의 맥락은 어떻게 이해되고 있는가? '가족'이란 무엇인가? 가족들은 어떻게 '놀이'를 하는가? 어떤 가족들은 '놀이'를 하지 않는가? 놀이는 활동인가, 사람의 발달과정에서 자연스러운 부분인가? '놀이'는 탄생에서부

터 죽을 때까지 떼 놓을 수 없는 것인가? 또는 단순한 여가활동인가, 아니면
둘 다인가? 놀이는 죽음과 트라우마와 일상생활의 치료에 기여하는가? 이처
럼 놀이를 정의하는 것에는 끝없는 어려움이 따른다. 놀이와 놀이의 기능,
더 나아가 치료적 요인들은 우리가 놀이에 대한 새로운 방법들을 시도하면
서 우리들의 내면도 바뀌어 왔다. 그럼에도 불구하고 분명한 것은 "아동들
이 놀 때, 아동들은 다양한 적응력이 발달하고 감정을 표현할 수 있다"
(Christian, Russ, & Short, 2011: 179). 이 책은 "표현을 위한 놀이의 가치"
(Brumfield & Christensen, 2011: 216)를 관찰하고 놀이가 어떻게 삶 속에서 가
족관계와 치료에 기여하는지에 대한 질문에 답하고자 하며 놀이를 통한 치
료 유형의 대안을 제공함으로써 아동들과 가족의 성장을 돕고자 한다. 실제
로 놀이는 가족의 화합과 생존에서 중심적인 역할을 한다. 궁극적으로 우리
는 아동들을 통해 인생과 유희하는 법을 배운다(Hart, 2003). 가족공동체계
는 아동들에게서 놀이 치료의 효능에 대해 배울 수 있다. 그렇다면 놀이란
무엇인가?

　　어느 해인가 나는 모로코의 마라케시의 메디나의 뒷길에서 장난감도 없이
쫓고 쫓기면서 노는 아동들을 관찰할 기회가 있었다. 같은 해 프랑스의 해안
에서 커다란 배에서 노는 아동들도 이어서 관찰하였다. 이 차이를 머릿속에
두면서, 싱가포르, 일본, 홍콩에서처럼 모든 연령대의 아동이 다양한 크기의
태블릿을 사용하고, 태블릿이 놀이와 창의성을 위한 새로운 방법들을 제공
하며, 테크놀로지를 통해 새로운 놀이의 세계로 가는 여행을 했다. 이 같은
관찰을 마무리하던 해에 나는 세계의 무대에서 놀이의 개념이 바뀌고 있다
는 것에 흥미를 느꼈다.

　　놀이는 "목소리…… 자아실현…… 권한 부여"(Riedel Bowers, 2009: 176)라
는 개념으로 이야기될 수 있다. 이것은 놀이를 통한 치료에 가장 적용 가능
한 정상적인 성장과 발달이다. 브래튼과 그의 동료들(Bratton et al., 2013)은
"놀이치료는 어린 아동들의 사회적 · 감정적 · 행동적인 문제들을 치료하는
데 적합한 발달적 · 문화적으로 반응하는 개입방법이다."(p. 30)라고 언급하

면서 소통의 강력한 도구로서의 놀이의 보편성을 강화했다. 지나치게 '학문적'으로 들리는 위험을 무릅쓰고 이 장은 전통적인 관점에서 놀이를 정의하려 한다. 다음은 놀이를 치료도구로서 서술하고 마지막으로 놀이를 치료과정에 적용하는 것, 이른바 아동, 성인, 공동체와 가족을 포함하는 선택된 놀이치료 모델로 종결하였다. 특히 놀이자체와 대인관계 발달, 놀이의 연결은 가족과 공동체와의 연결과 구성, 유지와 관련되어 있음을 강조하였다.

놀이의 정의

놀이는 대중에게 공통된 활동이지만, 그럼에도 불구하고 역사적으로 놀이에 대한 정확한 뜻을 정의하기는 어려웠다. 20세기의 마지막 25년에 비로소 놀이에 대한 관심이 늘었다. 엘리스(Ellis, 1973)는 지난 50년 동안 놀이는 간헐적인 관심만을 받았다고 하면서 놀이에 대한 실용적 관심이 증가하자 "이론적인 활동의 새로운 파도가 왔다"(p. 4)라고 했다. 놀이의 개념은 지속적으로 다양하게 정의되었고 여러 가지 다양한 맥락에서 논의되고 있다. 아동의 성장과 성인으로 이행함에 있어서 놀이치료는 상당히 중요하고, 이에 대한 이해가 점점 늘어나고 있다. 놀이는 삶의 바탕이며(Brown, 2010), 사람들의 성장에 놀이는 필수적 요소다.

찰스 셰퍼(Schaefer, 1983)는 "놀이라는 용어에 대한 한 가지의 통합된 정의가 정리되지 못했기 때문에 놀이와 놀이치료에 관심을 가진 사람들이 놀이라는 용어를 명확하게 이해하기 어렵다"(p. 2)라고 언급했다. 그러나 놀이가 관찰되고 있는 맥락은 뚜렷해야 한다.

놀이라는 용어의 어원은 싸움과 게임놀이의 맥락에서 비롯되었다. 마혼(Mahon, 1993)은 놀이라는 단어의 기원에 대해 다음과 같이 설명하였다.

'게임, 전환'이라는 놀이의 현대적 정의가 놀이라는 활동의 명료한 특성을 묘사하지만 사실 그것은 고대 영어 plega라는 말에서 유래되었다. 그 단어는 장난스럽지 않은 의미를 내포하고 있다. 한 대 때리다[asc-plega＝창과 놀이를 하다, 즉 창을 가지고 싸운다, 또는 sword-plega＝칼을 가지고 싸운다(Skeat, 1910)]. …… 이러한 어원적 단서를 따른다면 요즘 사용되는 놀이라는 단어의 현대적 의미인 '장난스러움'과는 달리 놀이의 어원은 전혀 동떨어진 행동들에서 유래되었음을 알 수 있다(p. 173).

과거의 수년간, 요즘 사전들에는 놀이에 대해 다양한 정의가 제시되었다. 이러한 정의들은 놀이라는 단어의 원래 뜻에 함축된 게임적 측면이나 그 주제의 다른 변형들을 포함한다. 『웹스터 신대학생용 사전 제9판』(Webster의 Ninth New Collegiate Dictionary, 1989)은 놀이의 의미가 '아동들의 즉흥적인 활동'(p. 902)이라고 언급했다. 『옥스퍼드 영어사전』(1989)에서는 놀이는 "운동, 또는 활발하거나 자유로운 움직임이나 행동"(p. 1011)과 "통제되지 않은 움직임"(p. 1012)이라고 강조했다. 한편 메리엄 웹스터(Merriam-Webster.com, 2012)는 놀이가 "활동적인 상태, 중요하고 관련성 있음, 자유롭고 통제되지 않은 움직임."이라고 소개했다. 이 정의들은 그 밖의 다양한 정의들과 마찬가지로 놀이의 과정이 제공하는 '자유로움'에 더하여 '즉흥성'이 되풀이되는 묘사적 테마를 강조한다.

이 장의 앞부분에서는 유명한 이론가들이 이야기한 놀이에 대한 정의를 서술하고 놀이의 여러 고전적인 이론과 보다 현대적 이론에 대해 설명하였다. 뒷부분에서는 아동의 세계나 주변환경 속의 맥락에서 아동의 사회화와 관계의 발달에 대한 놀이의 기여들을 요약하였다.

관계발달과 선택된 놀이이론들에 대한 검토

코이와 헬렌둔(van der Kooij & Hellendoorn, 1986)은 현대 놀이이론에 대해서 다음과 같이 설명했다.

> 놀이의 존재와 중요성은 의심된 적이 없다. …… 그러나 이론적인 관점이든 방법론적인 관점이든 놀이는 과학적인 통제의 밑에 있다고 말할 수 없다. 놀이에 대해 문학에서는 수많은 다른 의견들을 찾을 수 있으며 이 같은 다양성은 오늘날도 이어지고 있다. 놀이에 대한 오래된 이론들, 예를 들면 스펜더, 홀, 라자루스, 그루스(Spender, Hall, Lazarus, & Groos, 1901)의 연구에서는 놀이의 몇 개의 측면만 설명된다. 피아제, 에릭슨, 샤토, 헥하우센, 빌러, 그로 헤처와 같은 이들의 현대 놀이 이론들을 포함하면 우리는 최종적으로 어떤 결정을 하게 될 것인가? 우리는 쇼이얼(Scheuerl, 1975)이 다음과 같이 내린 결론에 동의한다. "놀이이론의 역사는 서로 맞지 않을 뿐더러 오히려 정반대다. 서로 연결되지 않은 조각들의 연장이다"(pp. 11-12).

이러한 이론가들과 다른 이들의 이론들은 놀이에 대한 더 나은 이해를 돕는다. 이 같은 이해는 개인, 가족과 공동체, 전형적인 체계를 포함한 개인이 사는 환경 간의 관계 향상에 필요한 특징을 확인시켜 준다.

놀이이론의 역사

놀이의 역사에 대한 검토를 통해 여러 문명의 세대를 걸쳐 놀이가 근원적이라는 것을 알 수 있다. 미어스(Meares, 1993)는 아동들의 놀이 사용은 "자신들의 인생에 내재된 기본적인 시공간 패턴을 놀이에 투사한다."(p. 119)고 말했다. 그는 또한 다음과 같이 언급했다.

> 최초의 문명세계의 유물들은 사람과 동물의 축소모형을 포함하며, 이것
> 들은 짐작컨대 장난감으로 사용되었을 것이다. 따라서 놀이의 역량이 우리
> 의 유전적 재산의 일부분이라고 결론짓기 어렵지 않다. 언어창작의 가능성
> 이 생물학적으로 주어진 것처럼…… 이 같은 역량은 환경에 대한 민감성에
> 달려 있다(p. 151).

개인의 성장과정에서 놀이의 존재는 시간과 관계없으며 당연시 여겨졌지
만 완전히 이해되지는 않았다.

루빈(Rubin, 1982)은 고전과 현대의 놀이 이론에 대한 개관을 시도했다.
그러나 이 책의 내용은 비판받았고 현재 사용되는 놀이에 영향력을 미치지
못했다. 그가 서문에 검토한 놀이에 대한 초기의 관점들 중 몇 가지는 대인
관계의 발달에 영향을 미쳤으며 이를 요약하면 다음과 같다.

- 놀이는 아동의 현실을 변형시키도록 해 주고 그렇게 함으로써 세계의
  기호적 표현을 발달하도록 촉진한다(Schiller, 1954; Spencer, 1973; Groos,
  1898, 1901; Piaget, 1962, Vygotsky, 1967; Singer, 1973).
- 아동들의 놀이에는 질적인 차이가 있으며 이들은 다른 능력수준을 반영
  한다. 이런 놀이의 유형들은 본래 쉴러(Schiller, 1954), 스펜서(Spencer,
  1873), 그루스(Groos, 1898, 1901)가 서술했으며 감각 운동적인 활동에서
  판타지와 규칙이 있는 게임까지를 포함한다.
- 놀이의 성질 중 하나는 가상의 '만약에' 또는 비언어적인 성질이다
  (Bateson, 1956; Garvey, 1977; Matthews & Matthews, 1982).
- 놀이는 창의성과 예술적 감상의 발달을 돕는다(Dansky, 1980; Lieber
  man, 1977; Singer, 1973).
- 어린 시절의 놀이는 후에 성인이 되었을 때, 진지한 일들에 있어서 유용

한 활동의 연습과 숙달을 가능케 한다(Groos, 1898; Bruner, 1972; Sylva, 1976). 더군다나 놀이가 개인의 주변에 대한 숙달과 인과적으로 관련되었다는 개념은 20세기 중반 프로이트 이론에서 또다시 확인되었다.

• 놀이는 발달에서 감정 정화효과를 준다(Hall, 1920; Axline, 1969). 이러한 관점은 현대 정신분석 이론과 실천 속에서, 그리고 인식을 통해 놀이치료의 이득을 찾을 수 있다(Axline, 1969).

• 인간에게 놀이는 신경 생리 작동원리에 근원이 있다(Berlyne, 1960: 11-12).

루빈(Rubin)의 놀이연구에서는 피아제(Piaget)와 그루스(Groos)가 언급한 놀이와 놀이의 상징적 가치의 기여를 강조하였다. 또한 창의성과 숙달의 개념은 아동의 문제해결기술의 발달에 필수적인 것으로 강조하였다. 놀이의 정화적 기능은 현대 놀이치료에서 기본 전제의 역할을 한다.

이 장의 나머지 부분에서는 놀이이론의 원리를 보다 구체적으로 검토할 것이다. 선택된 놀이이론들은 연대순으로 목록화되어 있고, 이 장의 결말에 요약된 것처럼 놀이에서 게임의 중요성, 상징적 놀이, 자아기능으로서의 놀이, 그리고 사회적 교류에 대한 창의적 놀이의 관련성과 구체적으로 관련된 사실을 언급하였다.

레보(Lebo, 1952)가 주장한 것처럼, "아동들을 이해하고 가르치기 위해서 아동들의 놀이를 공부하는 것을 처음으로 지지한 사람은 장 자크 루소(Jean-Jacques Rousseau, 1758)다. 그는 아동기가 성장하는 기간이라는 사실을 인식했다"(p. 418). 루소(Rousseau, 1758)는 어린 시절과 놀이에 대해 처음으로 문서로 기록된 이론을 제공하였다.

아동기를 숭배하고 좋다 나쁘다 판단하려고 서두르지 마라. …… 자연을 대체하기 전에 자연에게 일을 할 시간을 주도록 하라. 자연의 기능에 방해하지 않기 위해…… 아동기는 이성을 잠자게 한다(p. 71).

루소는 놀이에서 일로 가는 자연적인 이행의 과정을 찾고 다음과 같이 말했다. "일이나 놀이는 자라는 아동에게는 똑같은 것이다. 게임도 아동에게는 일이다. 아동은 차이를 모른다. 아동은 모든 것에 흥미를 느끼고 쾌활함, 자유의 매력을 가져온다"(p. 126). 표현의 자유의 매개체인 놀이는 루소에 의해 놀이의 이론적인 발달의 기본 전제를 갖추게 되었다.

칼 그루스(Karl Groos)가 출간한 책들이 나온 1901년이 되어서야, 놀이에 대한 보다 학문적인 연구를 시작하였다. 그루스(Groos, 1901)는 저서를 통해 사회적 발달 과정에서 "응원과 놀이의 인도적 효과는 육체적·정신적 그리고 둘 다에게 얼마나 가치가 있는가, 특히 사회적 유대감을 강화하도록 한 게임"(p. 395)이라고 언급하면서 게임의 중요성을 강조하였다. 이처럼 놀이 과정에서 게임들은 사회화의 기회로 가는 연결의 역할을 한다.

그루스(Groos)가 놀이를 자신의 저서에 소개한 후 지그문트 프로이트(Sigmund Freud, 1905)는 놀이는 아동들이 즐거움을 경험하는 경로라고 언급했다.

놀이—그 단어 자체를 잊어서는 안된다—는 아동들이 자신의 생각을 정리하기 위해 단어를 배울 때부터 익숙해진다. 놀이는 아마도 아동들이 자신들의 역량을 연습하도록 이끄는 본능을 따를 것이다(Groos, 1899). 그것들은 즐거운 효과를 가지며, 그 즐거움은 비슷한 것을 반복하고, 익숙한 것을 재발견하는 것에서부터 발생한다.

놀이와 창의성을 연결하는 데 도움이 되는 질문을 받았을 때 프로이트(Freud, 1908)는 창의성에 대한 글에서 놀이와 놀이의 즐거운 효과들에 대해 보다 상세히 언급했다.

우리는 초기 아동기에서도 창의적인 활동의 자취를 찾아야 하지 않을까? 아동이 가장 좋아하고 진지하게 생각하는 일은 놀이나 게임이다. …… 자신의 놀이세계가 특별한 감정을 줌에도 불구하고 아동은 현실과 놀이세계를 꽤 잘 구분한다. 그리고 그들은 자신이 상상한 형태와 상황을 현실세계에 반영할 수 있고 자신이 볼 수 있는 것들과 연결 짓는 것을 좋아한다(pp. 144-145).

프로이트는 아동들을 만날 때, 성인의 정신분석 방법론을 사용했지만 그는 놀이의 중요성과 상상의 세계와 현실세계의 연결다리로서의 기능을 강조했다. 놀이와 놀이의 창의적인 역량은 아동에게 바깥세계를 탐색하게 하며 주변의 도전들로 다가갈 기회를 제공한다.

멜라니 클라인(Melanie Klein, 1932)의 놀이에 대한 정신분석적 해석은 놀이와 현실의 긴밀한 관계에 대해 상세히 설명한다. 그녀는 "놀이분석은 아동이 아픈 현실을 극복할 뿐만 아니라 동시에 바깥세상을 투사함으로서 본능적인 두려움과 내부의 위험들을 지배한다는 사실을 보여 준다"(p. 177)고 언급했다. 클라인은 "아동의 정신적인 생활의 다양한 흐름"(p. 105)을 보다 잘 이해하기 위해 아동이 하는 게임의 변화를 따라가는 것에 대한 가치를 알아보았다.

존 볼비(John Bowlby, 1953)는 놀이의 상징적 기능과 개인의 사회적 발달에 집중하면서 다음과 같이 말했다. "가족 안에서 어린 아동은 제한된 사회 속에서 자신의 놀이를 표현하도록 격려받는다. …… 그는 자신의 사회적 환경을 자신의 마음에 맞는 형태로 바꾸도록 배운다. 같은 현상이 놀이에서도 일어나며 놀이에서는 자신을 위한 상징적 방식으로 새로운 세계를 만들고 재구성한다"(p. 64).

놀이의 상징적 기능에 대해서는 장 피아제(Jean Piaget, 1962)가 많은 부분에서 확장했는데, 그는 이 주제에 관해서 가장 많은 저술을 남긴 이론가다. 그는 아동의 인지발달에서 놀이가 제공해 주는 상징적 기능이 중요하다고 가정했다. 피아제는 사회화와 타인과의 관계에 기여하는 놀이의 측면을 이해하려는 시도로 놀이의 상징적 기능에 대한 여러 생각을 지지했다. 특히 게임놀이를 통해 타인과 관계를 발달시키는 것에 관심을 가졌다.

피아제(Piaget, 1962)는 놀이과정에서 게임의 세 가지 주요 범주를 언급했
다. 연습게임, 상징적 게임, 그리고 규칙이 있는 게임으로 호기심은 상징적
또는 가공의 게임의 중심에 있다. 놀이의 해석은 주요 문제들을 해석하려는
시도로서 피아제는 놀이의 상징적 게임들을 여러 단계로 정리하였다. 이런
단계들은 개인적 형태나 이미지가 아닌 초기발달, 행동이나 감각 운동 스키
마의 다른 단계들을 반영한다. 그는 기호적 표현이 아동의 바깥세상을 소화
할 수 있도록 해 준다는 점에서 차후의 놀이 발달을 위해 상징주의가 상당한
의미를 가지고 있다고 믿었다. 이런 방식으로 상징적 놀이는 형태를 갖추기
시작한다. 아동은 개인의 능력을 사용하며 "자신의 경험을 한 단어로 표현
하면 아동은 자신의 행동들을 재현함으로써 자신이 행동들을 실행하는 것과
타인에게 자랑하는 즐거움을 느낀다"(p. 121). 상징적 게임놀이의 초기발달
의 각 단계는 놀이의 이 같은 논의와 사회화 과정에서의 놀이의 가치에 기여
한다.

피아제 이론의 첫번째 단계는 '새로운 형태에 상징적 스키마를 투사하는
것'이라 불리며, 이 단계에서는 모방의 메커니즘과 자신과 타인 간에 설립
된 관계들을 통해서, "(아동은) 이제 익숙해진 스키마를 다른 사람들과 형체
들에 적용할 것이다"(p. 121). 이 단계는 생후 첫 4년에 적용되며 모방과 자
신과 타인 간에 형성된 관계들로서 특징지어진다. 뿐만 아니라 첫 단계의 특
징은 "한 물체와 다른 물체의 단순한 연상과 아동의 신체와 다른 사람들의
신체나 물건들과의 단순한 연상"(p. 124)을 의미한다. 이 단계에서 아동은 놀
이에서 동반자로 가상인물들을 만들어 내고, 이 동반자들은 "공감하는 청중
이나 자아의 거울을 제공해 주면서 자신의 존재를 확인한다"(p. 131). 아동이
자신과 관련되었다고 느낄 수 있는 환경을 아동 스스로 만들 기회를 주고 아
동이 그 환경 안에서 상징적 또는 가공의 게임을 하는 동안 현실의 문제들이
해결된다.

두 번째 단계는 4~7세 연령의 아동들에게 영향을 미치는 단계다. 이 단계
는 '한 물체와 다른 물체의 단순한 연상'으로 불린다. 이 단계는 상징적 게임

의 중요성은 적어지고 현실세계의 보다 직접적이고 모방적인 묘사를 특징으로 한다. 또한 질서정연, 현실의 정확한 모방, 그리고 집단 상징주의가 우선적으로 나타난다. 집단 상징주의는 아동이 하나나 여러 사람들과 놀이를 하는 전 단계들에서도 존재하고 있다. 그러나 4세 이후에는 역할들이 구별된다. 아동은 자신의 사회화 과정에서 더 논리를 가지고 그 생각들을 발달시켜 간다. "개인 간의 관계를 함께 조정한 결과 처음에는 자기중심주의에서 호혜로"(p. 138) 이행한다.

세 번째 단계는 '단순한 통합'이라고 불리며, 7~12세 연령의 아동들에게 영향을 미친다. 이 단계에서는 상징주의의 확실한 감소와 규칙이 있는 게임은 증가하고 일반적으로 사회화가 일어난다. 각색된 작업(Adapted work)과 관련된 상징적 구성체들이 눈에 띈다. 특정한 사회관계들이 발견되고 만들어진 순간에 규칙이 기호를 대신하고 실천을 통합시킨다.

요약하면 피아제는 놀이와 사회화, 관계의 발달과 연상에 대해 기여한 바가 크다. 그러나 그것은 아동의 인지와 초기발달 과정에 집중하고 그 후의 삶에서 이것의 영향에는 상대적으로 관심을 덜 가졌기 때문에 피아제의 이론이 제한적이라는 비판을 받고 있다. 그렇지만 놀이에 대한 이해라는 측면에서 보면 그는 상당한 영향을 미쳤다. 그는 우리에게 놀이는 아동 자신이 새롭게 얻은 능력들을 게임에서 연습하는 도구라는 관점을 제시했다. 이러한 습득은 "자연과 사회, 세계 전체의 가상적 지배"(p. 146)를 통해 심화된다. 규칙이 있는 게임발달은 "자아로의 동화―모든 놀이의 원칙―와 사회생활 간의 미묘한 균형"(p. 168)으로 표현할 수 있다. 그의 관점에서 놀이는 태어난 것에 대한 본능적 반응이고 실천에서 상징주의까지, 그리고 언젠가는 일까지 놀이의 발달을 통해 개인은 환경과 외부의 요소들과 연결할 수 있는 능력을 가진다.

에릭슨(Erikson, 1963)은 아동과 성인의 놀이를 자아가 레크리에이션과 자기치료를 찾는 활동으로 언급하였다. 그리고 그는, "놀이를 자아의 기능이며 자신 안에서 육체적과 사회적 과정들을 동기화하려는 시도로 보았다. …… 인간은 놀이를 할 때, 복잡하지 않고 가볍게 섞여서 사람이랑 어울려야 한다. ……
놀이는 재미를 느껴야 하고 심각한 결과에 대한 두려움이나 예상에서 자유로
워야 한다.…… 놀이를 하는 성인은 다른 세계로 한 걸음 다가간다. 놀이를 하
는 아동은 숙달된 놀이를 통해 앞으로 전진한다"(pp. 211-222)고 했다. 에릭슨
에 의한 자아의 정의는 이드와 초자아의 사이에 있으며 "역사적인 날의 현실
을 주시하고, 지각을 시험하고, 기억을 선택하고, 행동을 지배하고, 개인의 방
향과 계획적인 역량들을 통합한다. 자신을 보호하기 위해 자아는 '방어기제'
를 사용한다"(p. 193). 그는 안나 프로이트(Anna Freud, 1937)의 말을 사용해서
자아와 방어기제를 보다 자세하게 설명하였다.

> 자아가 승리했을 때 방어기제들은…… 불안감의 발달을 통제하도록 해
> 주며, 본능을 변화시켜서 어려운 상황일지라도 다소의 만족감을 보장해 준
> 다. 그리고 그렇게 함으로써 이드와 초자아와 바깥세상의 압력 간에 가능한
> 한 가장 조화로운 관계들을 설립한다(p. 194).

에릭슨이 제시했듯이 안나 프로이트의 자아와 방어기제의 필요성에 대한
이론의 요약은 외부의 위험들에 대항하는 방어기제의 발달을 통해서 개인의
강점들이 발달된다는 것을 보여 준다. 따라서 아동은 초기 성장에서 놀이과
정을 통해 자기방어를 발달시킨다.

위니컷도 발달이라는 관점에서 볼 때 놀이에 초점을 맞춘다(Scarlett, 1994).
그는 놀이가 타인에 관한 자신의 성장을 용이하게 해 준다고 주장하였다
(Marans, Mayes, & Colonna, 1993). 위니컷(Winnicott, 1971)은 "유아가 중간대상
(transitional object)을 사용한다는 것은…… 유아가 기호를 처음 사용하는 것
이며 놀이의 첫 경험이다."(p. 96)라고 언급하였다. 그는 중간대상을 유아와
어머니(또는 어머니의 부분들)를 이어 주는 상징으로 정의하였다. 그리고 이러
한 상징의 위치를 찾을 수 있다. 어머니는 (유아의 머릿속에서는) 자신과 결합
되어 있는 상태에서 물체로서 느껴지는 공간과 시간의 장소에 있다(p. 96).

놀이의 근원인 이 같은 해석은 놀이주제에 대한 위니컷의 주된 기여 중 일부분이다. 그는 정신분석문헌에는 놀이에 대한 유용한 서술이 없다고 상정하며 사람들이 일반적으로 언급하는 놀이와 놀이하는 것의 차이에 대해 언급한 멜라니 클라인(Melanie Klein)의 주장에 이의를 제기했다. 위니컷은 놀이하는 것이 어디에 속하는지를 파악하기 위해 발달과정에 관련된 연속적인 관계들을 서술하였다. 이러한 연속은, 첫째, 초기 관계로서 제기된 유아와 물체가 서로 결합된 것에 관여한다. 둘째, 위니컷은 물체가 "거부되고, 다시 받아들여지고, 객관적으로 감지된다"(p. 47)고 보았다. 그것은 유아에게 지배의 경험을 주게 된다. 이것은 "놀이가 시작된 곳이기 때문에 놀이터"(p. 47)다. 셋째, 유아는 어머니를 신뢰할 수 있다는 가정을 전제로 놀고 있으며 다른 사람의 곁에도 혼자 있을 수 있다고 강조하였다. 결국 유아와 어머니는 각자의 요구를 가지고 "함께 관계 속에서 놀이를 한다"(p. 47). 모자에게서 유래된 유대관계를 맺는 능력은 실험과 지배와 자치를 위한 환경을 제공해 주는 놀이과정을 통해서 비롯된다. 바이닝거(Weininger, 1989)는 위니컷의 놀이에 대한 연구를 "놀이는 일반적이다. …… 놀이하는 것은 성장을 하도록 도우며 집단과의 관계를 이끈다"(p. 158)고 정리하였다. 즉, 놀이는 공동체의 연결을 용이하게 한다는 것이다.

리더만 등(Liederman et al., 1989)은 생활주기 내에서 사회적 관계들을 조사하면서 유아기에서부터 청소년기까지, 유치원에서 성인이 될 때까지, 학령기에서 성인기까지, 그리고 청소년기에서 성인기까지의 모든 발달적 단계에서 놀이는 기능적이라고 보았다. 또한 이들은 "유아와 어린 아동의 놀이는 차후의 사회역할을 위한 리허설의 기회를 제공한다. …… 놀이는 비목적적인 즐거운 교류의 관계를 제공해 주며 '타인'에 대한 감사를 가능하게 해 준다"(p. 171)고 주장하였다.

놀이는 생활주기의 모든 관계에서 중요한 기능을 한다(Liedermana, 1989). 관계에 있어서 보살핌을 받는 것이 중요한 시기이자 첫 번째 단계인 유아기에서 청소년기까지의 발달적 특징은 보호/생존, 생리적인 요구의 통제, 반응도/방위(애착), 심리사회적인 요구의 통제, 가르침/배움, 공감적 치밀함, 그리고 놀이와 같은 기능 안에서의 상호 보완적인 관계에 부모와 아동이 참여하는 것이다. 관계에서의 두 번째 단계인 유치원에서 성인까지는 심리사회적인 요구통제를 경험하게 되는데 공감적 치밀함과 놀이가 또래 간의 상호과정의 기능들과 관계에서 또래와의 연합에 도움을 준다. 세 번째 단계인 학령기에서 성인기까지는 가르침/배움, 공감적 친밀함, 그리고 놀이를 주기능으로 하는 멘토링 과정을 제공해 준다. 마지막으로, 연인/혼인 관계의 단계인 청소년기에서 성인기까지의 단계는 놀이는 생리적·심리사회적 요구의 통제, 반응도/방위(애착), 그리고 공감적 친밀함을 주된 기능으로 포함한다 (Liederman, 1989). 놀이는 생활주기의 모든 발달적 과정에서 기능한다.

쇼이얼(Scheuerl, 1975)은 놀이의 현상학적인 분석을 통해 놀이와 환경 간의 관계에 대해서 언급했다. 그는 놀이가 개인과 개인의 환경 간에 대화의 역할을 하며 서로 영향을 준다고 보았다. 그는 놀이는 항상 무엇이나 어떤 사람에 관하여 이루어지는 것이라고 주장하였다. 반면, 모란(Moran, 1987)은 놀이는 언제나 타인에 대하여 이루어지는 것이 아니라고 말했다. 그는 모든 정상적인 아동은 현실을 겉치레로 담금질하는 자신의 독특한 스타일로 발달하며 그렇게 하는 아동들의 방식은 상당히 다양하다고 하였다. 모란은 "어떤 아동은 지속적인 역할수행을 선호하고 또 다른 아동은 유머나 재치를 갖고 백일몽을 통해서 보다 개인적인 방식을 보이는 아동도 있다"(p. 28)고 말했다. 아동들은 다른 아동들과 놀거나 장난감을 선택해서 은유적으로 다른 물체들과 놀이를 한다. 아동에게 이런 것을 선택할 자유가 주어지는 것은 아동의 발달에 필수적인 요소라고 보았다.

놀이는 아동에게 자유롭거나 통제되지 않은 움직임의 기회를 제공해 주는 것으로 개념화되어 있다(Merriam-Webster, 2012). 적절한 상황이 주어진다면 아동은 자신의 발달에 놀이를 어떻게 사용할지 선택할 수 있다. 콜먼과 스킨 (Coleman & Skeen, 1985)은 공간, 시간, 역할 제한이 없고 자발적이고 즉흥적이며 자신 역량의 자기표현과 자아발견의 내부적 보상들을 관여하는 것으로 놀이를 정의하였다. 놀이의 주된 특성은 아동이 자신의 환경에 대해서 지배권을 느껴서 자유와 믿음을 가지고 원한다면 나아가서 주위의 물체들과 연결하는 능력을 가지게 되는 것이다. 무크(Mook, 1994)는 놀이의 주체적 기능과 관계의 발달 사이에 대해서 다음과 같이 말했다. "놀이는 아동 자신과의 관계, 타인과의 관계, 그리고 아동의 세상과의 관계에 대한 주체적이고 창의적인 탐구다"(p. 46). 놀이라는 것에는 다른 무언가에 관해 하는 활동이라는 것이 공통으로 함축되어 있다. 자신의 환경을 통제하고 놀이의 특징을 고르는 아동의 능력은 놀이의 중요한 측면이다.

페플러(Pepler, 1991)는 놀이와 그녀가 인지기술 발달의 측면이라고 보는 창의성이나 확산적 사고 간의 관계에 대해 연구했다. 그녀는 이 주제에 관해서 여러 가지 의문을 가졌는데, 그중 하나가 아동의 창의성에 관한 놀이의 내구성과 안정성의 영향에 대한 것이다. 페플러와 그의 동료가 수행한 연구 중 놀이와 문제해결에 집중한 두 개의 논문이 있다. 그들의 결론은, 확산적 놀이 경험을 가진 아동들은 확산적 사고과제에 대한 답변이 창의적이었는데 이 같은 창의성에 기여한 것은 놀이 그 자체가 아니라 정형화되지 않는 놀이 재료로 놀이를 했기 때문이라는 것이었다. 페플러는 놀이에서 장난스러운 태도나 융통성 있는 반응으로 문제를 해결하려고 하는 아동이 있을 수 있다고 하였다. 그녀는 놀이경험을 가지고 있는 아동들이 융통성, 호기심, 즉흥적, 그리고 과제에 대한 흥미를 가진다는 댄스키와 실버먼(Dansky & Silverman, 1973)의 연구를 검토하였다. 또한 페플러는 존슨(Johnson, 1976)의 연구에서는 놀이가 창의성과 타인과의 관계에서의 연결을 강화한다고 요약하였다. 사회적 교류에 관여하는 놀이경험은 이후의 확산적 문제해결 능력에 영향을 준다고 결론을 내릴 수 있다.

페플러(Pepler, 1991)는 "놀이는 창의성의 경향과 개인적 독특함을 확인하고, 검사하고 아동들이 일반생활의 확산적 문제들에 대면할 수 있도록 도와주기 때문에 발전시켜야 한다"(p. 77)는 결론을 내렸다. 아동의 인생과 발달에 영향을 주는 외부의 조건들과 영향들이 아동의 문제해결에 대한 가능성의 증가에 종합적으로 기여한다는 점에서 놀이와 창의성과 확산적 사고 간에 연결이 있다고 보았다. 페플러는 자신의 조사결과들의 불확실함을 인정하면서도 그것은 놀이와 환경의 상황들에 대한 반응성 간의 중요한 연결일 수 있다고 보았다.

놀이의 요약과 관계의 발달에 관한 놀이의 적용

선택된 놀이 이론에 대한 연대순의 검토는 사회화와 타인과의 대인관계 주제들에 대해 고전과 최신 이론 간에 자신들의 놀이분석을 접목하려는노력이었다. 다음의 여덟 가지는 놀이의 사회화와 관계의 발달에 대한 기여에 대해 말하고 있다.

- 놀이는 특정한 제한 내에 움직임의 자유를 위한 경로를 제공한다(Rousseau, 1758). 또한 개인은 혼자 놀거나 타인과 놀 표현의 자유를 가지고 있다(Coleman & Skeen, 1985).
- 놀이는 아동에게 즐거운 경험을 할 기회를, 아동이 가능한 것을 연습하고 주위에 대한 숙달을 얻을 기회를 갖도록 해 준다(Freud, 1905; Klein, 1932; Piaget, 1962).
- 놀이는 아동에게 상상의 세계와 현실세계 간의 연결이고 현실세계의 아픔은 놀이를 통해서 극복할 수 있다(Freud, 1908; Klein, 1932).
- 상징적 놀이는 아동들의 자아가 모든 사회생활의 원칙을 소화하고 타인을 모방하며 바깥세계의 감정적 경험들을 통합하도록 돕는다(Piaget, 1962; Erikson, 1963; A. Freud, 1937).
- 놀이와 타인과 노는 것은 발달과정에서 일어나는 관계들의 연속선상에서 이루어진다(Piaget, 1962; Leiderman, 1989; Winnicott, 1971). 아동의 환경 내에서 놀이는 아동에게 실험과 통제와 주체의 기회를 제공한다

(Winnicott, 1971).

- 놀이는 아동이 자신을 표현하고 사회화를 통해서 자신의 능력을 강화할 기회를 제공한다(Gross, 1901; Bowlby, 1953).
- 놀이는 개인과 개인의 환경 간에 대화의 역할을 하며 서로에게 영향을 준다(Scheuerl, 1975).
- 놀이는 창의성, 확산적 사고, 문제해결, 그리고 타인과 관계를 발달하고 유지할 능력을 준다(Pepler, 1991).

놀이에서 부모와 형제자매의 영향 *

아동의 놀이기술과 참여에 가족구성원들이 중요한 역할을 한다는 것에는 의심의 여지가 없다. 아동이 혼자 노는 것과 비교해서 어머니나 형제자매가 함께 참여할 때 보다 오랜 시간 동안 놀이가 유지된다. 또한 그들의 참여 여부는 아동이 놀이를 통해서 자기표현이나 탐색을 시도하는 것에도 영향을 준다(Dale, 1989). 따라서 부모나 형제자매가 곁에 있다는 맥락설정은 표현과 창의성을 용이하게 하면서 아동들의 놀이행동 내용과 방향에도 영향을 준다 (Howe & Bruno, 2010)고 볼 수 있다. 실생활에서의 부모자녀 간의 상호작용 이 놀이과정에서 드러날 수도 있으며 캐릭터를 가장하면서 자신들의 감정을 보다 자유롭게 표현할 수도 있다. 그리고 함께하는 과정에서 협상과 의사소 통의 기술을 향상시키고 문제해결의 상황에 적용할 수도 있다.

아동의 놀이에 가족구성원들을 관여시키는 것과 함께 놀이가 자주 일어나 는 집안을 설정하는 것이 아동의 사회화와 감정과 인지의 발달에 중요한 근 거가 된다는 것은 여러 가지에서 파악할 수 있다. 아동이 정규교육을 시작할 때, 놀이를 통한 상상과 창의적인 생각, 경험적인 생각, 소원과 감정을 표현

---

* 안나리델 바우어스(Anna Riedel Bowers)가 기고한 부분.

하는 것이 중요하지만, 자주 아동은 관심을 사로잡는 게임으로 되돌아간다. 그러므로 집안이라는 비공식적 맥락에서 장난감과 물체, 그리고 가족구성원들이 놀이 파트너를 제공하는데, 이것은 마음이론과 다른 사회-인지기술의 계속된 발달과 통합을 가능하게 해 준다(Howe & Bruno, 2010). 이것은 궁극적으로 건강한 감정표현과 사회관계를 형성하는 데 기여한다. 이야기를 매개로 하는 시나리오 기법의 역할수행을 하면서 아동은 아이디어와 생각과 감정의 탐색을 통해서 현실을 숙달할 뿐만 아니라, 놀이 파트너인 부모나 형제자매와의 협력과 공동작업과 소통을 함으로써 부모자녀관계의 유대감을 강화한다(Eckhoff & Urback, 2008; Howe & Bruno, 2010).

길(Gil, 1994)은 "놀이와 가족치료를 통합하는 것"(p. 33)이 아동과 상담사와의 관계뿐만 아니라 가족들과의 관계도 강화해 준다고 보았다. 임상현장에서 놀이기법의 효과는 다양하게 증명되었다. 가족구성원들이 집에서 놀이에 효과적으로 참여하고, 지지할 수 있는 방법을 배울 수 있으므로 가족은 아동의 치료과정에 주요한 참가자다(Haslam & Harris, 2011). 부모자녀 간의 놀이과정에서는 누가 아동과 놀고 있느냐에 따라서 다른 성향의 '촉진'을 볼 수 있다. 형제자매는 협력, 장난스러움, 그리고 사회적 역할을 쉽게 얻을 수 있도록 하는 반면, 부모 특히 어머니는 놀이 시나리오의 통합, 향상된 복잡성, 그리고 비놀이(non-play) 세계에서의 관계와 규칙적인 가르침을 유도한다(Dale, 1989). 그러므로 다른 파트너들과의 놀이는 아동에게 놀이를 위한 지속적이며 공통된 체계를 갖도록 요구하는데, 가족 중 누구와 놀이를 하느냐에 따라서 사회인지와 감정표현의 면에서 다른 결과를 초래할 수 있다(Youngblade & Dunn, 1995). 이 결과를 통해, 치료적인 장면에서는 놀이를 통해 가족구성원들이 아동의 놀이에서 자신들의 촉진적인 역할을 향상시킬 가능성이 있다는 점을 강조하고 싶다. 이것은 자신들의 장점에서 힘을 얻고, 약점들을 보강하고, 놀이과정 동안 건강한 감정표현을 유도하는 것도 배우게 된다. 또한 이것은 힘들어하는 아동이 자신의 문제들을 해결할 수 있는 지속적이고 지지적인 상상의 세계에 접근할 수 있도록 해 준다.

놀이와 치료과정에의 적용

　놀이는 치료과정 내에서 여러 가지 기능을 가지고 있다. 온스타인 (Ornstein, 1984)은 놀이는 "평가하는 사람이나 상담사의 정신작용을 엿볼 수 있는 창문의 역할을 한다. …… 놀이의 경우 상담사는 참가자의 반응과 교류할 수 있고 그것을 통해 결과에 영향을 줄 수 있다"(p. 349)고 언급했다. 이러한 특징 때문에 놀이는 변화의 촉매제가 될 수 있으며 나아가 아동을 위한 주요한 정신치료 기법의 하나가 될 수 있다. 이러한 방식 중 하나인 놀이치료는 다양한 방향과 초점으로 구성되어 있으며 이것은 놀이과정에 다양한 방법으로 활용된다.

　놀이치료라는 포괄적인 라벨은 "신중한 설명이 필요한 여러 임상적 이론과 개입을 다룬다"(Phillips, 1985: 758). 놀이와 정신치료 과정에서 놀이의 기여에 대한 관심은 아동의 내적 작용에 대해 많은 것을 발견하게 된 20세기에 이르면서 확대되었다. 아동의 치료에 적용되었던 정신분석은 학문적 심리학처럼 이런 연구에서 중요한 역할을 했다. 특히, 놀이가 성장에 도움이 되는 성질을 가지고 있다는 것을 주장한 피아제의 인지발달에 관한 개척적인 연구 뒤에 프랑크(Frank, 1955)가 제안한 것처럼 아동들이 어떤 사회질서와 문명세계에서 생활할 가능성과 기회를 놀이를 통해 제공받는다는 것은 명백해졌다. 또한 헤즈카(Herzka, 1986)와 같은 이론가는 사회관계의 발달과 개성발달의 촉매제로서 놀이의 중요성을 강조하였다. 그러나 체식(Chethick, 1989)이 지적하는 것처럼 치료맥락에서 놀이 그 자체가 아동을 위한 변화를 초래하는 것이 아니라 상담사가 놀이를 활용하는 것이 변화의 촉매제를 만들어 내는 것이다. 밴더버그(Vandenberg, 1986)는 치료를 놀이의 특정한 테마들로써 성취되는 것이라고 제안하였다. 그는 "관계는 아동들이 자신의 삶을 믿는 것을 배우고, 삶에 믿음을 투자하고, 삶에 의미를 만들어 주는 것들을 도와주는 수단이다"(p. 86)라고 말했다. 따라서 치료과정에서 상담사가 관계의 발달과정을 이해하는 것은 필수적이다.

지금까지 이 장의 주제인 놀이와 사회적 교류의 환경 내에서 관계의 발달을 격려하는 놀이의 여러 가지 특성에 대해 언급했다. 지금부터는 놀이와 놀이치료의 관계적 발달과정 내에서 놀이의 기능들 간의 관계에 대해 보다 더 구체적으로 살펴보려고 한다. 여기서는 놀이를 어떻게 활용할지를 명시하는 기술과 절차들, 즉 놀이의 치료적인 요인과 개요에 대해 언급할 것이다. 또한 아동과 상담사 간의 관계가 아동의 성장에 기여한다는 인식을 강조하는 놀이치료의 다양한 발달과정에 대해서도 검토하려고 한다. 이와 같은 논의는 변화와 가족에 관여하는 수단으로써 관계를 활용하는 놀이치료 방식들에 초점을 맞추어 이루어질 것이다.

놀이치료 과정의 이론적 검토를 준비하는 과정에서 [그림 2-1]은, 동시에 보편적으로 받아들일 수 있으며 놀이치료에 적용가능한 치료과정의 보편적인 단계들로서 원형적인 관점을 보여 준다. 아동의 요구들은 이해되고 아동과 가족이 공동으로 발달할 수 있는 계획으로 준비되는 과정이 일어난다. 아

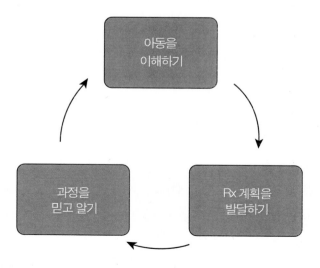

[그림 2-1] 놀이치료의 공동과정

동과 상담사와 가족들 간에 일어나는 관계는 자연적이고 방해되지 않은 길을 선택했다는 믿음이 있어야 한다.

놀이의 치료적인 요인

놀이치료 과정의 저명한 이론가인 찰스 셰퍼는 놀이치료는 "내담자가 자신들의 정신적 어려움을 해결할 수 있도록 훈련받은 상담사에 의해, 놀이의 치료적인 힘을 체계적으로 적용하는 대인관계적 과정이다"(Schaefer, 1993: 3)라고 정의했다. 그는 놀이는 다른 이득이 있는 특정한 치료적 요인, 또는 놀이의 부분들이 있다는 것을 깨달으면서, "아동에게 주는 특정한 영향으로서 서로 다른 한정된 수의 요소들이 놀이치료 과정에 들어 있다"(p. 5)라고 믿는다. 여기서는 이 같은 치료적 요인들에 대한 검토를 통해 놀이가 치료과정에 기여하는 방법들에 대한 개관을 제공하려고 한다. 그 후, 놀이치료 맥락 속의 놀이의 특정한 부분들은 관계의 발달과정에 중요성을 두는 놀이치료 방식들 안에서 검토하고 강조할 것이다.

- 저항 극복하기: 아동과의 공명과 동맹을 확립할 때 놀이는 도움이 된다. 놀이는 문제가 있고 치료를 해야 한다는 인식을 자발적으로 받아들이도록 격려하며, '타인'인 어른들과 대화에 대한 기대를 가지도록 돕는다.
- 소통: 놀이는 자기표현이나 소통을 위한 가장 자연스러운 표현의 매개체다. 피아제(Piaget, 1962)가 강조했듯이, "판타지 놀이는 아동에게 집단의 언어만으로는 표현하기 불충분한 자신의 주관적 감정들을 표현하는 데에 있어서 없으면 안 되는 살아 있고 역동적인 개인의 언어를 제공한다"(p. 166). 놀이를 통한 이와 같은 의사소통의 과정은 의식적·무의식적인 단계에서 작용한다. 특히, 가정과 학교, 공동체 활동 등을 포함

한 여러 상황에서 어린 아동들에게 언어를 기반으로 한 치료의 대안을
제공할 수 있다(Ebrahim, Steen, & Paradise, 2012: 203).

- **유능함과 숙달**: 놀이는 아동이 자신의 환경을 탐구하고 숙달하려 하는 본
 능적인 욕구를 충족시키는 자발적인 활동이다. 그리고 이러한 활동은
 아동에게 힘과 지배가 있다는 느낌을 가지게 하는 데 기여한다. 아동에
 게 세상에 대해서 배우고 기술을 얻을 수 있는 동기를 부여하는 것은 아
 동이 자기 자신이 능숙하다고 느낄 수 있도록 하는 것이다.

- **창의적인 사고**: 놀이는 아동들이 자신들의 문제해결 기술을 향상시키도
 록 격려하고 창의성과 융통성을 촉진한다. 그 결과, 아동들은 놀이를 통
 해서 실생활의 사회적·감정적인 문제에 대해 경직되지 않으면서도 효
 과적인 해결책을 찾을 수 있다.

- **카타르시스(정화)**: 치료실의 안전은 아동들에게 보복이나 비난의 두려움
 이 없이 감정을 해소할 수 있는 기회를 준다. 놀이의 정화효과는 아동의
 자유와 편안함의 감각에서 비롯되며 이것은 치료적 안전감을 초래하여
 강한 감정들의 표출도 가능하게 한다.

- **정화반응**: 아동들은 놀이과정에서 적절한 방법으로 감정의 해소를 경험
 하며 트라우마적인 경험들을 재현함으로써 그러한 경험들을 천천히 소
 화하고 흡수할 수 있다. 트라우마적인 경험은 상담사와 아동의 교류에
 의해 발달된 스키마(준거틀, 대본) 속으로 천천히 흡수해야 한다. 이것은
 피아제(Piaget, 1962)가 제안한 것으로 그는 흡수의 모델을 개념화시켰
 다. 결과적으로 아동은 치료과정을 통해서 숙달된다(Erikson, 1940).

- **역할놀이**: 아동들은 놀이치료에서 일상생활과는 다른 행동이나 역할을
 시도해 보도록 격려받는다. 가비(Garvey, 1976)는 놀이에서 아동들은 주
 로 기능적인 역할, 관계적인 역할, 직업적인 역할, 그리고 판타지적 역
 할이라는 네 가지 역할을 보인다고 말했다. 타인의 역할을 통해 아동은
 새로운 역할의 주인공으로서 자신들의 정체성을 반영한다(Stone, 1971).

- **판타지**: 놀이의 주된 치료적 기능 중 하나는 개인의 형상화와 역량에 대

한 융통성인데 이것은 다양한 활용을 향상시킨다. 아동은 치료과정에서 세상에 대한 힘과 지배력, 자신의 환경을 숙달할 기회를 경험하게 된다 (White, 1959; Saltz & Johnson, 1974).

• 은유적인 가르침: 놀이치료에서는 아동들에게 생활 속의 갈등과 두려움 과 적대감의 원인들을 다루는 새로운 신화를 제공하면서 배려를 위해 보다 적응적인 해결책들을 권할 수 있다. 놀이에서 해결되지 않은 갈등 과 감정들이 지속적으로 경험된다면 상담사는 새로운 옵션이나 해결책 을 제안하는 방법으로 그 상황을 반복적으로 경험할 수 있도록 한다.

• 애착의 형성: 긍정적인 아동–부모 교류의 반복을 통해서 아동은 보다 안 전적인 애착경험을 형성할 수 있을 것이다.

• 관계 향상: 아동과 상담사 간의 긍정적인 관계를 쉽게 이끌어 내는 놀이는 아동과 상담사 간에 긍정적이고 장난스러운 상호작용의 감정을 용이하 게 해 준다. 아동이 자기 자신에 대해 더 적절하게 받아들이기 위해서는 상담사와 자신의 관계를 중요한 것으로 인식해야 한다.

• 긍정적인 감정: 놀이는 외부의 요구나 의무, 진지한 관심과는 무관하다. 연구에 의하면 아동들은 강렬한 감정의 영향 아래에서 작업을 더 잘한 다. 그리고 이 같은 과제에 대한 즐거움은 노력과 끈기를 향상시키고 기 쁨이 관계되지 않은 활동들에서도 동기를 유발한다(Reichenberg, 1939).

• 발달상의 두려움을 다스리기: 무서운 상황에 점차적으로 노출시키는 체계 적 둔감화를 통해 불안감과 두려움을 줄일 수 있다. 놀이의 즐거움은 아 동이 기대하는 행동을 할 수 있도록 두려움에 대응하면서 그것을 중화 시킬 수 있다.

• 게임놀이: 게임은 아동들이 사회화되는 주된 방식의 하나다. 교류적 놀 이와 게임의 규칙을 배움으로써 아동들은 인생의 규칙들을 준비한다. 게임놀이는 사회에서 자신들의 역할을 위해 아동을 준비시키며 자아성 장을 돕는다(pp. 5-13).

앞에 언급한 11번째 요인인 관계 향상은 다른 13개의 요인 모두의 발생과 강도에 영향을 준다. 예를 들어, 놀이과정을 통해 아동과 상담사 간에 일어나는 관계는 표현의 매개체를 설립하는 의사소통 유형을 가능하게 한다. 결과적으로, 이와 같은 격려와 믿음을 가지고 역할놀이, 판타지, 창의적인 사고, 긍정적인 감정, 그리고 게임놀이를 할 수 있다. 치료의 진전과 함께 아동의 유능함과 능숙함의 느낌이 발달하게 된다. 또한 저항을 극복하고, 정화반응을 통해서 트라우마적인 경험을 소화하고 발달사의 두려움들을 다스리도록 성장할 수 있다. 아동과 상담사 간의 애착형성은 궁극적으로 치료과정 내에서 아동에게 애착을 갖고 자기성장을 발달하게 하는 능력을 향상시킨다. 아동의 행복을 위해 안전한 부모자녀 애착형성은 필수적인 과정(Darewych, 2013)이며, 예술과 놀이치료 과정은 애착의 과정을 발전시키고, 적절한 환경을 제공한다. 이는 모든 연령과 관련이 있다. "어떤 청소년들은 놀이치료사를 포함한 자신들에게 가장 중요한 관계에서 질 높은 내면생활의 성장을 위해 노력한다"(Green, Myrick, & Crenshaw, 2013: 99). 유아기에서부터 청소년기와 성인기까지 놀이는 관계와 애착과 공동체 참여의 발달에 영향이 끼친다.

결론적으로, "놀이치료는 발달적으로 적절한 형태로 내담자의 감정적 요구에 맞추려는 의도를 가진 상담이다"(Ray, Lee, Meany-Walen, Carlson, Carnes-Hold, & Ware, 2013: 43). 놀이와, 아동과 상담사 간의 관계가 발달하는 과정과의 관계를 조사하면 놀이치료 모델에서 치료적 힘이 두드러진다. 그러므로 놀이치료와 가족치료의 접근들이 통합될 수 있다고 강조한다(Haslam & Harris, 2011). 이것은 이 장의 종결부분에서 다루게 될 것이다.

놀이치료 과정에서 관계의 발달을 강조하는 역사

먼저 당면한 과제를 위해 아동치료 대 놀이치료의 용어부터 명확하게 정리해야 할 것이다. 수어스(Sours, 1980)는 아동치료를 "증상의 해결과 적응적

안정성을 이루는 것을 주된 목표로 하는 아동과 상담사 간의 관계"(p. 26)라
고 설명하였다. 엘리아나 길(Eliana Gil, 1991)은 아동과 놀이치료의 용어는 자
주 혼돈되어 사용된다고 말했다. 여기서는 두 개의 용어를 구별하고, 각각의
맥락 내에서 언급할 것이다.

　놀이치료의 발달은 지난 100년 동안 정신분석 놀이치료, 구조적 놀이치
료, 관계 놀이치료, 그리고 비지시적인 놀이치료라는 네 가지의 다른 방식으
로 발전하였다. 현대 놀이치료 모델들과 함께 이 방식들을 놀이치료사와 아
동 간의 관계에 대한 놀이의 영향, 놀이의 중요한 측면을 강조하기 위해 개
관적으로 설명할 것이다. 몇몇 놀이치료 모델에서는 다양한 관점에서 가족
을 관여시키고 있으며, 또 몇몇은 가족을 치료에 포함시킨다.

정신분석 놀이치료

　아동치료는 성인치료와 분리된 다른 방식으로서 1909년 지그문트 프로이
트가 꼬마 한스에게 처음으로 정신치료를 시도했을 때 태동하였다. 델 레보
(Dell Lebo, 1952)는 한스의 사례가 치료에서 놀이를 활용한 첫 번째 사례라고
말했다. 역사적 기록에 의하면 프로이트는 친구들과 제자들에게 아동들의
표현에 대한 관찰을 수집하도록 독려했다. 두려워하는 아동인 한스의 부모
는 여러 해 동안 자료를 수집했고 그 자료를 프로이트에게 넘겼다. 프로이트
는 리포트를 통해 진단을 했고 치료적인 상담을 권했다. 그때 한스의 놀이에
대한 프로이트의 해석은 많은 반향을 일으켰다. 사람들은 한스를 정신분석
의 피해자로 만들었다고 믿었지만 이 치료의 성공은 프로이트의 놀이와 아
동정신분석의 개념화를 만들었고, 우리가 이 사례를 주목하게 만들었다.

　놀이치료에 관한 역사적 기록에서 찰스 셰퍼(Charles Schaefer, 1980)는 1920년
허마인 본 허그 헬무스(Hermine Von Hug-Hellmuth)가 진단한 어린 시절의
감정적인 문제에 놀이를 직접 활용함으로써 놀이를 아동들의 치료에 직접적
으로 사용하였다. 허그 헬무스(Hug-Hellmuth, 1921)는 놀이가 언어소통을 위

한 교량역할을 한다는 점에서 7세 이하의 아동을 대상으로 아동분석을 할 때, 놀이는 필수적이라고 주장했다. 그는 이와 같이 말하면서 치료과정에서는 첫 만남이 매우 중요하다고 강조하였다. "어린 아동과 관계를 형성할 기회다. …… 7~8세의 아동들을 다룰 때 분석가는 놀이활동에 참가함으로써 길을 닦을 수 있다. 그것을 통해 여러 증상, 특이한 습관, 그리고 성격 특성들을 알아볼 수 있다. 그리고 이런 어린 환자들의 사례에서 자주 등장하는 놀이는 치료과정 동안 중요한 역할을 할 것이다"(pp. 293-295). 허그 헬무스는, '까꿍놀이(peekaboo)'(Burton, 1986)에서 보인 것과 같이 아동과 상담사 간의 관계나 관계의 발달에서의 놀이의 중요성을 강조한다. 애니 버그먼(Anni Bergman)과의 개인적인 대화에서 그녀는 아동이 자아와 개성의 감각을 형성하는 데에 있어서 까꿍놀이 과정의 중요성도 언급했다.

10년 후인 1930년대 전반 멜라니 클라인과 안나 프로이트의 두 개의 정신분석학파가 발달했다. 그들은 정신분석 놀이치료의 이론과 실천을 만들어 냈다. 위니컷, 에릭슨, 그리고 로웬필드의 학파들을 포함해서 이 두 학파는 지난 60년 동안 영국의 놀이치료에서 네 가지 주된 접근방법들을 구성했다(McMahon, 1992). 이는 치료적 성장을 위한 촉매제로서 놀이의 각각 다른 측면에 초점을 맞췄다.

안나 프로이트는 아동이 상담사에 대한 의존을 발달하도록 해 주는 양육적인 관계를 제공하는 놀이의 이점을 깨달았다. 그녀는 놀이의 과정에 대한 부모의 반응을 인식하면서 "아동이 나에게 강한 애착을 형성하고, 그것을 나에 대한 진정한 의존성이 있는 관계로 만들어 가려고 노력했다."고 말했다(C. Schaefer, ed., 1976: 142에서 A. Freud). 레보(Lebo, 1921)는 아동의 초자아가 미개발된 것으로 보았기 때문에 아동과 분석가 간 존재하는 감정적인 관계의 중요성을 강조하였다. 안나 프로이트는 이러한 접근방법을 보다 명확하게 했다(p. 419). 안나 프로이트는 놀이가 관계발달을 도울 것이고 아동은 이러한 의존성을 통해 실제 일들을 재현하거나 순수한 감각으로 자기 자신을 탐구하는 자유를 느낄 것이라고 주장하였다. 그녀는 놀이가 아동들의 의

식적인 감정과 생각에 대해 말하고 좋은 환경이나 관계 내에서 무의식적의
갈등이나 판타지를 실행하도록 허용하는 방법이라고 확신하였다. 안나 프로
이트는 전이관계를 만드는 중요성을 강조하고 치료실 안과 외부에서 아동의
놀이행동들의 기호적 의미를 근거로 하여, 신속하고 깊은 해석을 하는 것을
반대했다. 무크(Mook, 1994)는 안나 프로이트가 제시한 놀이의 사용을 다음
과 같이 요약하였다. "그녀는 놀이에서 놀이 그 자체로서의 가치를 보지 않
고 아동이 아직 자신의 생각이나 감정을 말로 표현하지 못할 때 쓰이는 개입
적인 표현방법으로만 생각했다"(p. 40). 그렇지만 안나 프로이트는 치료를
도입할 때 아동과 상담사 간의 유대감 형성을 위한 놀이의 중요성을 인식한
것은 분명하다.

멜라니 클라인은 자신의 저서에서 아동과 관계의 발달이 아닌 아동의 불
안감에 초점을 맞췄다(C. Schaefer, Ed., 1976에서 M. Klein). 클라인은 놀이를
하면서 추가의 문제가 드러날 것이라는 것을 염두에 두고 놀이의 전의식적
과 의식적인 의미를 해석했다. 클라인은 "아동은 게임의 변화를 통해서, 아
동의 정신생활의 다양한 흐름을 알 수 있다"(Klein, 1975: 105)고 하였다. 그녀
는 아동과 상담사 간의 관계를 특별히 강조하지는 않았지만, 이 같은 방식으
로 감정해소, 또는 자유연상을 위해서 놀이를 활용하였다. 그녀는 놀이에 대
해 놀이에서 관계는 내포되어 있는 것이고 자기해석의 과제를 위해 필요한
도구로서 이해했다. 에곤(Egon)은 아동이 소파에 앉은 채 고전적인 분석에
반응하지 않자 클라인(Klein)은 아동이 치료적 장난감과 놀도록 격려하였다.
에곤은 "게임놀이를 하는 것을 선호했다. …… 나는 해석을 하지 않으면서
아무 말로 하지 않고 아동과 같이 놀았다. 놀이를 하면서 관계를 설립하려고
시도했다"(p. 68)고 전했다. 그녀의 치료는 해석상의 스타일을 재개했지만
클라인은 놀이의 '자유로운' 측면을 통해 관계의 중요성을 알아보았다.

클라인(Klein, 1955)은 해석적인 접근방법의 극단적인 측면에서는 비평을
받았지만 다양한 축소된 장난감, 그림과 페인팅 재료, 자르는 재료, 그리고
물을 포함한 잘 계획된 치료실을 처음으로 사용한 상담사로서는 인정받았

다. 재료들은 각 아동을 위해 분리된 서랍에 보관해 두었고 아동들은 이것을 가지고 자신들의 놀이를 직접 주도했다. 이러한 방법은 현대적인 놀이치료 방법에서도 사용되고 있다. 놀이과정의 요소들은 아동에 대한 클라인의 존중과 놀이가 아동의 무의식적인 문제를 드러나게 하는 촉매제의 역할을 한다는 인식을 함축한다. 아동과 상담사 간의 실제 관계가 클라인에게 중요한 점은 아니었지만 그녀는 아동정신치료에 대한 해석방법에 있어서 관계는 내포된 요소라고 보았다. 클라인은 아동이 개인적이고 숨겨진 문제를 말할 수 있도록 그 바탕과 전제에는 신뢰감이 있어야 한다고 보았다.

20세기의 중반에, 위니컷과 에릭슨은 아동의 자기탐구와 자기표현 과정으로 놀이의 가치를 강조하였다. 위니컷(Winnicott, 1971)은 놀이는 본질적으로 치료상의 가치가 있다고 보면서 "놀이는 자신을 솔직하게 대하는 것이다. …… 놀이 그 자체가 치료다"(p. 50)라고 말했다. 다스굽타(Dasgupta, 1999)가 해석했듯이 위니컷은 상담사와 아동 관계가 초기의 어머니와 아동 관계의 반향으로 보았다. 그는 치료적인 관계를 통해 어머니와 아동의 초기관계에서 부족했거나 잘못되었던 것을 고칠 수 있기를 희망했다. 위니컷(Winnicott, 1971)은 "모든 상담사는 환자들이 놀이를 할 수 있는 역량을 제한하지 말아야 한다"(p. 57)고 주장하였다. 그리고 놀이가 가능하지 않을 때 상담사는 아동을 놀지 못하는 상태에서 놀 수 있는 상태로 이끌어 주어야 한다고 말했다.

아동정신분석가인 에릭슨은 비엔나에 있는 안나 프로이트의 학교에서 교사로 시작했으며 그 후에 미국으로 이주하여 아동들이 놀이를 통해 스스로 치료를 할 수 있다는 기본적인 믿음을 실현했다(McMahon, 1992: 34). 그는 상담사의 과제는 치료적 놀이의 의미를 이해하려고 노력하는 것이라고 했다. 이를 통해 아동이 가지고 있는 아동의 문화나 환경 내에서의 정체성에 대한 감각의 통찰력을 갖도록 하는 것이라고 말했다. 에릭슨은 가족이든 그 외에 것이든 사회적 · 문화적인 관계가 있을 때만 놀이가 성공적이라고 믿었다.

로웬필드(Lowenfield, 1970)도 영국의 놀이치료학파에 속하며 아동과의 치료과정에서 모래놀이의 사용을 강조하였다. 그녀는 아동이 모래상자에서 축소된 세계들을 연속해서 만들도록 격려하고 그 세계를 설명해 달라고 부탁하였다. 그녀는 상담사의 역할은 해석을 최소한으로 하면서 내담자를 격려하고 돕는 것이라고 믿었다. 로웬필드는 모래놀이에서 몇 가지 반복되는 주제를 강조했다. 예를 들어, 언젠가는 해방되어야 하는 물(감정)을 댐으로 막고 있는 것이나 내부의 혼란을 묘사하는 세계를 만드는 것(McMahon, 1992: 36)을 들 수 있다. 그녀는 아동이 원할 때는 놀이의 의미에 대한 제안을 해도 된다고 하였다. 로웬필드는 클라인처럼 영국의 정신분석 놀이치료 모델 내에서 아동과 상담사 간의 관계는 내포된 것이지만 관계 그 자체가 중요한 요소로 인정받지는 못할 것이라고 믿었다.

구조적 놀이치료

정화적, 지시적, 또는 적극적 놀이치료로 알려진 구조적 놀이치료는 정신분석으로부터 파생되었다. 이것은 레비(Levy, 1937), 솔로몬(Solomon, 1938), 그리고 콘(Conn, 1948)에 의해서 발달되었으며 놀이의 정화적 가치와 치료방향과 초점을 어디에 맞추는지에 대한 것은 상담사의 적극적인 역할에 대한 믿음에서 나온다고 보았다(Gil, 1991; Schaefer & O' Connor, 1983). 델 레보(Dell Lebo)는 콘과 레비의 적극적 놀이치료(active play therapies)에서, "아동과 분석가 사이에 관계를 만들 필요가 없다"(p. 420)고 지적하였다. 그의 접근방법은 여러 면에서 클라인의 방식과 비슷하다.

레비는 치료과정 내에서는 해석이 필요 없다고 믿으면서 정화요법을 발달시켰고 놀이의 정화반응상의 효과를 주 근거로 접근방법을 만들었다(Landreth, 1991). 치료실과 상담사에 대한 친근함을 주기 위해서 아동은 자유롭게 놀도록 격려받는다. 그 후 상담사는 놀이장면을 바꿔서 아동의 불안을 촉발시키는 경험을 재현하도록 개입한다. 트라우마적인 사건을 재현하여 그 상황이 만든 아픔과 긴장으로부터 아동이 해방될 수 있도록 해 준다. 이때 상담사는 아동이 표현한 언어적과 비언어적 감정들을 반영한다.

그 반면, 솔로몬의 방식은 아동과 상담사 간의 감정적 관계를 관찰하는 것을 강조한다. 놀이치료 상황 밖에서 다른 사람들과 아동의 관계를 보여 준다는 점에서 그는 상담사와 놀이의 진단적 가치를 알아보았다. 솔로몬(Solomon, 1954)은, '일차'와 '이차' 통합의 면에서 아동들이 어떻게 치료적 환경에 반응하는지에 대한 개념화를 강조하였다. 그의 논문인 「Play Techni que and the Integrative Process」(1954)에서 언급한 것처럼 아동은 놀이치료 초기단계에 경험된 트라우마와 자신이 가진 자아발달에 의해 다른 감정들을 가지고 온다. 드러난 문제들을 아동은 숙달하고 그 안에서 자신의 자아과정을 확고하게 만드는 능력을 '일차통합'으로 정의한다. 갈등상황에서 일어난 감정적 반응들에 대응해서 아동이 방어를 한다면 '이차통합'이 진행 중인 것이다(p. 595). 관계가 아동에게 배우는 과정을 제공하도록 해 줌으로써 상담사는 갈등에 대한 화해를 도울 수 있다. 내담자의 통합적인 역량에 대한 분석을 통해 상담사는 대인관계의 발달에 대한 역량을 파악할 수 있다.

관계 놀이치료

1930년대 후반과 비슷한 시기인 1940년대 초반에는 보다 수동적인 놀이치료 모델이 발달하였다. 관계 놀이치료 모델은 아동의 놀이에 무제한으로 관여하였다. 이 모델에서 아동은 어떤 것이 허락되었는지 알아보기 위해 지속적으로 놀이환경을 시험해 보며 상담사는 이를 관찰한다. 결국 상담사는 놀이의 일부분이 되는 것이다. 이 방법의 전제는 아동이 자신의 상황 안에서 놀이를 통해서 불안, 적대감, 또는 불안정함을 해결해 가는 것이다. 이 방법은 오토 랭크(Otto Rank)가 창안한 관계치료와 유사하다.

랭크는 역동적인 치료가 치료과정에서의 실질적인 치료적 요인들을 무시하고 있다고 느끼면서 그에 대한 대응으로 관계치료를 발달시켰다. 랭크(Rank, 1968)는 상담사의 역할을 이해하는 것이 중요하다고 강조하면서 "상담사의 역할은 작가의 역할을 하는 환자가 주는 것이다. 상담사의 역할은 공연이 방해받지 않으면서 성공적으로 실행되도록 요구되는 역할로 무엇이든지 항상 임할 준비가 되어있어야 하는 프로듀서와 같다"(p. 168)고 말했다. 그는 상담사는 환자가 상담사에게 줄 수 있는 다양한 역할을 이해하고 이 작용을 치료적으로 활용할 수 있어야 한다고 믿었다. 그는 치료적인 관계의 존재에 대해 변화과정에서의 힘과 그 과정 안에서 상담사와 환자와의 상호 작용이 중요하다고 하였다. 이 모델의 전제는 놀이치료에서 널리 사용되어 왔다.

상담사와 아동 간의 감정적 관계의 치료적인 힘에 대해 랭크가 강조한 것은 제시 태프트(Jesse Taft, 1933)와 프레더릭 앨런(Frederick Allen, 1934)의 관계 놀이치료의 창시로 이어졌다. 앨런은 치료적인 관계를 "치료적 토대에서 기둥을 만든다. …… 그 순간에 그가 나와 무엇을 경험하고 있는지 …… 환자에게 환경을 명확하게 해 주는 것이 지금의 현실이 된다"(p. 197)고 보았다. 그는 놀이 속으로 "바깥의 관계들에서 공통된 반응과 감정"(p. 199)을 가지고 들어오며 어린 아동들은 목적을 위해서 놀이를 바탕으로 상담사와 연관된다고 주장하였다. 이 모델에서 놀이는 주위의 환경에서 자신의 특정한 측면들, 즉 아동이 치료적 상황 속으로 가지고 오는 자연스로운 현상으로 본다.

관계 놀이치료는 아동의 즉흥적인 놀이활동의 중요성을 강조하는데 이것은 정신분석 놀이치료에서의 자유연상과 같다. 앨런과 태프트는 아동들이 건설적인 방식으로 자신들의 행동을 바꿀 정신력을 가지고 있다고 강조하였다. 따라서 아동들에게 놀이를 할지 말지 선택의 자유를 주면서 자신의 활동을 스스로 지휘하도록 해 줘야 한다고 강조하였다. 랜드레스(Landreth, 1991)는 이 같은 관계 놀이치료의 가설을 다음과 같이 요약하였다. "아동들은 자신들이 도달할 목표를 가진 분리된 존재이며 다른 특성을 가진 타인들과의 관계에서 존재할 수 있다는 것을 차츰 깨닫게 된다"(p. 32). 아동은 놀이치료 과정에서 자신들의 놀이에 대한 책임을 진다. 놀이가 자율권과 지배권을 줄 수 있다는 깨달음은 비지시적인 놀이치료 모델에도 적용되고 있다.

비지시적인 놀이치료

20세기는 놀이치료의 비지시적인 접근방법이 중요한 역할을 하게 되는 시기다. 이 방법은 칼 로저스(Carl Rogers)의 인간중심치료(Meador & Rogers, 1980)라고도 알려진 내담자중심치료(Rogers, 1951)에서 비롯되었다. 비지시적인 접근은 인간의 가치관이 개인의 기능에 통합되어 있다는 추정에서 비롯되어, "아동을 있는 그대로 수용하면서 치료적인 관계의 중요성을 강조한다"(Gil, 1991: 31). 이 접근은 행동을 이해하는 데 중요한 접근으로서 인식되었다. 이것은 내담자의 생활방식을 지배하거나 바꾸는 데에 초점을 맞춘 것이 아니라 자유로운 환경 내에서 변화를 가능하게 해 주는 경험들을 제공하는 치료적 상황을 만드는 데 관심이 있다(Lebo, 1955: 421). 내담자(성인이나 아동) 자신은 그들의 변화 특성이나 방향을 결정하는 행동의 자유를 가지고 있다고 보았다. 미도르와 로저스(Meador & Rogers, 1980)는 "개인의 성장가능성은 돕는 사람이 진실함, 배려, 그리고 깊지만 세심한 판단적 이해를 경험하고 소통하고 있는 관계에서 자유로움을 가질 것이다"(p. 131)라고 하면서 이것이 인간중심치료의 중심적 가설이라고 보았다.

클라크 무스타카스(Clark Moustakas)는 아동이 자신의 내부로부터 문제를 해결하고 자신을 위한 변화를 초래할 수 있는 역량을 가지고 있다고 보았다. 무스타카스(Moustakas, 1959)는 관계적과 비지시적 방법 모두에서 자신의 놀이치료의 실존적 모델을 만들어 냈다고 언급하였다. 그는 "관계치료에서 중요한 점은 언제나 현재 살아 있는 경험이다. …… 상담사는 아동이 스스로를 받아들이고, 어려움들을 표현하고, 살아가는 새로운 방법을 찾도록 기다린다"(p. 2)고 말했다. 상담사는 아동에게 새로운 현실을 대표하며 아동과 상담사 간의 관계는 아동의 개인적인 힘을 회복시키는 것을 돕는 데 있다. 이 과정에서 자아는 재확인된다. 40년이 지나면서 무스타카스는 이론적·방법론적으로 현상학적인 놀이치료로 전환했지만 그는 상담사의 정직함과 아동의 상황을 따라가야 하는 상담사의 인내에 대해서는 끊임없이 강조하고 있다. 그는 학교, 공동체 안에서의 변화에 영향을 준다는 점에서 놀이치료 관계의 중요성을 강조했다. 상담사와 아동 간의 관계는 무스타카스의 작업에서 필수적인 요소다.

액슬린(Axline, 1974)은 놀이치료의 비지시적 방법의 창안자로 알려져 있다. 그녀는 아동의 성장에 대한 본능적 바람과 자기 자신의 역량을 믿었다. 아동은 자아실현과 자기인식과 자기지시를 할 수 있다고 보았다. 그렇기 때문에 이 모델에서는 자유의 요소가 상당히 중요하다. 아동이 놀이치료 환경과 자아를 발견하는 것은 아동에게 익숙한 느낌을 준다. 액슬린(Axline, 1950)은 자신의 놀이치료에 대한 개념을 다음과 같이 요약하였다.

> 놀이경험은 아동이 그 순간 있는 그대로의 자신에 대해서 자기 방식과 자기 상황을 말할 수 있는 자유와 여유를 갖도록 하는 것이다. 이것은 아동과 성인 간의 안정적인 관계를 제공하기 때문에 치료적이다. 나는 '놀이'라는 용어를 '자유 또는 행동할 여유'로 사용하고 있다. …… 바깥세상, 즉 아동의 가장 깊은 감정과 태도를 보는 아동의 상징이 되는 성인과 아동은 관계 안으로 들어선다(p. 68).

오토 랭크와 버지니아 액슬린이 사용한 연극의 비유는 놀이치료 과정에서 역할들을 실행하거나 필요한 변수와 특징과 조건을 형성할 때 놀이의 힘을 독자들이 시각화할 수 있도록 돕는다. 아동과 상담사 간의 관계가 치료적 환경에서 필수적으로 성장한다는 인식은 관계적이고 비지시적인 놀이치료 상담사들에게 다른 무엇보다 중요하다.

놀이치료의 현대 모델

20세기 중반에, 버지니아 액슬린은 자신의 저서에서 실천에서부터 놀이치료과정까지 관계가 필수적이고 중요하다고 보았고, 이는 아동과의 정신치료 작업에 널리 적용되는 다른 놀이치료 모델을 위한 기반이 되었다. 놀이치료의 다양한 모델에 대한 이론과 적용의 개관은 『Play Therapy: Theory and Practice』(O' Connor & Braverman, 2009, 2nd ed.)에 잘 서술되어 있다. 오코너와 브레이버만(O' Connor & Braverman)은 저서에서 각 모델을 적절하게 검토하였기 때문에 이 책에서는 치료과정 내에서 가족과 체계적 적용을 통합하는 모델들의 강조점들에 대해 말하고자 한다. 그중 어떤 것들은 앞으로의 장에서 더 구체적으로 서술되어 있다.

'비지시적'과 동의어는 아니지만 체계 내에서의 유형인 아동중심 놀이치료의 모델은 자기치료력을 통해서 아동의 정신내부적 변화에 집중한다. 거니(Guerney, 1980)와 랜드레스(Landreth, 1991)는 부모자녀 놀이치료와 관련한 저서와 실천에서 내담자중심 모델을 구사하며 이때 부모는 아동과 놀면서 그들을 위해 '일관된 환경을 제공하도록 도와주는' 단기모델의 훈련을 받는다(Sweeney & Landreth in O' Connor & Braverman, 2009: 141)고 하였다.

도라 칼프(Dora Klaff, 1980)가 창안한 놀이치료의 모델인 모래놀이치료는 상담사의 개입의 해석적 측면이 부각된다. 이 방법은 모래상자에서 아동이 선호하면서 사용한 기호와 물건의 배치를 상담사가 해석하는 것이다. 이때 해석은 분석심리치료의 원칙을 바탕으로 한다. 클라인학파의 놀이치료처럼 아동과 상담사의 관계발달이 내포되어 있다는 전제 아래에서 해석은 상담사의 핵심과제다. 과정에서 적절한 수준만큼 가족에게 관여하며 여러 가지 놀이치료 모델은 자기표현을 위한 모래나 다른 비슷한 매개체들을 포함하고 있다.

정신분석 접근인 융학파의 놀이치료 접근방법은 어느 시점이 되면 부모의 참여를 강조한다. 상담사의 지시와 분석적인 과정을 통해, "융학파는 아동과 가족의 강점들을 강조하고 그 강점을 바탕으로 정신분석적 치료 접근방법으로 놀이치료를 발달시켰다"(O'Connor & Braverman, 2009: 92에서 Green). 이 같은 융학파 모델의 치료목적은 치료에서 부모를 포함하는 것으로, 이는 놀이치료의 통합적인 측면에 속한다.

1960년도에 인지행동 놀이치료가 발달되었다. 학습이론의 원칙에서 비롯된 이와 같은 접근방법은 정서적인 정화, 그리고 감정의 표현에 대한 다양한 집중을 가지고 문제행동에 초점을 맞춘다. 인지행동 놀이치료 모델의 발달은 치료와 집과 학교 사이에서 '중간대상'의 역할을 할 수 있는 '과제' 일기, 생활 책 같은 창의적인 도구들을 구사하는 융통성 있는 모델로서 이해된다. 초기단계에서는 부모가 목표를 세우는 과정에서 중심축이 되고 이후의 단계들에서는 퇴행과 차질에 대한 논의에 참여시키게 된다. 이처럼 가족은 치료 초기부터 변화과정까지 필수적인 요소로 참여한다. 공동 접근방법을 적용하면서 아동과 가족은 생활 책, 일기, 그리고 종결단계에서 목표달성을 위한 선물을 만들 수 있다.

'해결책에 초점'을 맞춘 에릭슨학파의 놀이치료 모델은 치료적인 관계가 생기기 전에는 아동의 인생에서 존재하지 않았을 수 있는 긍정적인 요소로서 '지혜로운' 동반자인 상담사의 이미지를 아동이 활용할 수 있도록 아동과의 관계발달이 필수적이라고 본다. 이 모델은 새로운 결과를 해체하고 개조하면서 아동들과 가족들이 자신들의 이야기를 말할 기회를 용이하게 해 주는 이야기 놀이치료처럼 치료요소로서 이야기를 제공한다. 가족들은 아동의 요구에 따라 이 같은 치료과정으로 초대될 수 있다. 이야기치료 접근방법은 제4장에서 구체적으로 언급할 것이다.

아들러학파의 놀이치료는 놀이를 통해 실망을 줄이는 것과 상담사와 부모 간의 대화를 용이하게 해 주는 것에 초점이 맞추어져 있다. "부모와의 상담시간에 아들러학파의 놀이상담사는 부모에게 아동을 격려하고, 아동에게 부모와 다른 사람과 관계 맺는 방법을 가르치기 위한 특정한 전략들을 가르친다"(O' Connor & Braverman, 2009: 240에서 Kottman). 아동과 상담사 관계에서는 아동의 생활방식이 탐구될 수 있도록 치료의 첫번째 단계가 진행하는 동안 두 번째 단계인 공감이 발달한다. 세 번째 단계에서는 통찰력을 획득하고, 네 번째 단계에서는 얻어진 통찰력에 대한 대화가 이어진다(Kottman, 1996). 아동의 강점이 주목받으면서 재구성되고 아동의 독특한 측면들이 강조될 수 있도록 부모들은 상담진행에 관여한다. 이 같은 협동과정에서 부모들의 독특하고 주관적인 관점들이 포함된다.

오클랜더(V. Oaklander, 1997)를 널리 알리는 계기가 된 게슈탈트 놀이치료는 "감각, 육체, 감정, 그리고 지능, 사람의 모든 측면을 통합한 기능에 관심을 갖는 인본주의적이고 과정지향적인 치료유형"(p. 184)으로 소개되었다. 이와 같은 방식에서는 아동이 환경과 상호교류하는 것, 발달관계 동안 의미를 만들고 결과적으로 분화하는 것이 특히 중요하다. 게슈탈트 치료의 개척자인 펄스(Perls, 1948)는 치료의 목적이 "스스로의(통합의) 발달을 용이하게 하는 통합의 성취"(Carrol & Oaklander, 1997: 188)라고 말했다. 치료적 관계는 치료과정 동안 자아의 감각이 보다 분명해지는 것으로 자신을 지지하는 아동의 노력에 초점을 맞춘다. 아동이 삶의 지지자를 건설하도록 돕는 과정에서 가족치료, 교육, 학교, 그리고 의료상담이 제공될 수 있다. 놀이치료의 다른 모델처럼 게슈탈트 치료는 치료의 일부분으로서 가족을 부모자녀 놀이치료 계획에 참여시킬 수 있다.

집단치료 모델은 수많은 "치료적"(Yalom, 1975) 효과 덕분에 최근 인기를 끌고 있다. 집단에 참가하는 개인들 간의 관계발달은 사회화 기술의 향상을 필요로 한다. 이 모델은 집단적 교류와 협력적인 노력의 강화를 고취한다(Mandell, Damon, et al., 1989). 기노트(Ginott, 1961)는 다음과 같이 언급하였다. "여러 아동의 참석은 상담사와 각 아동의 사이에서 바라던 관계를 수립하는 데 도움이 된다. …… (그리고) 집단은 아동들에게서 즉흥적임을 유도한다. 개인치료에서보다 아동들은 상담사와 더 쉽게 관계를 맺고 신뢰하기 시작한다"(pp. 2-4). 집단 놀이치료의 기노트의 모델은 집단결합이 아닌 아동 개인에 대해 지속적으로 초점을 맞춘다는 점에서 개인 놀이치료와 유사하다. 또한 기노트의 모델은 오늘날 널리 실천되는 내담자중심이나 비지시적인 접근방법과 비슷한 부분이 많다. 놀이치료의 여러 모델들은 치료과정에서 서로와 협력하는 아동들의 중요성을 강조하고 집단치료의 체계 안에서 실천되고 있다.

　가족의 맥락 내에서 직접 관여하는 놀이치료 모델도 여러 종류가 있으며 그것은 『Play Therapy: Theory and Practice』(O' Connor, & Braverman, 1997; 2009)라는 책과 이 책의 후반의 장들에서 이론적으로 요약하고 있다. 그럼에도 불구하고, "놀이치료가 주로 아동에게 초점을 둔 매개체로 인식되기 때문에 이 같은 아동 대 가족을 바탕으로, 치료 사이에는 변증법적 긴장에 사로잡혀 있는 것으로 보인다"(Haslam & Harris, 2011: 52). 치료과정 전체에서 가족의 관여에 직접적으로 집중하는 놀이치료의 여러 모델들은 가족 바탕 모델의 중요성을 인식한다. 현재는 양방적, 통합적, 공동적인 접근 방법에 무게를 두고 있어서 아동, 가족, 그들의 전체적인 요구, 그리고 공동의 치료 계획으로 이론적 방향이 전환되고 있다.

　가족치료(제4장에 서술되어 있음), 역동적인 가족놀이치료, 전략적 가족놀이치료, 생태학적 놀이치료, 그리고 가족놀이치료(Gil, 1991)가 이 같은 모델의 예다. 각각은 다른 이론적 중요성과 치료과정에서 실천되고 있다. 때로는 뚜렷한 단계들을 가지고 있으며 어떤 것들은 더 비지시적이고 창의적인 접근방법을 가지고 있다. 애착이론과 부모자녀의 향상된 관계는 아동 치료에 대한 치료놀이의 접근방법에서 중심적이다. 생태학적 놀이치료 접근의 중요한 점은 매일 가족과의 관계와 그 관계 안에서 소통하는 패턴, 인종, 집단적 신분을 고려한다는 것이다. 이와 같은 단계적 접근에서 가족은 코칭과 교육적 목적을 위해 선별적으로 관련되어 있다. 가족놀이치료는 상담사 개인에 의한 다양한 적용과 함께 제3장의 한 부분에서 논의된다.

　이와 같은 검토는 치료의 성장 목적을 위해서 놀이환경 내의 아동과 상담사 간에 발달된 관계의 중요성에 초점을 둔 놀이치료 모델들을 요약했다. 또

제2장 맥락 설정: 놀이와 치료적 적용

한 치료적 관계의 발달에서 놀이가 개념화되는 방식들을 강조했다.

핵가족이든 재결합가정이든 다양한 가족맥락 공동체 내의 가족, 위탁가족이나 친족 관계들 또는 둘 다든지, 놀이는 아동의 환경맥락에 있는 관계를 용이하게 할 수 있다. 관계적 목적과 치료를 위해 가족들이 어떻게 놀이환경을 가능하게 하는지는 세계의 가족유형만큼 다양하다.

다음 장은 가족, 가족의 발달, 그리고 놀이를 치료적 요소로 포함하는 치료의 모델들을 강조할 것이다. 그 밖의 장은 가족치료와 가족놀이치료의 모델들과 함께 지난 세기의 창의적인 가족치료 개입들이 서술되어 있다. 치료과정 속으로 이론과 기술의 통합에 대한 필요를 강화하는 정신치료 통합을 향한 움직임이 지속되고 있다(Corey, 2009). 가족치료 체계에 놀이치료를 포함하는 것은 이와 같은 기회를 제공하는 것이다.

제3장
가족치료

● Kristin Trotter

아름다운 이곳에 나는 가족과 같이 있다. 눈부시게 아름다운 장소인 캐나다 북부는 가족과 함께 휴가로 일주일 동안 지내기에 좋은 곳이다. 내 아들이 호수 건너의 작은 섬으로 카약 여행을 갔다가 지금 막 돌아오고 있다. 그리고 내 옆에는 내 아내가 있으며 다른 쪽에는 여동생이 양산을 쓰고 갑판 위에서 토미 도시의 〈Opus I〉을 따라 부르고 있다. 〈In the Mood〉라는 클래식 음악을 크게 틀고 듣고 있는 85세의 내 아버지도 그 옆에 있다. 베니 굿맨의 〈Jersey Bounce〉도 내 어머니의 낮잠을 방해하진 못했다. 사실 어머니는 어깨가 좋지 않아서 자주 통증을 느끼시기 때문에 우리 모두는 어머니를 걱정하고 있다. 어머니는 연세가 많지만 우리들은 모두 어머니를 좋아한다.

〈Moonlight Serenade〉는 너무나도 달콤하다.

시아주머니와 그의 손녀는 잔디밭에 앉아서 책을 읽고 있고 딸도 그들과 함께 있다. 딸은 담뱃불을 부쳤다. 시아주머니가 럼주와 펩시를 마시고 있을 때 음악은 최고조에 달했고 때마침 바람도 세게 불었다. 호수 위에 작은 파문의 흰 파도들이 생기면서 거기에 있는 모든 벌레를 쫓아내려고 한다. 그러다 대화는 짜증스러운 사슴파리와 사슴파리가 정말 많다는 이야기로 전개되었다.

마시고 싶은 사람들은 자유롭게 마시고 표현한다. 우리는 한 개인이나 가족구성원으로도 자신이 누구인지를 표현하는 동시에 완벽하면서도 불완전하다.

내 손자들은 지금 호수에 떠 있는 배에서 물고기들과 놀고 있다. 스피커에서 〈Boogie Woogie〉가 울린다……. 가족 추억, 가족 이야기, 그리고 가족 역사가 만들어지고 있다.

시간의 터널을 통과하면서 즐거움과 비극, 사랑과 증오, 평화와 전쟁을 경험하고 세대들이 남긴 유산을 상실하고 또다시 만들어 간다. 이처럼 가족의 인생과 역사에서 이야기들이 나온다. 항상 변화하는 가족은 가족치료 분야 그 자체처럼, 가족, 사람들, 시간, 문화, 그리고 심장의 생산물이다. 이야기 속에는 역사가 있고, 나이가 들면서 성숙해지고, 조부모들은 나이가 들면 죽고, 그 자리를 새로운 얼굴들이 차지하고, 가족은 역동적으로 변화한다.

가족치료의 짧은 역사

나는 1980년대에 가족치료 분야에 입문했다. 그때는 췌장암으로 죽은 버지니아 사티어(Virginia Satir)의 제자들이 그의 죽음의 슬픔에서 아직 벗어나지 못한 시기였다. 내가 훈련을 받던 센터에서 사티어의 제자 중 한 명이 가족치료를 가르치고 있었다. 그리고 그곳에는 그녀 이외에도 많은 사람들이 체계이론, 생존, 자세, 그리고 에릭슨의 많지 않은 치료와 그것을 헤일리(J. Haley)와 마다네스(C. Madanas)가 어떻게 가족들에게 적용하고 있는지를 나에게 가르쳐 주었으며 나는 그것에 몰두했다. 나는 그들의 전략들에 경탄하면서 상추가 들어 있는 상자 속에 있는 배고픈 토끼처럼 파라졸리

(Palazzolis)의 『Paradox and Counterparadox』(1978)를 익혔다. 특히, 나는 미누친(Minuchin)과 그의 구조적 가족치료에 상당한 매력을 느꼈다. 그런데 그를 향한 여성주의자들의 비평은 내게 매우 충격적이었다. 여성주의자들이 가정폭력, 아동학대, 성적 학대, 그리고 인종차별과 다른 종류의 차별들에 대해 목소리를 내기 시작하면서 가족치료 분야는 달라졌다. 사회적으로 가장 약한 대상에게조차 개입하지 못하고 있다는 사실이 드러나면서 이론의 방향은 포스트모더니즘으로 전환되었다. 그러나 캘리포니아의 정신건강연구소(Mental Research Institute: MRI)는 계속 유지되었고 전문가들은 가족에 대해 "인과관계학적인 입장이 아닌 미사여구식의 입장을 강조하게 되었다"(Hoffman, 2002: 15). 무엇이 말해졌는지, 어떻게 말해졌는지, 말해진 것에 대해 어떻게 해야 할지, 그리고 그것이 가족구성원들에게 어떤 의미를 가지고 있는지가 역기능적인 분류나 치료보다 더욱 중요하게 여겨지게 된 것이다.

따라서 가족치료는 더 이상 수십 년 전부터 가족치료의 창설자이자 대가가 가지고 있는 개성이나 전통적인 개인치료 접근방법과 근본적인 차이점들도 강조할 수 없게 되었다. 미누친, 사티어, 헤일리, 마다네스, 휘태커(C. Whittaker), 그리고 화이트(M. White) 같은 거물 사상가들이 가지고 있던 개성은 나이가 들었거나 인생의 고통과 혼란에서 떠났다(사망하였다).

레이첼 헤어 머스틴(Rachel Hare Mustin), 버니 덜(Bunny Duhl), 마거릿 탈러 싱어(Margaret Thaler Singer), 그리고 플로렌스 카슬로(Florence Kaslow)와 같은 혁신적인 사상가들은 비평적인 의견을 내는 여성주의자과 같은 새로운 상담사의 부류로 포함되었다. 그 부류는 ① 모든 종류의 다양성을 자각하고, ② 근본적으로 변화한 여성의 역할을 보다 충실히 의식하고, ③ 가족에게 말할 때 존중하고 덜 주장적이고, ④ 미누친 등이 가족치료의 초기단계에서 치료에 주로 참여했던 중산층과 가부장적인 백인의 가치관을 가진 상담사였음을 보다 더 인식하고, 그리고 무엇보다 ⑤ 언어와 다양성이 현실을 어떻게 정의하는지에 대해 더 많은 생각을 한다. 한마디로 말하면 포스트모더니즘으로 분류되는 상담사들은 가족의 아픔에 보다 잘 대면한다는 것이다.

사티어는 "상담사들은 가족의 아픔을 다룬다"(Satir, 1983: 1)라고 말했다. 그리고 그것은 가족치료의 분야에서 일어난 커다란 변화와는 상관없는 불변하는 사실이다. 그러한 진실은 그녀가 1983년에 『공동가족치료(Conjoint Family Therapy)』를 출간했을 때와 다르지 않다. 하지만 가족들과 가족들을 지탱하는 문화가 변화하는 상황을 맞추기 위해서 상담사들은 진화하면서 이 분야에서의 중대한 변화에 적응하고 있다.

1950년대에서 1970년대까지 가족치료의 전성기를 통해 초기 가족치료는 웅장하고 급진적인 자유사상으로 변화했다. 그러나 그 후, 1980년대와 1990년대의 여성주의와 포스트모더니스트의 충격, 그리고 오늘날 통합적인 초월모델까지 가족치료는 지속해서 변화되고 있다. '통합'이라는 용어와, 통합적인 모델이 정확히 무엇을 할 수 있고 실제로 무엇을 하는지에 대한 학문적 혼동을 초래했다. 그럼에도 불구하고, 통합의 관점에서 "카오스와 복잡한 과학의 표현으로"(Smith & Southern, 2005: 394), 그리고 그것에 더하여 가족이라는 것은 "더 큰 집단이나 조직, 사회에서만 의미가 있다"(Smith & Southern: 494)는 전제를 가진 연구로 확장되었다. 더군다나, 치료적 통합은 세 개의 범주로 개념화되었는데 이론적인 통합, 또는 새로운 접근방법으로 원칙과 실천을 치료에 접목하는 것, 기술적 절충주의로 특정한 이론만 사용하지 않고 가족에게 적합한 여러 모델의 중재기술들을 적용하는 것, 그리고 공통된 요인, 또는 치료적인 과정에서 모델들의 효과적인 요소와 원칙들을 확인하는 것(Smith & Southern, 2005)이다.

지난 수년 동안 발전한 통합적인 모델 중 하나는 초월구조주의 모델(Meta frameworks)(Breunlin, Swartz, & Mac Kune-Karrer, 2001)로서 그것은 현존하는 모델들의 한계를 극복하는 가족치료 모델이다. 이것은 현재 실천하는 모델 중 상담사들에게 이론적 토대를 제공한 모델로 여기서는 이론적 요소와 기술적 요소를 절충했으며 때로는 그 둘의 공통된 요소를 포함하기도 한다. 현재 이 모델은 북미를 중심으로 구조적, 전략적, 다세대, 이야기치료와 같은 다양한 접근의 가족치료, 그리고 다른 포스트모더니즘의 유형들을 자신의 영역으로 포함하기 위한 중요한 위치에 있으며, 궁극적으로 이 모델은 우리에게 가족치료의 모든 분야를 통틀어서 생각하는 방식을 제공하고 있다.

빌스(Beels, 2002)에 의하면, 가족치료는 현재 차별화된 분야로서 정의를 잃고 정체성의 위기를 맞고 있다. 미누친의 구조적 치료, 화이트와 엡스턴의 이야기치료, 그리고 사티어의 경험적 가족치료와 같은 모델들은 위기에서도 생존하고 있지만, 전략적, 체계적, 에릭슨학파와 같은 모델들은 영역이 축소되어, 단기해결중심 가족치료와 같은 모델들로 변형된 채 지속되고 있다.

내가 근무하는 대학에서 가족치료는 최근에 필수과목이 아닌 선택과목으로 바뀌었다. 그리고 다수의 가족치료 훈련기관들은 문을 닫고, 한때 가족치료의 핵심으로 가족치료를 다른 개인치료와 구별해 줬던 체계론적 관점에 대해서도 의문을 제기하는 경우가 생겼다. 오히려 이야기치료와 포스트모더니즘의 신념이 보다 큰 문화적 현실에서 반영되고 있다.

이러한 정체성 위기를 빌스(Beels, 2002)는 체계와 포스트모더니즘적 관점들 사이에서만 존재하는 것이 아니라, 가족지원의 영역에 보다 깊숙하게 자리 잡은 역사적 뿌리에 가족치료가 뿌리를 내리지 않은 것과도 관련이 있다고 보았다. 흔히 가족치료의 기원으로 보는 1950년대 이전에도, "가족에 대한 실천과 사상은 더 길고 큰 역사"(Beels, 2002: 67)를 가지고 있으며, 사회복지 업무와 심리학과 정신의학의 영향들 속에서 가족치료의 역사를 찾을 수 있다. 애커먼(N. Ackerman)과 보웬(M. Bowen)과 같은 최초의 실천가들은 정신의학자와 정신분석가였다. 가족과 일한 보다 오래된 역사로는 1930년대에도 가족과 일하던 사회복지 업무의 창설자인 메리 리치먼드(Mary Richmond)의 이론과 실천을 찾을 수 있다. 또한 윌리엄 제임스(William James)의 천재성, 존 듀이(John Dewey)의 시스템에 대한 유기체론, 그리고 조지 허버트 미드(George Herbert Mead)의 상징적 상호작용이론에서도 찾을 수 있다. 언어가 사상을 구체화한다고 가르쳤던 에드워드 사피어(Edward Sapir), 그리고 후에 밀턴 에릭슨(Milton Erikson)이 사용했고 마다네스(Madanas), 헤일리(Haley), 바

즐라빅(Watzlawick)과 같은 사람들이 전략적 일을 통해 가족치료에 스며들게 한 안톤 메스머(Anton Mesmer)의 최면상태에 대한 일은 모든 가족치료를 정의하고 전쟁 후 1950년대 가족치료에 대해 깔끔하게 정돈된 허위의 세계보다 시간의 터널에 훨씬 깊숙히 도달하는 것이라고 정의했다.

카슬로(Kaslow, 2000)는 가족치료를 "개척자와 배교자(1969 이전), 혁신자와 확장자(1969~1980), 개량하는 자와 연구자(1980~1989), 그리고 통합하는 자와 새로운 지평을 찾는 자(1990~1999)"와 같은 표현으로 세대적 발달의 흐름을 정리하였다. 지난 십 년 동안 가족치료가 어디로 향했든지 간에 적어도 일부에서는 정체성을 상실한 것처럼 보인다. 앞으로 몇 십 년 후에 가족치료가 어떻게 진화할지는 빌스가 제안한 것처럼 역사의 깊숙한 곳뿐만 아니라 가족치료가 꿈꾸는 미래 속에서 이 정체성 위기를 해결해야 한다.

북미에서 가족치료가 자리 잡지 못하고 있을 때 가족치료는 국제적으로 힘을 얻었고 사티어와 미누친의 접근처럼 인기가 많은 이론들은 라트비아와 중국 같이 세계의 다양한 곳으로 퍼져 나갔다. 다양한 나라에서 가족치료의 진화와 발달 패턴 역시 북미대륙의 패턴들과 유사했으나 각 나라의 "다른 문화적, 정치적, 그리고 사회적 맥락들이"(Kaslow, 2000: 2) 반영되었다. 1980년대까지 가족치료가 확실히 자리 잡은 아르헨티나, 독일, 브라질, 멕시코, 스칸디나비아 국가들, 남아프리카, 그리고 전 유고슬라비아에서는 각 나라가 가지고 있는 독특한 역사성과 실천적 뿌리, 그리고 정밀한 개입의 집단을 발달시켰다.

그러나 이러한 사실에도 불구하고 캐슬로(Kaslow, 2000)가 언급한 것처럼, "이 분야는 이제 임상적 실천과 연구의 바탕을 가진, 다르지만 연관을 가진 학파들의 여러 색깔의 조각보 이불을 전시한다"(Kaslow, 2000: 1). 가족치료 훈련과 실천은 치료에 어린 아동들을 포함하지 않고, 과정에 있어서도 필수적인 가족놀이치료를 더욱 발달시키지 않았다. 다른 모델들과는 달리 훈련 기관에서 가족놀이치료를 포함하거나 가르치지 않고 전통적으로 상담사들이 어린 아동들을 잘 다루지 못했다는 것은 이 분야에서 널리 받아들여진 사

실이다. 상담사들의 삼분의 일 이하가 가족 치료회기 동안 아동에게 관여한
다(Korner & Brown, 1990; Lund, Zimmerman, & Haddock, 2002). 가족에서의
아동의 관련성, 영향, 그리고 중요성을 고려해 볼 때 이것은 예상외로 적은
숫자다. 아동들이 치료회기에 참석하거나 초대되어도 종종 치료회기에 적극
적으로 포함되지 않은 채 혼자서 놀도록 내버려지고 심한 경우에는 골칫거
리나 방해물로서 여겨진다. 개인적인 불편이나 부족함에 더하여 훈련의 부
족함만이 상담사들이 치료에 아동을 포함하기 꺼려하는 이유는 아니다. 사
실 아동을 포함하고 싶어 하는 상담사는 여러 가지 방해물과 직면하게 된
다. 예를 들어, ① 동시에 모두에게 연령적으로 적합한 치료에 임하기 힘들
게 만드는 성인과 아동 간의 발달적인 분열, ② 성인의 대화에 끼어들고 '방
해적인' 행동을 하는 아동의 성향과 이와 더불어 만지고 탐구하고, 담론의
흐름을 방해하는 발달상의 요구, ③ 부적절하고 안전하지 못한 치료실의 구
조, ④ 아동에게 적절하지 않은 민감한 주제들의 논의, 그리고 ⑤ 적절한 기
술의 부족(Lund, Zimmerman, & Haddock, 2002)이 있다.

　가족치료의 모든 모델의 기술을 포함할 수 있는 초월이론적인 입장에서,
가족치료에 놀이치료를 체계적으로 포함시키는 것은 미래지향, 정의, 실천
적 범위에서 필요하다. 따라서 이 장에서는 가족치료의 역사를 간단히 정리
하는 것과 초월구조주의 모델(Metaframeworks)의 초월분야(metadomain)를
탐구하는 것뿐만 아니라 동시에 모델이면서 상담사에게 중요한 가족놀이치
료와 놀이의 세계에 대해서 다룰 것이다.

가족치료

사이버네틱스, 일반체계이론, 역동적 체계이론, 그리고 포스트모더 니즘의 이론적 토대

상담사들은 자신들의 분야의 역사와 실천에 대해 언급하면서 은유를 자주 사용하였다. 캐슬로(Kaslow)의 여러 가지 색깔을 가진 조각보 이불, 호프만 (L. Hoffman, 2002)의 (실로) 짠 가닥의 빵이나 흐름과 소용돌이와 지류와 물 갈래가 많은 강이 그와 같은 예다. 가족치료의 역사를 탐구할 때, 호프만이 묘사한 가족치료 운동은 "스스로 뒤집어 꺾고 변화하는"(p. 14) 놀랍고 매력 적인 역량을 가지고 있다. 가족치료 운동의 역사는 정보를 반복적으로 받아 들이고 다시 또 받아들였다. 그리고 은유와 초월이론, 모델과 실천을 통해서 끊임없이 스스로를 창안하고 재구성하는 방식으로 뒤집어 꺾이면서 그 역량 을 발휘했다.

가족치료의 초월이론과 다른 이론들은 우리가 세계에 대해서 무엇을 아는 지뿐만 아니라 무엇을 알 수 있는지도 결정한다. 이 이론들과 이론들이 반영 하는 부분을 언어로 표현하면, "대부분 가족치료와 사회정신건강 운동의 기 여를 통해" 우리의 이해를 구성하며 통제하고 지시한다(Hudson, 2010: 9). 1950년대와 1960년대 널리 사용된 일반체계이론과 사이버네틱스의 출현으 로 인해 가족의 상호작용에 대한 연구가 가능해졌다. 제2차 세계대전에 헤 어진 가족들이 재회하고 부부상담, 예비부부교육, 아동생활지도 운동의 성 장, 그리고 집단역동의 발전과 같은 수많은 다른 요인들과 함께 개인을 중심 으로 보는 관점에서 벗어나 가족을 포함하였다(Nichols & Schwartz, 1998). 해 결책의 한 부분으로 가족을 의미 있게 보는 것으로 근본적인 무대가 변화하 고 형성되었다.

초월이론 관점에서 가족치료 분야는 발전하고, 수학, 물리학, 생물물리학,

생물학, 공학, 인류학, 컴퓨터 공학, 심리학, 그리고 사회학과 같은 다양한 학문들에서 아이디어들을 가져오고 영향을 받았다. 노버트 위너(Norbert Wiener)의 사이버네틱스에서, 루드비히 본 베르탈란피(Ludwig von Bertalanffy)의 일반체계이론, 복잡한 이론과 카오스이론까지, 그리고 포스트모더니즘과 페미니스트 사상가들의 개방적이고 자기성찰적인 과정까지 여러 이론들과 아이디어는 가족치료 이론과 실천을 구성하게 하였다.

가족치료의 최근 이론 중 빌스(Beels, 2002)가 서술한 개념과 더 오래되고 비공식적인 이론적 역사를 통합한 것은 1946년에서 1953년까지 열린 '메이시 회의(Macy Conferences)'다. 이 회의에서 학자들 간에 공유된 주제는 명제 논리학의 미적분과 같은 신경망 시뮬레이션, 아동심리학, 소통, 기억, 그리고 물론 사이버네틱스의 연구가 포함되었다. 회의의 결과로 정신분석을 경험했던 천재 수학자인 위너(Wiener)의 초기 사이버네틱스 연구(Wiener, 1961)가 초기 상담사들을 이끄는 지침이 되었다. 메이시 회의의 참가자 중 한 명인 인류학자이며 사회과학자인 그레고리 베이트슨(Gregory Bateson)은 위너의 수학적 천재성과 관찰들을 가족에 적용했다. 항상성 또는 체계의 안정상태를 유지하려는 경향, 체계론적 변화를 반대하거나 지지하는 긍정적, 부정적 피드백 고리, 순환적 인과성과 재귀와 같은 단어와 생각을 가족에게 적용했을 때 모두 의미가 있었고 가족역동에 내재하는 복잡한 거미줄 같은 연결들을 이해하도록 도왔다. 치료적 과제는 간단한 직선적인 인과관계의 연쇄보다는 의사소통에서의 복잡하지만 패턴 있는 교류의 연속을 찾아서 변화하는 것으로 보았다.

상호작용, 상호관계, 관계성, 상호의존, 그리고 맥락과 관련된 사상의 방식은 체계론적 관점의 주된 특징들 중 몇 가지를 구성하고 있으며 서양 철학과 사상, 과학적 사상에 있어서 혁명적인 변화를 가져왔다(Capra, 1996). 이는 독립적이고 각각 개별적인 부분들이 아닌 부분들 간의 관계에 집중할 수 있었다. 가족의 중심에 많은 상담사들이 개입한 비지시적이고 일정한 형태나 유형, 체계론적 관점은 효과적인 실천에 있어서 필수적인 요소이며 성장과 성숙을 지지하고 이와 더불어 가족치료 분야를 진전시키고 발전시킨 핵심이다. 개인들은 모든 가족의 맥락에서 배우자, 아동, 부모, 조부모, 대가족, 그리고 친한 친구들의 죽음을 경험한다. 가족구성원들은 서로에게서 소원을 만들고 애도하고 결과를 생각지 않은 채 격하게 싸우고 사랑하고 이기고 진다.

체계론적 관점은 복잡하고 가족에게 적용되었을 때 닫힌 체계가 아닌 열린 체계에 작용하기 때문에 개인의 능력 부족이 아닌 체계적인 상호작용의 복잡함을 이해해야 한다. 가족과 가족구성원들은 브론펜브레너(Bronfenbrenner, 2005)가 미시와 중간체계(micro and meso system)라 부른 것만이 아닌 훨씬 더 크고 복잡하고 역동적인 외체계와 거시체계(exo and macro systems) 내에서도 항상 교류한다. 물질체계는 다단계적 현실들이 네트워크 속의 네트워크로 인지되고 상관적인 사건들은 역동적인 거미줄로 엮여진다. 가족에 영향을 주는 부부와 공동체와 정치체계들을 체계이론 내에서 다룰 수 있고 체계이론은 모든 단계를 중재하고 설계할 수 있다. 체계론적 관점은 상담사를 가족과 가족을 유지하는 관계들의 핵심으로 인도하도록 도와준다.

따라서 가족치료 내에 영향을 준 최신 이론인 포스트모더니즘의 기여는 폭력이 아니라는 전제하에서 체계론적 관점을 이해하고 알아보는 것이며, 이는 상담사가 가져야 할 기본적인 자질이다. 체계론적 관점은 가족의 문제에 대한 책임을 한 명의 구성원에게 전가하는 것이 아니라 가족을 체계로 보고 개입하는 것이다.

가족은 투과성의 경계를 가진 체계다. 오스트리아 출신 생물학자이자, 일반체계이론의 창설자인 루드비히 본 베르탈란피(Ludwig von Bertalanffy, 1968)가 언급한 것처럼 체계 내의 각 변수는 자신과 다른 변수들에 영향을 주고 다른 체계에 있는 변수들과도 작용하고 영향을 준다. 1950년대에 심리학에서 1960년대에는 사회복지 분야에서 일반체계이론은 보편화되었는데(Hudson, 2010), 그의 아이디어는 역동적인 체계, 다양한 상호작용적 부분들이나 요소들, 그리고 그 요소들을 정리하는 관계들로서 구성되었다. 그에 따르면 상호관계란 모든 열린 체계의 독특한 특성이며 부분들의 특성은 전체의 조직화에서만 이해될 수 있다(von Bertalanffy, 1968). 그는 전체와 조직화와 같은 개념은 생물학, 행동과학, 사회학, 세계의 모든 곳에서 생겨났는데 살아 있는 생물체나 가족과 같은 사회집단처럼 조직된 전체들을 다룰 때도 필수적이라고 주장했다(von Bertalanffy, 1968: 34). 일반체계이론과 사이버네틱스 둘 다 가족치료의 초월이론적 토대를 만드는 데 영향을 주고 서로 교대해서 자주 활용되었지만 본 베르탈란피는 그 두 개를 구분했다.

둘은 밀접한 관계를 가졌지만 일반적으로 사이버네틱스는 체계가 어떻게 기능하고 소통하는지에 더 집중하고 일반체계이론은 시스템들이 어떻게 구성되었는지를 중요시한다고 보았다. 하지만 기능과 구성은 독립되어 있어서 이해될 수 없고 복잡한 과학이라는 상위체계 아래 모두 포함된다. 체계론적 관점이 발달하는 동안 변함없이 관계성, 상호의존, 그리고 부분에서 가족 전체로 집중하는 것이 기본원칙이다. 컴퓨터의 출현과 함께 수학과 물리학, 복잡한 생물계의 연구는 획기적으로 발전하였다. 1980년대에 그 체계들을 서술하고 모델링할 "생물계에 대한 일관된 이론과 적절한 수학적 언어"(Capra, 1996: 79)가 나타나면서 지난 수십 년 동안 사이버네틱스와 일반체계이론에서 일어나는 체계론적 관점은 그 지평이 확대되었다.

최근에는 복잡한 과학의 발달로 인해 복잡하고 균형상태에서 멀리 떨어진 체계 내 변화의 성질은 비비례적이고, 비선형적이고, 혼돈적이고, 자기 조직적이라는 생각을 하게 되었다. 상담사들은 이러한 과학적인 개념에서 아이디어를 차용하여 물리학과 수학의 기본 바탕에서 그것들을 분리시켰다. 위너와 본 베르탈란피의 복잡한 최근 이론은 전부 소위 자연과학에서 나온 것이다. 예를 들어, 피드백은 초기 상담사들이 정리한 많은 아이디어들처럼 카오스와 비비례성과 자기조직화와 같은 복잡한 아이디어와 최근의 혁신 이론들과 함께 가족치료와 생물학, 물리학의 중심적인 구성체다. 역동적인 체계이론, 또는 복잡한 시스템의 연구인 역동적인 체계이론은 그때까지 내포되었던 것들을 명확하게 만들었고 체계이론의 관점이 바탕이 된 원조 수학과 가족치료의 실천의 분리는 더욱 커졌다. 그러나 단지 은유적으로 적용되는 것이라도 이 아이디어들을 관계에 적용하는 것은 잘못되었다고 보는 자연과학자들의 반대에도 불구하고 이것들은 실천에서 의미가 있고 도움이 되며 가족의 복잡한 작용에도 비슷하게 적용된다.

지난 수십 년 동안 체계론적 관점을 변화시킨 발달들은 초기조건들에 대한 민감함 또는 복잡성의 새로운 수학, 그리고 자기조직화의 강력하고 새로운 개념을 중시하는 비선형성과 카오스이론의 구성체들과 관련된다. 이처럼 상호의존적인 자기조직화 행동들의 연구는 역동적인 체계론적 관점을 대표적으로 발전시키고 이러한 발전들은 역동적인 체계론적 관점을 개념화하며(von Bertalanffy, 1968; Wiener, 1961), 현재의 역동체계(dynamical system)라고 언급되는 것(Van Geert, 1994; Vallacher et al., 1993; Albert, 1995) 사이에서 일어났다.

역동적인 체계에는 체계의 입력과 출력 간의 직접적이고 예측가능한 선형적인 관계가 있다(Vallacher et al., 1993; Albert, 1995). 그 같은 체계에서의 변화는 선형적이며 비례적이고 A의 변화는 B의 비례적인 변화들을 유발한다. 역동적인 체계에서의 변화는 비선형적이고 비비례적이며 체계 안으로의 입력과 출력의 간에 비례적인 관계가 없다. 이로 인해 체계입력에서의 작은 변화는 출력에서 예측불가하거나 크고 중대한 변화들을 부를 수 있다. 그러한 체계의 변화는 비선형적이고 비례적이다. 선형적인 모델들은 즉흥적으로 자기조직화를 할 능력이 유기적·무기적인 모든 과정에서 나타나고, 비선형적인 모델들은 적절한 상황이 주어진다면 인간체계를 포함한 체계들이 자기조직화를 하고 기대 밖의 방법들로 자신들을 새롭게 구성하고 재구성할 것이라고 제안한다. 특히 바깥환경에 의해서 명시적으로 부과하지 않고 일어나는 일관된 체계적 행동이나 패턴의 결과는 그러하다(Schiepek et al., 1992). 이는 스스로 조직화하기 때문에 내부적이거나 외부적인 동요시스템이 카오스로 떨어지는 것을 더 이상 피할 수 없다. 또한 정상상태에서의 카오스 지점을 지나도록 만들었기 때문에 시스템은 자기조직화에 임한다. 그 밖에 자기

조직화의 구성체는 빠르고 새로운 변화의 가능성만을 찾지 않는다. 빠르고 새로운 변화는 위기의 시점에서 특별히 나타나나 미누친이 오랫동안 주장한 가족은 자기 문제를 스스로 해결할 책임이 있다고 말한 부분도 포함하고 있다. 이때, 상담사의 일은 그것이 일어날 수 있는 조건들이 만들어지는 것을 용이하게 하는 것이다.

자기조직화에서 중심적인 조직화 원칙과 밀접하게 연결된 것은 "매우 카오틱한 역동적인 시스템의 중심이 존재할 때인"(Lorenz, 1993: 50), 강하게 끌어당기는(스트레인지 어트랙터) 개념이다. '강하게 끌어당기는' 개념은 밑바탕적인 패턴으로 끌리는 체계의 성향을 대표하는 정교하게 복잡한 설정이고 패턴이 있는 체계론적 행동은 그 바닥에서 강하게 끌어당기는 힘에 의해 발생한다. 카오스와 강하게 끌어당기는 이론, 복잡성과 역동적인 체계, 자기유사성과 프랙털, 비선형성과 초기조건에 대한 민감함 모두 가족에 대한 체계론적 관점인 항상성과 긍정적·부정적 피드백 고리를 넘어서려고 몸부림치면서 상담사들의 용어 안으로 들어갔다. 가족치료의 체계를 바탕으로 사람들은 카오스와 복잡성 이론의 논의들을 환영했고 이는 가족변화에 대한 이론적 담론 속으로 흡수되었다.

아수라장, 난장판, 혼란, 그리고 대혼란과 같은 카오스의 동의어들은 궁극적으로 죽음이나 새롭고 더 기능적인 조직으로 이끄는 것으로 해석되어졌고 수학적 구성체의 카오스의 개념에서는 보다 멀어졌다. 카오스이론의 맥락에서는 '정돈된 혼란'으로 언급되었고 여기서 체계 또는 이 사례에서 가족은 카오스 안으로 들어가서 원조의 구성이나 형태로 죽든지, 아니면 더 복잡하고 조직화된 패턴적인 순리를 발달하면서 즉각적으로 자기를 조직화한다(Werbos, 1994). 새롭고 더 복잡한 것들이 나타날 수 있도록 카오스는 오래된 체계들을 깨부수고 그러고서 자기조직화에서 필수적인 역할을 한다. 시스템이 자기조직화를 하기 위해서는 카오스의 주기들을 통과해야 하고, 여기서 카오스는 변화의 길로 체계들을 인도하는 동시에 건설적이고 파괴적인 힘을 가진다. 이것은 피할 수 없고 피해서도 안 된다. 오히려 모든 비선형적인 체계들은 진화하고 변화하고 죽거나 자기조직화를 하면서 카오스로의 이행을 일으켜야 한다. 카오스는 변화의 조짐만이 아니다. 카오스 없이는 어느 시스템이든 침체하거나 죽는다(Wieland-Burston, 1992). 역동적인 체계이론은 가족치료의 강점을 바탕으로 한 접근 방법의 이론적 바탕을 제공하고, 그 접근 방법은 빠르고 새롭고 예측불가능한 변화의 가능성이 항상 존재한다(Warren et al., 1998). 이는 진화적인 체계의 변화를 가능하게 하고 지지하는 사상의 개념이다. 이 맥락에서 카오스의 경험은 정상화하고 목적과 의미가 있는 것으로 개념화할 수 있다.

이러한 은유는, 예를 들어 죽음이나 이혼을 경험한 가족과 상담사 사이에 공명한다. 가족은 카오스에 들어서고 존재는 옛 방식에 의해서 죽는다. 은유는 부부간의 배신이 드러났을 때 나타나는 관계와 가족 내의 변화들을 이해할 수 있도록 도와준다. 관계는 한때 존재했던 방식으로는 더 이상 존재할 수 없게 되는 것이다. 체계는 대처하거나 죽어야 하는 상황이 발생했고 사건 전에 존재했던 설립된 항상성으로 돌아가는 것은 충분하지도 또는 전혀 가능하지 않다. 한때 가족을 지지했던 항상성은 이제 불가능해졌고 부부, 가족, 체계는 복잡하고 조직적으로 매우 다른 무언가로 스스로를 조직화해야 한다. 새롭고 더 복잡한 '정상'으로 진화해야 한다.

사춘기에서 청소년기까지의 아동의 발달적 변화에 힘들어하는 가족에서도 체계는 스스로를 조직화해야 하는 요구가 눈에 띌 수 있다. 은유적으로는 가족은 카오스에 휩싸이고 있다. 부모들은 더 이상 같은 방식으로 자식들에게 관여할 수 없기 때문에 협상기술을 늘려야 한다. 청소년은 또래집단 안으로 들어가고 가족의 영향에서 멀어지면서 믿음과 진실을 말하는 것들이 강조된다. 섹스, 약물, 관계, 종교, 그리고 정체성과 같은 청소년기 실험은 이제까지와는 다른 발달적 과정들을 구성해야 하고 잠재연령기의 발달적 과정보다 더 정교한 양육기술을 필요로 한다.

예를 들어, 4인 핵가족을 생각해 보자. 이성 부모와 15세와 13세의 아들 두 명이 있다. 부모는 치료에 와서 자녀들이 '통제불능'이라고 호소했다. 수

년간, 아이들을 키우면서 아버지는 별로 도전받지 않은 가장이었고 어머니는 아버지의 분노에서 아이들을 거의 지켜 주지 못할 정도로 순종적이었다. 아이들은 반항의 행동으로서 아버지의 칫솔로 몰래 변기를 닦았다. 아이들이 성장하자 자녀는 어머니의 손길이 덜 필요해져서 그녀는 지방대학에서 디자이너의 공부를 시작하였다. 사실 그녀는 패션과 바느질에 대한 열정을 가지고 있었다. 그녀의 타고난 재능은 결국 선생들과 잠재적인 고용주들에게 주목받았고 그녀는 성숙하고 세련된 디자인을 만들어 냈다. 아이들이 청소년이 되자 그녀는 직업을 가지고 돈을 벌기 시작했다. 가족이 치료를 시작했을 때 아버지 만트는 "모든 게 5년 전으로 되돌아갔으면 좋겠다."고 말했다. 그는 치료회기 내내 이 말을 다양한 형태로 반복했다.

아버지는 지배권을 조금이라도 포기하길 거부하고 있었고 어머니는 아이들과 더불어 아버지의 지시대로 하기를 거부하고 있었기 때문에 전에는 가능하지 않았던 방식으로 가족 내의 힘의 구조가 커다란 도전을 받고 있었다. 치료는 서서히 그렇지만 잘 진행되고 있었고 가족체계의 아주 진정한 변화들이 눈에 띄기 시작했다.

치료시간에 아이들은 치료가 효과가 있고 집안에서 이것저것 변화하기 시작했다고 말했다. 아이들의 관점에서 싸움과 경계를 넘나드는 행동이 줄어들었고 예전에 비해 대부분 더 평화적이라고 했다. 그러나 아이들의 말이 끝난 뒤 아버지는 그동안 집안을 이끌어 왔던 똑같은 방식으로 치료를 중단했다. 그는 치료회기 도중에 이들에게 낭패감을 주면서 앞으로 가족은 더 이상 치료에 오지 않을 것이고 이에 관한 논의나 협상은 없을 것이라고 단언하였다. 이 회기에는 어머니가 참여하지 않았다.

그런데, 그 후 그는 아내와 아이들의 강력한 주장에 의해 집을 나갔다.

힘의 변화와 발달의 결과로서 현실에서 가족체계는 카오스 상태에 빠졌다. 한때 존재했던 것은 죽었고, 더 체계적이고 관계적으로 복잡한 무언가는 자기 조직화하는 것을 실패로 이끌었다. 역동적인 체계 관점에서 가족에서 이런 카오스는 변화과정에서 깊은 불균형이나 동요들이 중심적인 조직책의 역할을 하는 자기조직화에 주력한다. 가족처럼 진화하고 균형상태에서 멀리 떨어진 체계들에서 이런 카오스들은 불가피한 일이다. 카오스와의 이 같은 끊임없는 조우들을 효율적으로 대처한다면 새로운 순리 안에서 임계의 선택점들과 복잡함이 나타나는 것을 적극적으로 지지하고 이는 자기조직화를 향한 상당한 움직임을 만들 수가 있다.

그러나 체계적 관점에서 본다면 아버지, 어머니, 또는 아이들이 무엇을 하는지, 어떤 동기가 있는지, 또는 집단과 개인의 과거가 현재에 어떻게 영향을 주는지는 그다지 중요하지 않다. 이보다 '가족이 해결되지 않은 교류에서 벗어나지 못하게끔 구성원들이 서로 어떻게 교류하고 있는가?' 라는 것과 관련이 있다. 미누친의 이론에 따르면 독재적인 아버지, 두 명의 반항적인 청소년, 수동적이지만 매우 화가 난 어머니의 문제를 각각 다루는 것이 아니다. "질문의 핵심을 상호교류의 관점으로 이동하는 것이다"(Minuchin, Nichols, & Lee, 2007: 17). 오히려 우리는 하위체계 안의 하위체계 안의 하위체계를 다루고 있다. 청소년 두 명을 키우는 것은 새롭고 더 적응적이고 더 복잡한 가족체계를 필요로 한다. 이러한 체계에서는 체계론적 관점의 근본적인 아이디어인 체계의 단계와 상호의존성, 상호연락 간의 관계를 단계별로 갈 수 있도록 만들어서 그들의 세계를 체계 안에서 그리고 가족 내에서의 개인으로 맥락화한다.

가족은 조직화되고 패턴화된 전체이며 가족과 일을 하는 것은 다른 어떠한 가족과도 마찬가지로 가족구성원들 사이에 들어갈 어떠한 방식을 필요로 하고 있다. 복잡성 이론은 그러한 초월이론을 제공하고 그럼으로써 알 수 있는 기계론적인 원칙과 예측가능한 인과의 사슬로 세계가 이루어진다는 모더니즘의 개념들을 다룬다.

아무리 기록적인 질주라도 가족치료의 이론적 토대와 역사를 통과하는 질주는 포스트모더니즘의 영향과 페미니스트 영향에 대한 언급 없이 결승선까지 도달할 수 없다. 화이트는 포스트모더니즘 세계가 가족치료, 그리고 그것과 함께 사회구성주의, 이야기치료, 해결중심치료를 포함한 이론들이 출현하게 한 출발점이라고 여긴다. 여성주의 작가들의 비평 없이 초기의 남성주도형의 가부장적인 관점으로는 현재 가족치료가 지지하는 지배적인 사회적 담론인 풍부하고, 다양하고, 자기성찰적이고, 사려 깊고, 비판적인 분야로 발전하지 않았을 것이다. 여성주의 작가들은 누가 현실을 어떻게 정의하는지에 대한 질문을 하면서 지식생산 뒤의 동기를 파악하여 모더니즘의 담론을 해체하였다. 이것은 담론이 가족역동을 질병으로 보고 가능성들을 닫는 것보다는 담론의 새로운 가능성을 열도록 해 주었다.

포스트모더니즘은 어떠한 사고에도 무비판적이고 충실하게 질문하고, 진실, 힘, 지식, 역사, 언어, 그리고 더 나아가 가족에 대한 아이디어가 모든 모더니즘의 개념을 해체하도록 주장하였다. 포스트모더니즘은 객관적이 아닌 주관적 현실이 통치한다. 진실은 관점의 문제이고 지배론적 담론을 해체하는 것은 치료적인 결정이다.

가족치료에서 만연하고 있는 치료적 담론들을 해체하는 것은 상담사가 가족기능을 인도하는 여러 현실과 진실이 있다는 것, 담론 안에 강력한 의미들이 분명하기도 하고 숨겨져 있기도 하다는 것, 그리고 다양한 관점들이 유효하고 중요하다는 것을 인식해야 한다는 의미다. 포스트모더니즘 담론은 상담사가 포지셔닝(Positioning) 이론이라고 불리는 것에 대하여 참여하도록 한다(Winslade, 2005). '경쟁하는 여러 이야기들에서 존재하는 자신에 대한 시야는'(p. 1), 상담사가 가족구성원들의 '억압적인 담론'을 향한 '적극적인 반항을 인식'하도록 이끌고 지지하여 가족구성원들이 새롭고 다른 이야기로 자신들을 이동시키도록 도와준다(Dickerson, 2007: 27). 상담사는 가족 바깥에 앉아서 행동을 할 수 없으며 오히려 가족체계 내에서 기능하는 배우로서 인정되고 체계 안에 즉시 흡수된다. 상담사는 가족의 현존하는 이야기와 가족이 그 안에서 살고, 사랑하고, 증오하고, 파괴하고, 창조하는 더 큰 문화적인 이야기를 확대하거나 의미를 건설하도록 가족구성원들과 도전하거나 협력하거나 공모한다.

인종, 사회 계급, 성, 성적 지향, 나이, 그리고 장애의 교차지점에서의 권력의 차이는 가족치료의 이론과 실천에서 다양성에 대한 대화의 일부분이 되었다. 그러나 전쟁 중에 보스니아 헤르체고비나에서 탈출한 가족과의 어려운 치료를 할 때 캐나다 출신에 중년 백인의 중산층인 나로서는, 그들이 이민 오기 전 자신의 나라에서 일어났던 전쟁과 트라우마와 도주와 재정착과의 싸움에 대해 진심 어린 이해가 어려웠다. 그리고 이 같은 감정은 앞으로도 갖지 못할 것이라는 생각에 가슴이 아팠다. 그런데 내가 참석한 가장 최근의 가족치료학회에는 아직도 서양 백인 상담사들이 대부분이었다. 이 것은 가족치료에서 만연한 사회구성원들의 지배적인 담론을 이해하고, 견지하는 자들의 관점에서 본다는 것을 의미한다. 상담사는 이런 이유로 자신이 존재하는 물에서 공부하려고 애쓰는 물고기 마냥 문화적으로 괜찮은 수준이라는 근거 없는 믿음을 가지고 동시에 문화적으로 다양한 가족이 처해 있는 주관적인 현실을 이해하려고 노력하면서 가족치료를 한다. 그리고 그 안에서 비롯된 문화적 맥락과는 분리되어 있는 내재하는 의미들을 탐구하고 해체하려고 애쓴다.

사회구성주의나 현실이 역동적·사회적·문화적으로 구성된다고 보는 관점, 그리고 현실은 개인적으로 구성되고 확실히 우리들은 우리 자신들 스스로 회복의 주체라고 주장하는 구성주의나 후기 구조주의와 같이 일부분에서는 "자아와 정신을 포함하는 모든 현상들 그 자체는 단지 문서라고 주장한다."(Xu, 2010: 67). 치료는 근본적으로 언어로 구성되어 있기 때문에 그러한 포스트모더니즘, 초월이론적 입장을 자연스레 따르는 것은 이야기치료가 발생하고 이야기와 언어를 사용해서 치료실 안에서 힘과 담론을 해체하고, 이해하도록 돕기 위한 것이다. 치료적 대화와 중재를 당연시 여기는 것과 기준을 제공하는 힘, 관점, 섹스, 인종, 문화, 장애, 그리고 성적 지향에 대한 지배적인 담론들은 가족을 맥락화하도록 도와주고 소외된 담론들에게 공간을 열어 준다.

예를 들어, 한 아버지가 18세 아들을 치료에 데리고 왔다. 아들은 분열 정동성장애의 진단을 받았고 가족들은 아들을 어떻게 다뤄야 할지 몰랐다. 그의 아내, 즉 18세 아들의 어머니는 십 년 전에 위암으로 고통스럽게 죽었다. 아버지의 새 여자 친구가 치료에 함께 왔으며, 누나는 자신이 "문제가 아니다"라고 말하며 오지 않았다. 대학교 3학년인 아들은 교실 뒤에 정부요원 세 명과 커다란 검은 개가 있다는 환각에 시달리고 있다. 이 요원들과 개는 버스에서 그와 붙어 있었고 집의 뒤뜰에서도 있었고 종종 교실에서 다른 교실까지 그를 따라다녔다.

맥락이나 치료적인 대화를 해체하는 방식 없이 본다면 이 젊은이는 항정신성 약을 필요로 하고 스트레스가 많은 정치세계에서 일하는 직업적 기대를 적어도 낮춰야 한다는 것에 대해 의심할 여지가 없다. 그러나 가족의 맥락에서 진단을 해 본다면 어머니가 사망했을 때 아들은 그 자리에 함께 있었고 돌아가기 전 6개월 정도 어머니를 지속적으로 보살펴 왔다는 것을 끄집어 낼 수 있다. 그는 어머니와 어머니의 병에 대한 기억들이 거의 없었고 죽을 때 같이 있었던 기억이 전혀 없었다. 어머니가 죽자 아버지는 술과 더불어 슬픔에 젖어 있었고 그를 돌보는 어려운 일은 누나에게 맡겨졌다. 치료의 시점에서 아버지는 여전히 알코올의 문제를 가지고 있었다. 또한 가족의 가장인 아버지는 섹스와 성적 역할에 대해 매우 엄격하고 전통적인 개념들을 가지고 있었다는 것을 명확히 알 수 있었다. 이러한 사실을 미루어 볼 때 아버지는 죽은 배우자에 대한 애정을 어느 정도는 딸에게 투사했을지도 모른다고 보았다. 누나는 아버지에게 경제적 · 물리적으로 지원을 받았고 발레 레슨이나 특별 행사를 위해 도시 전역을 돌아다닐 때 언제나 아버지가 차를 태워 줬다. 한편, 남자가 되어야 하는 과제를 가졌던 아들은 매일 아침 무거운 스포츠 장비 가방을 들고 훈련하는 곳으로 왔다 갔다 해야 했고 아버지로부터 아무런 지도나 지원을 받지 못했다. 그에게 아버지의 물리적 · 경제적인 도움은 거의 없었는데 그는 아버지에게 도움을 구하는 것이 너무나 두려웠다. 한 예로, 그는 한때 팔이 부러졌음에도 혼자서 방 안에 하루 종일 앉아 있었던 적도 있다.

이러한 맥락에서 좀 더 이 가족을 자세히 살펴보자. 학기 초기부터 기분전환 약물이나 알코올을 과도하게 사용했다는 아들의 고백과 함께 정신질환에 대한 지배적인 묘사를 파악하면서 상담사는 가능성 있는 새로운 의미들이 드러날 수 있도록 치료적인 담론을 열었다. 상담사는 아들을 위해 가족이 더 큰 지지를 할 수 있도록 해 주고 가족의 중독성을 다루고 그와 가족이 사랑한 어머니의 죽음을 기억하고 슬퍼하도록 도와주었다. 그리고 아들이 더 이상 항정신병 약이나 다른 어떤 약물 없이 학업을 지속하도록 하여 우수한 성적으로 졸업할 수 있도록 하였다. 그후 상담사는 아들이 정말 즐거워하는 일을 교육받고 그 일을 지속할 수 있을 정도로 도왔다.

포스트모더니즘 관점을 이해하고 통합하는 것은 장애에 대한 지배적인 사회문화적 의미, 성역할과 성적 지향에 관한 가부장적인 가치관들을 지속시키는 이야기들, 상담사가 현재 지지하는 것보다는 도전하는 것, 인종과 사회계급에 대한 의미와 왜곡을 알아보는 것이다. 이때, 다양한 관점들과 소외된 담론은 가치가 있게 여겨지고 치료적 대화 안에서 복잡한 내용들과 지식은 상대적이고 상황적이라는 것을 알 수 있다. 현실은 사회적·개인적으로 구성된 것으로 볼 수 있다.

포스트모더니즘은 혼란스러움, 파편화된, 일시적인 모더니즘의 그림자(Peters, 2009), 그리고 문자의 힘을 통한 사실만 뺀다면, 구성보다는 해체의 힘에서 유용하다고 서술했다. 데리다(Derrida, 1995)의 말대로는, "문자 바깥에는 아무것도 없다"(p. 89). 하지만 마틴(Martin)과 슈거먼(Sugarman, 2000)의 말을 바꿔 정리하자면 모더니즘과 포스트모더니즘을 대할 때, 어느 하나의 입장만을 취하는 것이 아닌 가족이 일종의 맥락 의존적이고 "비본질주의자(nonessentialist)이지만 아직 진실되고 이해가능한"(p. 398) 의미를 만드는 체계로서의 양쪽 입장을 포용하는 것이 중요하다. 상담사로서 가족이 독특한 창조물이라는 것을 이해하면서 동시에 체계의 독립체로서 이해하고 하나의 무한한 연결의 거미줄로서 맥락화하는 것이 중요하다.

가족치료의 장점은 그것의 본질 자체가 항상 진화하는 여러 개의 렌즈를 통해 가족을 보는 역사적 뿌리를 가지고 있다는 것이다. 초월이론은 모더니즘과 포스트모더니즘에 더하여 체계와 문화적인 렌즈를 통해서 볼 수 있다. 이론적으로는 페미니스트와 사회구성주의, 정신분석과 행동적, 그리고 신경생물학과 인본주의적인(Dickerson, 2007) 렌즈로 가족을 볼 수 있다.

　단일 모델 치료스타일들은 오늘날 가족들의 복잡한 세계를 제대로 다루지 못한다. 다국적인 현실은 무척 다양한 가족 체계들과 함께 창의적이고 혁신적인 진단과 중재기술들을 필요로 한다. 가족과 가족에 대한 전통적인 방식에 더해 포스트모더니즘 이론도 그 아래로 거둘 수 있는 통합과 초월의 모델들이 탄생할 때, 체계론적 관점만큼이나 오늘날 가족치료에 필수적인 관련성을 가질 수 있다.

초월적 구조주의 모델: 하나의 초월이론

　베니 굳맨의 〈One O' clock Jump〉는 재밌게 해 준다. 강아지들은 야외용 의자가 만들어 준 그늘 아래서 자면서 아무것도 의식하지 못한다. 이 가족은 언제나 강아지들이 있었지만 이 강아지들은 가족들에게 특별했다.

　아~ 시나트라…… 뉴욕, 뉴욕…… 프랭크와 함께 내 아버지의 목소리도 들린다. 아버지는 노래하기를 무척 좋아한다. 아름다운 노랫소리를 가지고 있고 오페라에서부터 프랭크 시나트라의 노래까지 한평생 노래를 불러 왔다.

　이제 베란다에 있는 사람들은 함께 노래를 부르고…… 그 마지막 음을 부르고 있다.

　우리는 모두 내일 집으로 돌아가기 때문에 아쉬운 마음을 가지고 있었다. 아주 좋은 일주일이었고 우리는 서로 함께 있는 것을 진심으로 즐겼다. 우리는 하나로 합쳐져서 가족이라는 의미를 가지고 헤어진다. 우리는 각자의 삶에 사로잡혀서 가끔 전화를 걸고 생일과 휴일에 만나게 되겠지만 대체로 각자의 집에서 자신들의 삶을 영위할 것이다. 깊은 연결과 영구적인 가족유대감은 관계와 상호의존과 같은 복잡한 은실의 거미줄로 연결되어 있다. 그리고 그 거미줄의 한부분이 진동하면 전체가 진동을 느끼게 될 것이다.

가족치료는 서양의 생각과 경험을 바탕으로 하고 있지만 그것이 유래된 것은 자신의 원가족처럼 문화적 차이가 실처럼 짜여서 흡수된 훌륭한 다인종의 정체성에 있다. 전체적으로 봤을 때 우리는 혼합된 가족, 다인종 가족, 핵가족, 그리고 문학이 다루는 모든 가족의 구성원이며 그 모든 실은 어딘가에 가족치료의 풍요롭고 다양한 태피스트리(tapestry: 여러 가지 색실로 그림을 짜 넣은 직물, 또는 그런 직물을 제작하는 기술)를 구성하는 실처럼 하나하나를 하나의 완전하고 통합된 그림으로 만들어야 한다.

통합과 초월의 모델들은 포괄성(inclusivity)을 추구한다. 가족치료의 이론과 기술에는 값진 전통이 많기 때문에 현 단계에서 가족치료 분야의 진화를 포기하는 것은 어리석은 일이다. 예를 들어, 사티어와 마다네스(Madanes)가 포스트모더니즘과 이야기치료의 감각으로 가족을 문화적으로 맥락화하기 위한 목적으로 자신의 분야에 가지고 온 이론과 경험적인 지혜의 자산을 희생하는 것은 지혜롭지도 실용적이지도 않다. 짧지만 다양한 역사에 더하여 스스로 접목하고 재구성하여 역량을 이해하고 사용하는 것이 이 분야가 개인치료와 구분되는 실천방법이다.

가족을 해결책의 일부분으로서 인식하고 활용한다는 것은 내담자가 묘사하는 방식에 전적으로 의존하지 않고 가족들을 치료실 안에서 만나 어떤 식으로 이해한다는 것을 뜻한다. 어떤 식이란 분명히 체계론적 방식의 사고를 받아들이면서 동시에 포스트모더니즘 세계의 좋은 점들을 사용하여 존중하고 평등주의적인 환경을 만들고 다양한 실재를 인식하고 비판단적 철학을 채택하고 사회문화적, 사회정치적 현실에서 가족을 맥락화하는 것을 의미한다. 포괄적 모델의 틀에서 가족치료가 권하는 것은 초기에 창시한 분들이 만들어 낸 것과 함께 최근의 이론들을 구현해 내려고 하는 것이다.

브른린(Breunlin), 슈워츠(Schwartz), 그리고 맥 쿤-카러(Mac Kune-Karrer)의 『Metaframeworks: Transcending the Models of Family Therapy』(2001)

는 이 같은 모델을 제공하고 그들은 통합적이기보다는 초월이라는 분명한 입장을 밝혔으나 두 가지 측면을 모두 가지고 있는 것으로 보인다. 여러 면에서 과거의 모든 것들을 이들이 서술하는 여섯 가지의 초월구조로 분류하는 것이 불가능하지는 않지만 다소 무리가 뒤따르기 때문에 통합적 모델은 아니다. 이들의 주장처럼, "모델의 통합은 각 모델에 대한 깊은 이해와 그것들이 체계적인 방식으로 통합하는 가이드라인을 필요로 한다"(Breunlin et al., 2001: 286). 그리고 그들은 이 같은 두 가지를 모두 제공하지 못했다.

그러나 이 모델이 제안하는 여섯 가지 초월구조인 내부적인 가족 체계나 정신, 연속적인 사건들, 조직화, 발달, 성, 그리고 문화를 사용하는 것은 경험 있는 상담사들에게 다양한 모델의 가족치료에서 얻은 생각과 가설을 정리할 수 있도록 했다. 치료는 "여러 모델에서 중재를 사용할 수 있도록 모델보다는 초월구조에 맞춰진다"(Breunlin et al., 2001: 286). 상담사는 여섯 가지 초월구조(metadomain)의 범위 안에서 자신에게 주어진 만큼의 지식을 사용할 수 있다. 이들은 이것을 가족치료의 여러 모델에서 '핵심적인 아이디어를 증류' 했기 때문에 '초월구조' 라고 부른다. 즉, 보웬(Bowen)의 다세대에 대한 강조에서 사티어의 자존감에 대한 강조, 미누친의 가족 서열과 체계에 대한 강조까지 전부 활용하여 가족치료에 적용하려고 했다. 초월구조주의 모델에서는 서열 같은 단어나 구성체들은 부드러워져서 지도력과 균형과 조화와 같은 단어들로 대체되었다. 그러나 초월분야와 치료를 위한 청사진 모델의 네 가지 주춧돌은 다양한 접근방법을 연결하는 밑바탕적인 패턴들이 빛을 보도록 해 주는 데 있다. 예를 들어, 모델의 네 가지 주춧돌은 가족치료와 가족치료의 역사적인 맥락과 매우 일관되어 있으며 그 내용은 다음과 같다.

- 체계론적 관점에서는 패턴과 자기조직화와 같은 체계론적 관점에서 널리 받아들여진 개념 전부를 체계이론에서 언급
- 인간상태에 관한 예상되는 설정

- 여섯 가지의 핵심영역이나 초월구조: 내부적 과정이나 내부적인 가족체계(IFS), 교류, 연속적 사건이나 패턴, 조직, 발달, 성, 그리고 문화
- 일관성 있게 구성하고 있는 치료의 청사진: 근거와 여섯 개의 초월구조를 기반으로 가설하기, 계획하기, 또는 어느 시점에도 치료를 실행하기 위해 행동의 길을 고르는 과정, 순간마다 가족에게 어떻게 말할지 결정하는 대화하기, 그리고 피드백을 파악하는 것, 또는 치료맥락에서 가족의 교류를 관찰하고 그것에 의미를 부여하기

가족놀이치료에 적합한 기술들은 존재하는 모델들의 이론과 기술이 통합되고 적용되어 독립된 모델들의 한계들을 초월할 수 있는 모델이기 때문에 여섯 개의 초월분야로 정리하는 것이 가능하다.

이미 언급한 것처럼 가족과의 일은 복잡하고 어려우며 러시아의 마트료시카 인형들과 흡사하게 체계 안의 체계가 이루어져 인간체계가 만들어져 있다. 그래서 초월구조는 패턴, 관계, 맥락, 다단계 현실, 피드백, 순환성, 그리고 반복성(Breunlin et al., 2001)과 같은 핵심 체계개념에 의존해야 한다. 체계에 대한 초월구조의 정의는 "물체의 한 세트와 그 물체들 간의 교류와 특성들을 통합"(Breunlin et al., 2001: 24, Hall과 Fagan 인용)으로 비교적 간단하다.

이에 대한 근거들은 다음과 같다.

- 이 이론은 이탈리아 정신과 의사인 로베르토 아사지올리(Roberto Assagioli, 1965)의 일인정신요법에서 인용한 다수의 정신개념이다. 자아는 지도가 없을 때 극적이고 파괴적인 면들을 가질 수 있고 인격아래(subpersonality)를 세우는 데 의존한다. 이와 같은 다수의 정신 개념은 내부적인 가족과정의 핵심 영역을 위한 바탕이 된다.
- 자아에 대한 개념은 내부적인 하부조직이나 잠재적 인격(subpersonality)을 안내할 능력이 있다.

- 인간체계의 어떤 단계 또는 모든 단계에서 존재할 수 있는 사람들은 자신의 치유적인 잠재력과 자원과의 접촉을 방해하는 '제약'의 구성체가 있는데 이 체계들이 보다 깊숙이 박혀 있을수록 내재하는 문제들을 해결하기가 더 어렵다.
- 포스트모더니즘은 구조주의에 제약을 받고 지배계층에 대한 전략적인 개념, 지도력과 균형 그리고 조화를 만들어 내는 힘과 통제를 가지고 있다.
- 효율적인 지도력의 목표는 갈등을 중재하면서 균형과 조화를 만들고 가족구성원 모두의 요구를 들어주고 성장을 지지하면서 동시에 하나의 구성체로서 가족의 욕구를 존중하고 자원을 할당하고 합리적인 제한을 두고, 체계 또는 가족의 미래를 예측하고 준비하고, 그리고 더 큰 사회문화적 현실 안에서 가족의 위치를 세울 수 있도록 한다.
- 사람들이 자신의 문제를 해결하기 위해 자신들의 힘과 자원을 발휘할 거라는 가능성을 믿는다(Breunlin et al., 2001).

이 같은 근거들이 여섯 가지의 핵심영역을 지탱하고 있는데 그것은 상담사가 초월구조의 관점을 갖도록 해 준다. 궁극적인 치료목표인 "제약을 없앤다."는 여러 가족치료 모델과 여섯 가지 초월분야의 기술을 차용하는 것으로 이어졌다. 개입은 특정한 모델에 한정된 것이 아니라 오히려 초월분야는 치료를 위한 융통성 있는 청사진 내에서 상담사가 가족치료의 이론과 실천을 다양한 접근방법을 활용하여 개입할 수 있도록 한다. 즉, 초월분야는 모든 모델과 기술과 가족치료에 대한 이해를 심어 넣을 수 있는 메인보드(컴퓨터 시스템의 주요 구성부품을 넣은 주회로기판)의 역할을 한다. 여섯 개의 핵심 초월분야는 아이디어를 분류하고 가족치료의 모든 기술과 모델과 이론을 체계적으로 사용할 수 있도록 해 주는 초월패턴으로 정리되었다(Breunlin et al., 2001). 그러므로 이와 같은 초월모델은 통합적인 특징을 가지고 있다. 이 특징들은 공식적으로 다른 방법이나 모델을 중심으로 정리되어 있거나 포함하지는 않지만 상담사들에게 통합과 초월적인 기능성을 가진 모델을 제공하고 있다.

이후의 구체화(Pinsof, Breunlin, Russell, & Lebow, 2011)에서 초월구조주의 모델, 통합하는 문제-초월구조 중심(Integrative Problem-Centered Metraframe-works Therapy: IPCM)은 더 분명하게 통합적이고 '해결책의 제한(solution constraint)'에 집중하는 것으로 보인다(p. 295). '제한이론'은 베이트슨(Bateson)에서 나온 것이다. 베이트슨은 치료를 '문제 해결을 막는 제약들의 확인과 제거'로 보고 "왜 가족이 꼼짝 못하는지"를 물어보지 않고 그 대신 "무엇이 이 가족을 변화시키지 못하고 그들의 장점들을 사용하지 못하게 막고 있는가?"와 "가족이 변화한다면 무슨 일이 일어날까?"라는 질문을 한다(p. 295).

IPCM 모델에서 여섯 가지 초월분야에 두 가지를 더 추가했다는 것은 주목할 만하다. 문화, 성별, 내부적 가족 체계나 정신, 연속적인 사건들, 조직화 여섯 가지에 생물학과 영성이 더해졌다. 효과적으로 모델의 개정에서 생물학이 승진된 것이다. 제한에서 초월분야인 영성은 중독치료와 다문화에서의 치료 과정에서 큰 역할을 할 수 있도록 추가되었다.

여섯 가지 초월패턴 또는 초월분야

내부적 가족시스템이나 정신: IFS/정신 초월구조주의

특정한 초월분야는 제약을 해방시키고, 자신과 타인을 더 진정성 있고 만족스러운 방식으로 관계를 재결성하는 방법으로 사람들을 자신들 내부의 자원과 연결시켜 주는 것에 관여한다. 특히 초월패턴 덕분에 초기 전문가들이 정신 내부에 대한 초월구조주의 모델에 대해 거부한 것을 지적하고 그들의 생각을 바꾸도록 도와주었다. 초월구조주의 모델 안에서 모든 담론은 정신

내부에서 가족과 사회까지 탐구가 가능하다.

IFS는 자아의 파괴적인 측면들에서부터 구별하는 아이디어로 경계선에 대한 구성적인 아이디어, 그리고 은유에 대한 전략적인 아이디어를 포함해서 보웬 가족치료에서의 기술을 사용한다. 이에 더해 여러 가지 치료의 다양한 부분을 차용하는 것과 함께 IFS는 사티어의 공감적이고 솔직한 관계에 대한 사상과 기술, 성격의 다른 측면들을 통합하도록 설계된 부분들의 부분을 채택하였다. 또한 제약에서 벗어나도록 문제를 표면화하는 것과 같은 이야기치료의 여러 기법들도 차용하였다.

이론적으로는 우리 안의 중심에 있는 '나' 또는 자신에 대한 종합적이고 통합적이고 의식적인 감각이 내부의 부분들을 의식적으로 제어하기 시작할 때 IFS 영역 안의 해결책들을 찾는다. 자아에 대한 IFS의 핵심적인 개념은 개인과 가족체계 모두를 치료하는 데 있다. 핵심적인 개념과 IFS 치료의 토대로서 치료적인 힘으로 개념화된 자아는 갈등적이고 병든 부분과 구별된다. 내부적인 제한들은 의식을 만들고 해방하면서 자아와 자아의 에너지를 사용해서 결국 내부적인 가족체계를 움직일 수 있다고 본다. 슈워츠(Schwartz, 1995: 138)는 오케스트라의 은유를 사용하여 부분들은 연주자이며 자아는 지휘자라고 보았다. 지휘자 없이는 오케스트라는 지도력도 전체에 대한 비전도 없는 부조화의 불협화음이 될 수 있다. 자아의 에너지가 나타나고 자아나 지휘자가 지지를 얻으면서 지휘할 수 있다면 자아는 내담자 부분의 내부적인 체계를 치료하는 데 지도할 수 있다.

가족치료가 내부로 이동하는 것을 발전시키기 위해서는 초월구조 안에서 다수의 정신과 체계, 그리고 사고가 합쳐져야 한다. 아사지올리 외 다수의 정신과 전문의들은 잠재적 인격의 전통에 따라 가족체계에서 개인들은 상호연결된 부분들을 가졌지만 대체로 독립적으로 운영한다는 것으로 개념화했다. 그러므로 개인적인 가족구성원은 하나의 독립체로 보는 게 아니라 적어도 일부분은 비통합적인 잠재력의 다차원적이고 복잡한 집합체로 구성되었다고 보았다. 집합체에서 잠재력들은 각각 다른 역할과 기분과 행동을 갖는 것뿐만 아니라 가족 속에 흡수된 결과에 의해 극적인 부담이나 신념이나 감정들을 가지게 된다. 이 부담들은 드러나지 않은 특정한 성향을 위한 대본과 의도를 설정하는 내부적인 지시를 하는 역할을 한다. 특히 드러나지 않은 성향은 시간의 터널 속으로 흘러 내려가 역기능의 괴로운 패턴들로 세대들을 연결시키는 세대 간 또는 '유산적인 부담'을 지닐 수 있다. 아사지올리(Assagioli, 1976)는 인간에 대한 심리적 모델을 다음과 같이 제안하였다.

- 심층의식, 또는 근본적인 욕구와 원시적인 충동과 극한 감정으로 충전된 복합체들
- 중간층 무의식, 또는 우리의 깨어 있는 의식과 비슷하며 깨어 있는 의식에 쉽게 접속할 수 있는 심리적인 요소들
- 상층의식, 또는 우리의 더 높은 직관력과 영감을 받는 곳, 초의식
- 의식, 또는 우리가 직접적으로 인식하고 있는 우리의 성격 부분
- 우리 중심에 있는 의식적인 자아 또는 '나'
- 높은 수준의 자아, 또는 신과 연결되어 있는 그 부분
- 집단적 무의식, 또는 인류의 집단적 측면이 열려 있는 우리의 부분

분노와 무가치성을 느끼는 것과 두려움을 동력으로 삼는 드러나지 않는 성향이나 통합적이지 못한 심리적 특성들은 심층의 무의식에 존재한다. 이러한 드러나지 않은 성향의 극단적 역할이 강제적일 때 중심에 있는 자아는 '나의' 통합적인 의식 없이 작동하기 때문에 문제가 있는 외부와 내부적 관계들의 뿌리로서 여겨진다.

의식적으로 이 부분들을 자아의 치료적 에너지 주위에서 합성하고 자아를 통해서 이 부분들의 표현을 용이하게 하는 것이 치료적 개입이다. 그리고 개인 내 조화가 이루어진다면 대인관계에서의 조화를 수립하는 것도 훨씬 쉬워진다. 구조적 가족치료의 개념을 사용해서 가족구성원들은 이 문제의 부분들을 둘러싼 경계선을 만들도록 지지되고 결과적으로 부분들을 자아로부

터 구별하기 시작한다. 중심이 되는 관계적 문제는 부분들이 자아를 믿지 않고 계속해서 과정을 넘기려고 시도할 것이다. 그러나 대부분의 가족치료 모델처럼 상담사는 가족과 가족구성원들 내에서뿐만 아니라 개인의 부분들 사이에서도 '넘어가는' 것이 발생하는 모든 패턴화된 방식을 파악하려고 한다. 가족구성원들 간의 연속적인 사건들을 추적하는 것처럼 조심스럽고 집요하게 내부적인 연속적 사건들도 따라간다. 이러한 부분들에서 어떤 변화를 불러일으킬 수 있는지에 대해 가족들과 논의하거나 가동된 부분들과 자아를 구별할 수 있는 가족구성원들의 역량을 길러 주는 것은 내부나 대인관계 모두를 재구성하는 데 도움이 된다.

때로는 이 같은 부분들은 경영자, 망명자, 소방관의 '3집단 체계'로 분리된다(Schwartz, 1995). 유진 젠들린(Eugene Gendlin, 1981)은 '통찰'이라는 과정을 사용해서 소속감을 느끼고 육체적인 느낌, 이미지, 소리, 그리고 기억과 그와 비슷한 것들을 통해 내담자들은 이 경영자와 소방관과 망명자의 부분들을 알아볼 수 있도록 지지된다고 하였다. 경영자들은 보호적이고, 전략적이고, 환경을 제어하고, 세계를 안전하게 지키는 데 에너지를 투자한다. 예를 들어, 그들은 비평적이고, 기분 좋고, 실천적이고 완벽주의적일 수 있다. 망명자들은 자주 다쳤기 때문에 보살핌이나 사랑 말고는 다른 것들은 바라지 않는데 그들은 지나치게 민감하기 때문에 내부적 · 외부적 체계 모두의 안전을 위해서 경영자들에게 지배되고 감금된다. 그들은 아픔, 고통, 굴욕, 창피, 취약성, 그리고 무가치함을 지니고 있으며 어리고 의존적이고 무서워하는 것으로 개념화된다. 소방관들은 빠르고 무의식적이고 자동적으로 행동하면서 망명자들이 지닌 필요와 아픔의 표현에 물을 끼얹거나 그들의 집중을 방해하거나 달래거나 억누른다. 그들의 방식들은 가혹하고 가끔 치명적이어서 장기적으로는 효율적이지 않다. 모든 종류의 중독, 자해적인 행동, 과로, 분노, 그리고 자살은 소방관들이 어떻게 망명자들의 불 같은 아픔을 진화하는지에 대한 예다.

18세의 루이자는 4년 전에 어머니가 가족을 버린 후 오빠와 아버지와 함께 살고 있었다. 루이자는 자신을 아버지의 노예라고 말하고 있다. 아버지는 그녀가 입는 옷에서부터 매일 아침 그의 도시락을 싸는 방식까지 그녀의 모든 것에 대해 못마땅하다는 것을 직접 표현했다. 그녀는 아버지와 오빠를 위해 요리하고 청소하고 아르바이트까지 하면서 대학에서 강의를 들으려고 노력하고 있다. 그녀는 진단받은 ADHD 때문에 리탈린(Ritalin)과 패닉 발작의 예방을 위해 클로나제팜(Clonazepam)을 복용하고 있는데 이로 인해 자신도 모르는 사이에 모르핀에 중독되었다. 그녀는 어머니가 떠난 밤에 대해 생생한 기억을 가지고 있으며 다른 아동들을 폭력적으로 공격했던 화난 청소년으로 자신을 묘사한다. 어머니가 떠나던 날 밤 그녀는 동네의 번화가까지 태워 달라고 어머니에게 부탁하기 위해 부엌으로 들어갔다. 그때 문 옆에 여행 가방이 놓인 것을 보면서 루이자는 어머니에게 어디 가냐고 물었다. 어머니는 친구 집에 간다고 답했다. 루이자는 어머니에게 부탁을 했지만 차를 태워주지 못하겠다고 하는 어머니에게 몹시 화가 나서 부엌문을 쾅 닫으면서 뛰쳐나갔다. 그날 밤 루이자는 아버지로부터 어머니와의 결혼생활은 끝났고 어머니는 떠나서 다시는 돌아오지 않을 것이라는 전화를 받았다. 그 후 그녀는 두 번 다시 어머니를 보지 못했다.

그녀의 망명자 부분은 고통스러워하고 있어서 그녀의 마음은 분노와 죄책감으로 가득했지만 경영자들은 그녀에게 아버지와 오빠를 돌보게 하고 집안일을 지속시켰다. 소방관들은 그녀를 계속 중독으로 이끌어서 망명자들의 지독한 고통을 느끼지 못하게 했다. 이 같은 카드 집(불안정한 조직)은 더 이상 길게 버티지 못했다. 망명자들은 내부적인 아픔을 지니기 때문에 의식에서 제외되었다. 그들은 견디기 힘든 감정들의 무가치함과 절망감과 무력함을 가지고 있지만 경영자가 원하지 않는 감정의 '용기'도 느낄 수 있다 (Schwartz, 1995: 47).

루이자는 가족치료에 참여하기를 지속적으로 거절하는 아버지를 '여자에게 하는 행동에 관해서는 구시대적인 남성 우월주의자'라고 표현하면서, 집을 떠난 어머니가 밉지만 왜 떠났는지는 이해할 수 있다고 했다. 성 역할,

힘, 희생, 도피, 그리고 죄책감과 부끄러움의 감정들과 함께 보호와 버려짐에 관한 행동들은 한 세대에서 다음 세대로 전수된다. 루이자는 망명자들에게 목소리를 주고, 소방관들을 진정시키고, 경영자들의 피로와 좌절감을 표현하기 위해 치료에서 버둥거리면서 부담감을 안고 계속 살아간다.

경영자들은 망명자들의 탈출을 두려워하고 망명자들의 아픔을 해방시킬 수 있는 모든 상황들을 제어하려고 열심히 일한다. 슈워츠(Schwartz, 1995)에 의하면 모든 상황을 고치고 지시하고 제어하고 지도하려는 노력은 루이자처럼 그들도 역기능적인 가정에 있는 부모역할을 하는 아동들과 같다. 그들의 방법은 다양하지만 경영자와 소방관들은 하나의 중심적인 목적을 가지고 있다. 망명자는 한번 태어나면 아픔과 추방, 창피라는 감정을 엮는 것이 가장 중요하기 때문에 망명자를 계속 가둬 놓으면 경영자와 소방관들의 존재는 확정된 것이다.

이와 같은 세 집단이 서로 어떻게 기능하는지를 보면 내재된 것들은 양극화된 입장이기 때문에 망명자가 의식에 나타나면 경영자들은 물러나 있도록 정중한 요청을 받는다. 이것은 어쩌면 망명자들에게는 자신들의 아픔이 담긴 이야기들을 말할 최초의 기회가 주어지는 것인지도 모르겠다. 그러나 개인이 방해하는 부분에서부터 분화되고 자아가 내부적인 가족의 지도를 맡을 때 망명자의 아픔은 자아를 통해서 표현될 수 있다. 그러므로 대부분의 치료적 개입은 사람들이 자신들의 부분들에 의해서 말하는 것이 아니라 부분들을 위해서 표현하도록 만들어진다.

보웬의 분화는 구성체와 다르지는 않게 망명자에게 목소리를 주고 개인 내부적인 갈등을 더 쉽게 이해하고 해결하고 생각과 감정을 분리시키고 자아와 다른 부분들 사이에 경계를 만든다. 이를 통해, 자아 대 자아 안의 관계들 속으로 사람들을 끌어들이는 결과를 낳을 수 있다.

자아가 분화되면 개인이 자기 자신과 어떻게 관련짓는지, 가족구성원들이 어떻게 서로를 연관시키는지에서부터 변화가 일어날 수 있다. 체계론적 원칙과 기술이 루이자의 내부적인 과정에 적용될 때, 그녀의 관계는 변화할 수 있다. 경영자의 부분인 아버지는 가치 있지만 학대하는 보호자로 무엇을 필요로 하고, 원하고, 그 필요와 요구들이 현 상황에서 만족되는지를 확인하는 것으로 표현될 수 있다. 그녀의 자아가 계속 자신의 지도를 만든다면 무엇이 달라질지 탐구할 수 있다. 그녀는 생존을 위해 그녀의 내부적 가족체계를 정리하고 그녀는 아버지가 가치 있다고 생각하는 부분에 정체성을 가지고 자신의 망명자들을 침묵시키고 자신에게 약을 투여하며 중독을 통해서 아픔과 거리를 두었다. 즉, 무의식적으로 하나의 양극화된 잠재된 인격에서 또 다른 부분으로 옮겨졌다.

이 같은 갈등적인 상황의 미로를 살펴보고, 중독을 제거하기 위해 의사는 루이자의 망명자들과 조심스럽게 만났다. 그녀의 다양한 역할들이 어떤 특성들 위주로 정리되어 있는지를 말할 때 귀 기울여서 듣고 내부적 · 외부적인 가족맥락 내에서 그 특성들과 역할들의 위치를 배정하였다. 그녀의 부분들을 합성하면서 쓸모 있고 긍정적인 특징들을 유지하는 것은 루이자가 IFS와 일하는 데에 있어서 필수적인 재료들이었다. 하지만 자아의 현실을 강조하지 않고 자아의 지도력을 알아차리고 귀중하게 여기도록 도와주는 부분 없이 그녀의 원가족 경험 안에서 탄생한 공동체 내부를 재정리하기 위해서 균형과 조화의 창작을 용이하게 하는 것은 불가능했을 것이다. 즉, 전체체계를 고려해야만 변화의 가능성은 유지된다.

IFS 치료는 부분들 간, 부분과 자아 간, 그리고 가족 내 자아 간에서 믿음은 만드는 것과 관련이 있다. 그러나 그것이 가능하지 않을 때 그 믿음은 내부로부터 만들어진다. 루이자는 내부적인 부분들 사이에서 경계를 만드는 능력이 향상되면 가족 내에서 자신을 부당하게 이용하지 않고 오히려 자신을 위한 경계들을 만드는 그녀의 역량도 늘어날 것이다. 가족구성원들이 교섭과 결렬의 지점을 초월하고 항상 노력하도록 지지되고 양극화된 가족구성원들의 사이에서 미누친이 말한 역할의 실연처럼 다른 가족원들의 방해를 받지 않는 뚜렷하고 직접적인 소통이 중요하다. 다른 부분들의 영향 없이 내부적인 부분들이 소통할 때 그 부분들을 양극화시킨 갈등은 소멸될 수 있다.

IFS의 언어는 상담사가 개인의 불안이 아닌 두려움을 느끼고 있는 부분에 대해서 말할 수 있도록 하기 때문에 이야기를 포함해서 모든 가족치료 모델과 그 가족구성원들, 그리고 개인의 내부적 가족체계에 개입하기 위해 사용될 수 있다. 이 방식으로 그 사람은 자신의 문제보다 더 큰 것을 보고, 자신이 가지고 있는 문제의 부분보다 큰 것을 보기 때문에 그들은 외부의 현실에 대처하고 자신들의 불안과 두려움을 진정시키는 방법을 배운다. 문제의 교류를 추적하고 가족이 말하는 것을 '부분 언어'로 바꿈으로써 상담사는 언어를 질병으로 만드는 방식이 아닌 치료를 하는 방식으로 사용할 수 있다.

상담사의 과제는 자아·지도력 위치에 더하여 가족구성원들이 자신의 내부적인 자원과 치유적인 지혜를 접속하는 능력에 대한 흔들림 없는 믿음과 함께 존중을 갖춘 협동을 실행하는 것이다. 상담사는 먼저 각 가족구성원들의 내부적인 체계와 일하고, 목표는 '유산 부담'의 해방을 용이하게 하는 것과 망명된 부분들을 되찾아 고치는 것이다. 가족구성원들이 겪고 있는 아픔에 대한 상담사의 시각은 가족구성원들의 자아를 찾는 것을 용이하게 해 준다. 이 같은 에너지와 자아의 지도력이 접촉 가능해지면 문제들에 대한 유용한 대화가 가능해진다.

교류의 패턴: 연속적인 사건들, 초월구조

소통의 패턴들은 상담사들이 가족과 자신들의 일을 어떻게 이해하는지를 보는 중심축인데 가족치료의 다른 모델에서도 다양한 교류의 연속적인 사건들을 강조한다. 예를 들어, 구조적 가족치료에서는 치료과정에서 면대면의 상담이 최고로 중요하다고 강조하는 한편 보웬 가족치료는 세대 간의 패턴과 연속적인 사건들을 중요시 여긴다. 초월구조가 제공하는 것은 모든 교류의 연속적인 사건들을 승진시키고 모든 시간 간격을 뛰어넘은 생산성과 비생산적인 교류 모두를 다룰 수 있도록 가족의 문제들을 검사하는 방법이다. 상담사의 근본적인 과제는 가족과 협동해서 핵심적이고 문제적 교류의 연속적 사건들의 문제를 제거하거나 줄이는 적응적인 연속적 사건들로 대체하는 것이다(Breunlin et al., 2011: 295).

두 번째 교류의 패턴들인 초월구조는 가족치료에서 오랫동안 인정받은 교류적인 연속적 사건들과 그것들이 만드는 패턴이 가지는 요소들의 중요성에 집중하면서 지극히 중요한 기능을 제공한다. 최초의 형태에서 최근의 형태까지 성공적인 가족치료에 있어서 필수적인 체계론적 재료는 매우 패턴적이고 연속적인 사건들을 추적하고 집중하는 것이다. 초월구조 관점에서 이 같은 연속적인 사건들은 반복적으로 서로 꼬이고 풀리고 기능적이고 역기능적인 패턴들을 모두 가능하게 하고 발달하게 하는 맥락을 만들며 행동과 의미의 관점에서 관여한다.

이 교류의 연속적인 사건들과 정확히 어떻게 일해야 하는지에 대해서 지속적으로 결정을 하는 것을 통해서 상담사들은 앞의 문제가 유지되거나 나아지게 하는 방법으로 연속적인 사건들이 어떻게 반복되는지에 대한 이해를 얼마만큼은 갖게 된다. 연속적인 사건들은 짧아서 보다 긴 연속적인 사건들 안에 들어올 수 있고 현재의 순간과 관련되거나 세대 간의 내용을 가지고 표시할 수 있다. 초월구조는 연속적인 사건들을 짧은 S1의 연속적인 사건들에서부터 역사적이고 세대적인 연속적인 사건들로 구성하고 다문화적 초월구조의 기능으로 볼 때 더 긴 S2, S3, S4와 S5의 연속적인 사건들을 주기로 분류하는 것이 가능하다. 연속적인 사건들은 생산적일 수도 있고 비생산적일 수도 있다.

연속적인 사건들의 첫 번째 종류인 S1은 순간적인 면대면 교류를 대표한다. 그러한 연속적인 사건들에서는 효과적으로 보이는 것이 실제가 되기 때문에 의미나 감정의 요소보다는 행동의 요소가 더 분명할 수가 있다. S1 교류들은 부부나 가족구성원들이 공감하는 스타일을 정의한다. 상담 중 역할을 실행할 때 구조적·전략적 상담사들이 사용하고 언어와 비언어적인 행동들을 모두 포함한다. S1 교류에서는 상담 중에 유용하고 발견적 학습의 면에서 가치가 있지만 더 긴 연속적인 사건들 안에 포함되어 있어서 즉시 문제를 해결하기에는 부족한 면이 있다.

S1보다 더 긴 S2는 연속적인 사건들로 가족의 일상을 구성하고 가족의 존재를 위해서 필요한 패턴들로 구성되어 있다. 시간적으로는 보통 24시간에서 1주일의 기간이다. 민속 학자의 전통과 같이 이런 정보를 수집하는 것은 가족과 구성원들이 당면하고 있는 어려움들을 이해하는 데 있어서 매우 귀중할 수 있다. 이 단계에서 실패는 가족에게 거대한 제약을 만들어 준다. 예를 들어, 아동과 S2 교류에 대해서 이야기하는 것은 여러 이유로 인해 아동이 얼마만큼 혼자 방임되는지가 드러날 수 있다. S2 교류에 대해서 조사하지 않았으면 9세짜리 내담자의 홀어머니가 내담자가 학교에서 돌아오기 전에 일하러 가서 두 개의 파트직을 하느라고 새벽 다섯 시까지 집에 돌아오지 못한다는 것, 그리고 아동이 일어나서 학교에 가려고 할 때 어머니는 잠들어 있다는 것을 발견하지 못했을 것이다.

세 번째 급의 교류적인 연속적 사건인 S3은 몇 주에서 일 년까지의 기간 동안 일어나는 가족생활의 밀물과 썰물로 볼 수 있다. 이와 같은 교류적인 연속적인 사건들은 S1과 S2 교류들에서 보다 더 긴 기간에서 일어나는 것이다. 뿐만 아니라 가족을 사회적 환경과 연결시켜 주기 때문에 결혼생활 전체와 경찰까지 모든 종류의 사람들이 관여할 수 있다. 가족 내의 문제들은 오랜 시간을 걸쳐서 진행하기 때문에 S3 패턴들은 중요하다.

2년간 간혈적으로 부부상담을 해 오고 있는 데이비드와 힐러리의 예를 들면, 힐러리는 한 달에서 일주일 동안 '정상'이라는 것을 명확하게 알고 있다. 그녀는 아동기 성학대를 받은 생존자이고 심한 자궁내막증으로 고통받고 있었다. 따라서 생리가 시작되는 일주일 전후에는 기분이 매우 불안정해지는 고통스러운 생리주기를 가지고 있었다. 그녀는 생리를 하는 일주일 동안을 무척 고통스러워한다. 28세에 아이는 없지만 부부는 그녀의 문제에 대한 해결책으로 자궁 적출수술을 심각하게 고려하고 있다. 그러나 부부는 모두 아이를 원하고 있기 때문에 자궁 적출수술이 문제를 해결하는 원하는 답이라는 확신이 없다는 점이 일을 복잡하게 만들었다.

S3 교류들은 여러 달을 걸쳐서 진행하기 때문에 예상할 수 있는 부분이 있고, 가족이 살아온 경험인 '정서적인 톤'을 파악할 수 있다(Breunlin et al., 2001: 110). 그들의 6년간의 결혼생활 중 힐러리의 경험이 어떤 것이든 데이비드는 특정한 행동들을 예상했고, 데이비드는 그런 행동에 대비해서 마음을 다져 먹게 되었다. 과거에 힐러리가 부부관계를 거절하자 데이비드는 그런 행동들을 더 이상 요구하지 않았고 그 후 힐러리가 어떻게 받아들일지 몰라서 애정표현도 자제하였다. 한편, 힐러리도 힘든 시간조차도 남편에게 어떠한 위로도 해 달라는 표현을 하지 않게 되었다. S3의 교류적 연속적 사건들은 브른린 등(Breunlin et al., 2001)이 말한 것처럼, "사건으로까지 가는 일들과 사건 이후의 일들도 포함한 간헐적이고 중대한 사건…… (그리고) 중요하고 감정적인 대인관계 변수의 밀물과 썰물을 반영할 수도 있다"(p. 109)고 하였다.

마지막 급의 교류인 S4 교류들은 세대를 넘어서 사건들이 반복하는, 세대를 초월하는 연속적인 사건들을 대표한다(Breunlin et al., 2001). S4 패턴들은 원가족과의 일이고 세대를 넘어서 작동하고 어떠한 방식으로 반복하는 테마와 규칙과 행동으로 볼 수 있다. 장기적이고 연속적인 사건들은 단기적이고 연속적인 사건들보다 알아보기 힘들지만 단기 연속적인 사건들은 보통 장기 연속적인 사건들 안에 묻혀 있다. 장기 연속적인 사건들은 "가치관, 규칙, 그리고 신념으로 암호화되고, 가족의 문화에서 비롯될 수 있고, 아니면 특정한 가족의 고유의 것일 수 있다"(p. 112). 세대를 넘어서 지속되는 규칙과 의미, 행동들은 임신, 이혼, 중독, 그리고 양육방식에 더하여 분화 또는 분화의 결핍의 패턴들에서 분명해진다.

가족치료 모델들 중 감정적인 아픔이 개인의 원가족에서 비롯되는 것이라고 개념화한 하나의 예는 보웬과 사티어의 이론이다. 유산과 유산 부담에 대해 그들이 제시한 이론은 사람들을 서로 엮어 주고 어떻게 헤어지는지 알 수 있게 한다. 그들의 일은 교류적이고 연속적인 사건들 안에서 존재한다. 과거, 현재, 미래에 영향을 준다는 것은 이해에 더해 역사적인 정보로도 귀중하다.

이 연속적인 사건들은 S1, S2, S3나 S4 어느 것이든 뿌리 깊은 행동과 의미의 복잡한 패턴들이 있다. 예를 들어, 릭과 수잔나는 6년간 결혼생활을 했다. 릭은 15세와 18세, 22세의 아들 세 명의 자녀가 있는 홀아비였다. 릭보다 7세 어린 수잔나도 릭과 결혼 전의 세 명의 아이를 데리고 릭과 재혼했다. 밀리는 6세, 제이슨은 8세, 그리고 줄리아는 13세였다. 대부분의 재혼가족처럼 부부는 가족의 이질적인 부분들을 어떻게 합쳐야 하는지 전혀 모른 채 서로 다른 두 개의 가족 문화들이 뒤섞이면서 고군분투하고 있었다. 상담이 시작되어 얼마 지나지도 않아 릭과 수잔나는 싸우기 시작했다(S1). 싸움은 지난 몇 일간 수잔나의 아이들을 위해 릭이 운전을 했는데 이것이 습관이 될 것 같다는 그의 걱정에서 비롯되었다(S3). 수잔나의 언성이 높아지기 시작하고 (S1), 그녀의 기세에 불이 붙어서 더 강압적이 되자 릭은 경직되었고 무표정한 얼굴이 되었다. 그리고 남은 상담시간 동안 또는 그날 하루 종일 그들의 대화는 끊겼다(S2). 이 부부가 기능하고 있는 방식에 어떤 자극을 주지 않는 다면 다음 회기까지도 이 싸움은 이어질 것이다(S3). 이러한 상황까지 이르 렀을 때 다른 여러 가지 문제들도 싸움거리가 되었을 것이다. 예를 들어, 아이를 키우는 방식에 있어서 수잔나의 생각은, 예의와 어른에 대한 존중에 있어서 아이들에 대한 기대가 훨씬 가혹하고 엄격한 포르투갈 가족에서 온 릭의 생각보다 훨씬 느슨하고 비구조적이라는 사실도 포함된다(S4).

이러한 연속적인 사건들 중 어느 하나라도 가족의 문제들에 대해 깊은 이해를 갖도록 상담사는 인도할 수 있고 이 연속적인 사건들이 어떻게 관련되었는지는 연속적인 사건의 회귀성, 제약, 배태성, 눈금 그리고 탄력성의 다섯 가지 특징을 통해서 파악할 수 있다.

• 회귀성, 또는 연속적인 사건들의 각 사건은 그 연속적인 사건들이 다른

사건들에 영향을 주고받음으로써(즉, 하나가 또 하나를 맥락화시킨다.) 특정한 사건들이 일어날 것이고 이로 인해 새로운 것들이 불가능하게 될 확률이 많아진다고 이해한다.

- 연속적인 사건들의 모든 단계에서 존재할 수 있고 가족이 덜 제한적인 방식으로 말하고 행동하는 것을 막는 제약, 그리고 상담시간에서 자주 일어나는 '항상'과 '결코'와 같은 단어들은 통상적으로 체계에서의 제약을 표시해 준다.

- 배태성은 더 짧은 기간의 연속적인 사건들이 더 긴 연속적인 사건들 속에 내장되고 속해 있다는 개념에서 볼 수 있다. 하나의 예는, 수잔나의 아이들에 관해 릭 자신이 과도하게 노력했다고 믿을 때마다 일어나는 싸움이다. 여기서 싸움은 이 과도한 노력들이 당연한 기대가 될 가능성에 대한, S3인 릭의 두려움에 내장되어 있는 S1이고 그 두려움은 누가 아동들을 돌봐야 하는지에 대한 S4인 릭의 성에 대한 개념이 내장되어 있다.

- 하나의 눈금(embedded)은 연속적인 사건들이 또 하나의 연속적인 사건들을 발생시키거나 눈금을 측정하기도 하고 원래의 연속적인 사건들이 또 다른 연속적인 사건들 안에서 되풀이되고 다른 변수로서 영향을 받을 때 일어날 수 있는 눈금을 측정한다. 앞의 사례에서 하나의 예는, 수잔나의 아들 제이슨과 릭 사이의 관계에서 일어난다. 둘 다 하키를 매우 좋아하고 제이슨이 어느 날 프로가 될 강력한 동기와 야망을 가진 재능 있는 선수라는 것을 알면서 둘의 사이에 점점 더 깊은 유대감이 생겼다. 릭과 제이슨이 가까워질수록 릭은 수잔나의 아이들이 자신의 인생 속으로 포함되는 것에 대해 더 걱정하게 되었다.

- 탄력성, 또는 해고나 중독적인 행동이 반복되는 패턴들과 같이 회귀적인 연속적 사건들이 발생하는 것은 가족구성원들에게 큰 타격을 주고 다시 재기하기가 점점 더 어려워진다. 너무 자주 늘어나고 끊겨진 고무줄과 같이 가족구성원들은 다시 일어설 역량을 잃는다. 이것은 가족구

성원들이 변화에 대해서 표현하는 지침과 절망을 설명해 준다.

이 모든 연속적인 사건들의 특징은 연속적인 사건들 그 자체에 더하여 서로 관계가 있다. 상담 중에 드러나면서 복잡하고 혼란스럽고 흔히 적대적이고 엉켜 있는 가족구성원들이 가지는 소통의 거미줄 속에서 상담사가 길을 찾을 수 있도록 도와줄 수 있다. 문제에 더 많은 연속적인 사건들이 관여될수록, 또는 어느 정도의 배태성인지는 다루기 힘든 문제와 정비례한다. 또한 내부적인 가족체계와 한 가족구성원과 문제의 교류는 연속적인 사건들을 다루고, 또 다른 가족구성원에게 주어지는 스트레스를 낮추는 데 있어서 무력하게 할 수 있다. 예를 들어, 제이슨에게 너무 가까워지는 릭의 두려움을 드러내는 것은 릭에게는 도움이 되지 않고 수잔나의 두 딸과 예전에는 제이슨조차도 관여하지 않았던 것에 대한 릭을 향한 수잔나의 분노를 어떻게 해 주지 못한다.

S1, S2, S3, 그리고 S4 연속적인 사건들에서 정보를 파악하여 지도력, 균형과 조화를 지지하는 적응적인 연속적인 사건들을 발전시킨다. 또한 비적응적인 연속적인 사건들이 주는 제약을 완화시키고 부드럽게 드러내고 탐구하는 것은 가족구성원들의 생존적인 사고방식을 줄여 준다.

브른린, 슈워츠, 그리고 맥 쿤-카러가 제안한 것은 상담사들이 "연속적인 사건들의 네 가지 모두에 대해 관련된 정보를 듣는 능력을 조율하기"(2001: 115)와 연속적인 사건들을 바꿔서 제약들을 없애는 가장 중요한 하나의 목표를 성취하도록 하고 어떻게 연속적인 사건들을 다룰 것인지 계획하는 것이다.

S1이나 S2 교류를 바꾸는 것은 S3나 S4 교류에 영향을 줄 수 있지만, 그러한 변화들을 일으키는 것이 결과를 가져오지 못한다면 S3나 S4 패턴이 관련되어 있다고 추정할 수 있다. 그 단계에서 신념들이 탐구되지 않으면 제약들이 지배할 것이다. 성이나 문화와 같은 다른 초월분야의 지혜를 빌리는 것이 유용한 것은 바로 이 단계에서다. 그리고 하나의 변화들이 다른 것들에서 작

고 연속적인 변화를 일으킨다는 희망을 가지고 연속적인 사건들이 단계들 사이에서 빠르게 왔다 갔다 하는 것은 필요하다.

가족치료의 다양한 모델과 지지자들은 여러 가지 연속적인 사건들을 변화 시킬 기술들을 강조하고 발달시켜 왔다. 초월구조의 규정 아래 연속적인 사 건들을 볼 때 분화를 설립하기 위해 상담사는 구조적인 역할 실행, 사티어의 생존적인 입장, 전략적인 역설이나 보웬기법만 활용하는 것으로 제한되지 않았다. 브른린 등에 의하면 상담사가 모든 가족구성원들과 협력적인 관계 를 유지하는 것에 더하여 근거들을 유지한다면 다양한 모델들에서 혼합하여 사용하는 것은 혼란의 결과가 아니라 상담사에게 있어 전체 분야에서 내재 하는 보물로 가는 문을 여는 열쇠를 제공한다.

지도력, 균형, 그리고 조화: 조직적인 초월구조

여섯 가지 초월구조 중 세 번째는 가족의 구조와 조직과 관련되어 있지만 오래된 개념화들과는 달리 계층에 대한 생각은 지도력, 균형, 그리고 조화의 개념들로 대체되었다. 모든 초월분야에서처럼 체계론적 관점은 가족은 개인 들을 단순히 합한 것보다 크고, 조직화와 구조로서 하나가 된다는 것이 근본 적인 단계임을 알려 준다. 마투라나와 바렐라(Maturana & Varela, 1980)가 조 직적인 힘을 자기 창조를 뜻하는 그리스 단어인 "오토포이에시스(신경시스 템을 모델로 한 최신 시스템론으로 시스템 작동의 계속으로 시스템의 요소집합이 그때마다 결정되는 기구를 갖는다)"라고 불렀다. 그 어느 체계와도 같이 부분 들이 서로와 체계전체에 관해 어떻게 자신들을 구조화하는지를 인도하는 규 정이 있고 초월구조의 관점에서는 전체는 가족뿐만이 아니라 가족이 속해 있는 모든 체계와 문화적인 뉘앙스를 포함할 수 있다.

브른린, 슈워츠, 그리고 맥 쿤-카러는 가족치료의 분야가 가족을 탈맥락 화시키고, 가족들이 다수의 교육, 법, 의료, 정치, 경제, 종교와 문화적 체계에 영향을 받는다는 사실에 대해 말만 앞세웠다고 비난했다. 이 모든 체계들은 가족의 기능과 가족구성원들을 상당히 제약할 수 있다. 가족은 강력하게 상호연결된 세계적인 공동체 하위조직이고 대개 가족구성원들이 제어하지 못하고 보통 이해하지 못하는 거대한 체계 속에 있다. 체계 내의 체계의 개념을 넓히면서 상담사들은 가족이 드러나 있는 문제에 관여된 체계들의 전체적인 규모를 고려할 수 있다. 가족과 협력해서 원하는 목표와 변화를 만드는 것을 시작하기 위해 상담사는 가족과 더 큰 문화적 맥락 내에서 가장 효율적인 곳을 가늠할 수 있다.

목표는 가족을 불균형하게 만들고, 부조화하게 만들고, 유지하는 제약을 제거한다. 여기서 조화란 배려, 건강한 희생, 협력, 그리고 경계선과 일체감의 명료성을 통해서 만들어지는 조화로운 관련이라고 정의한다. 가족이 어떻게 지도력과 경계선을 향상시킬 수 있을까에 대한 협력적인 탐구를 통해 양극화를 제거하고 전체적인 체계의 가장 제약적인 단계에서 균형을 만들었다. 그렇게 함으로써 가족은 가족구성원들과 전체적인 체계 사이에서 더 조화로운 음과 화음을 낼 수 있도록 힘을 부여받을 수 있다.

소통에서의 문제는 시스템의 조직이 혼란스러울 때 일어나고 가족체계가 어떻게 조직화되어 있는지는 건강한 가족기능에서 중대한 측면이다. 헤일리는 대부분의 가족문제들은 형편없는 구조와 역기능적인 계층에서 일어나며 한 가족구성원이 관여된 역기능적인 계층들의 수는 개인이 겪은 폐해의 정도에 정비례한다는 의견을 가졌다. 그러므로 헤일리는 치료의 주요 목표 중 하나는 가족 간 세대 사이의 계층을 재구조하고 세대 사이의 경계선들을 재편성하고 향상시키는 것이다. 또한 헤일리는 가족이 가치감을 느끼고, 효율적으로 문제를 풀고, 책임, 갈등, 미래의 목표를 위해 계획·편성하고, 개인과 그룹의 요구들을 만족시키고 같은 것들을 규제하기 위해서는 효율적인 지도력을 가지고 있어야 한다고 보았다. 조화가 존재하고 지도력이 효율적일 때 배려와 통제는 균형을 가질 수 있다. 양육하기, 배려하기, 지지하기, 공정하기, 융통성을 갖기, 그리고 자치권과 연결성의 균형을 잡기는 전부 효과적인 지도력의 측면들이다(Breunlin et al., 2001).

불가피하게 지도력, 조화, 그리고 균형이 연결된 것은 가족치료에서 오랫동안 중요시했던 조직적인 구조의 개념이다. 조직의 구조나 패턴의 생각들이 가족치료의 이론적인 토대에 너무나 중심적이어서 초기의 구조적 상담사들은 동형체, 또는 짧은 교류적 S1의 연속적인 사건들을 연구하고 이를 공격적으로 바꿈으로써 상담사가 더 역기능적인 교류패턴들을 변화시킬 수 있다고 믿었다. 그러나 가족치료 초기의 많은 믿음과 실천과 달리 임상적으로 실망적인 결과를 보였고 구조의 구성체들과 그 구성체들을 어떻게 해야 할지를 다시 생각하게 만드는 계기가 되었다. 이에 대한 설명은 다음과 같다.

첫째, 구조와 조직은 고정되어 있지 않다. 오히려 그것들이 역동적이고 짧은 상담인 S1 교류에서 포착되는데 이는 시간과 맥락에 걸쳐 진화하는 훨씬 큰 구조의 작은 일부분을 제공하는 것에 불과하다. 둘째, 상담의 맥락에서 S1 교류에서 중요한 정보들을 얻어 낼 수 있지만 그것들은 시간 속에서 움직였고 움직이면서 맥락화되었고 다른 문화에 동화된 현실 내에서 펼쳐지는 가족의 복잡한 세계를 탐구하기 위한 재물이 되었다. 셋째, 구조를 평가하는 과정은 협력적이고 가족이 면대면 상담을 통해 S1 교류 내에서 일어나는 것뿐 아니라 가족이 내장된 S2, S3와 S4 패턴들에 더해 문화, 성, 내부적인 가족체계나 정신, 그리고 발달과 같은 다른 모든 초월분야들의 공동적인 탐구를 통해서도 일어난다.

문제들이 더 깊고 심오해지고 더 극해지면서 구조와 조직적인 관점에서 가족은 문제를 중심으로 조직화하고 문제가 가족을 조직화한다. 초월구조의 조직화에 관한 치료목표는 가족과 협력해서 지도력과 경계선을 향상시키고, 체계의 모든 단계에서 양극화를 없애고 이를 통해 '가족과 가족 내의 개인들의 균형과 조화를 방해하고 있는 제약들을 제거'하는 것이다(Breunlin et al., 2001: 147). 또한, 가족들과의 구조와 전략은 과거의 유형들과는 달리 가족이 어떻게 조직화되어야 할지에 대한 '규범적인 지도'가 없다. 개인주의적이고 자본주의적인 북미문화에 많은 집중을 두는 가족조직의 모델과 같이 역기능적인 세대를 건너는 연합이나 동맹과 같은 개념들은 규범적인 주된 연맹이 어머니와 아들, 또는 아버지와 아들, 또는 세대 간일 수 있다. 따라서 다양한 문화와 역사적인 현실들을 존중해 주는 넓고 다양한 구조들을 위한 길을 제공했다.

조직과 구조의 단계에서 제약을 없애는 것은 개인 내, 또는 가족구성원들 내, 가족 외, 또는 학교나 사법제도와 같은 외부의 단체들에서 사람들, 그리고 인종, 가난함이나 장애와 같은 요소들을 포함하는 문화 내의 단계에서 양극화에 대처한다는 것을 뜻한다. 그러나 구조적 가족치료의 최고 전통에서 그 어느 단계에서든 제한을 없애는 것은 상담사가 모든 가족구성원들과 진정으로 함께 진실되게 할 때까지는 아무것도 성취될 수 없다고 보았다. 함께 하는 것, 또는 각 가족구성원 개인과 연결하는 것, 공감적인 경청을 통해 그들을 참여시키는 것, 당신의 상담실에게 환영받는 손님으로의 느낌을 받게 하고 조심스러운 관찰, 그리고 반영을 통해 가족의 관점에 대한 이해를 깊고 넓게 만드는 것은 치료적환경을 위한 첫걸음이다. 이것은 상담사가 자아, 자기인식, 자기반영을 사용하는 부분에 있어서는 매우 의존적이고, 협력적인 치료환경을 만드는 데에 있어서는 창조적이다.

42세의 켈리와 그녀의 44세의 남편 빌은 22년 동안 결혼생활을 해 왔다. 빌의 남동생과 여동생 둘 다 2년 사이에 종류는 다르지만 같은 수준의 악성 암으로 사망하자 빌과 켈리는 고아가 된 두 아이, 14세 레베카와 18세 로버트를 맡게 되면서 상담을 받으러 왔다. 빌과 켈리에게는 이미 성장한 네 명의 아이가 있고 한 명을 제외한 나머지는 모두 독립했다. 가족의 구조와 조직은 극도의 카오스에 빠졌다. 가족구성원 내의, 상호 간의, 가족 외의, 그리고 문화 내의 제약들에 의해 힘들어하고 있었으며 가족의 모든 단계 내에서 양극화들이 가득했다. 아시안 혈통의 빌과 아일랜드 혈통의 켈리는 생물학적 부모의 죽음과 그 트라우마에서 회복되기 위해 아이들이 무엇을 필요로 하는지에 대해 각자 믿는 것이 달랐다. 빌은 아이들이 "마음을 가다듬어야 한다."고 제의하면서 '강경한 태도를' 가졌고 켈리는 매우 사랑했던 빌의 남동생과 여동생의 죽음과 조카들이 겪은 아픔들에 대해 큰 충격을 받고 헤어나지 못하고 있었다. 그녀는 치료, 사별상담, 학교출석에 대해서 관대했고 아동들의 기분을 나아지게 하기 위해 무엇이든 하도록 허락해 주었다. 빌은 켈리가 아이들을 아기 취급하고 있다고 비난했고 켈리는 빌이 아이들을 다루는 것에 대해, "무정하고, 둔감하고, 못되고 차갑다."라고 비난했다. 더군다나 빌은 동생이 죽었다는 사실 때문에 죽은 동생에게 엄청 화가 나 있었고 조카들은 퇴행하고 있었으며 두 아이들은 번갈아 가면서 소통을 거부하고 학교출석과 일상적인 행동에 대해서도 방황하고 있었다.

체계론적 관점에서 양극화를 탐구하고 빌과 켈리와 아이들을 지배하는 외부 사건들이 가족의 균형과 조화와 지도력에 상당한 타격을 가했다는 사실을 인식하게 하고 가족과 함께 구조적 조직의 형태를 약간이라도 만드는 것이 치료의 첫걸음이다. 빌이나 켈리나 아이들이 결정권과 결과에 관해서 무력하다고 느끼기 때문에 이 가족시스템 내의 균형은 파괴되었다.

일어난 사건들의 크기와 정도는 부부와 청소년 모두를 무력하게 만들었고 그 결과, 가족 불균형을 느낀다. 가족의 조직적인 구조 내에서의 균형은 개인이 가지는 다음 것들의 영향과 정도에 따라 기능하다. 즉, ① 가족의 의사결정 과정, ② 시스템의 자원을 접속하는 것, 그리고 ③ 그 시스템 내에서 맡은 책임들이다. 이 모든 것들은 그 누구도 제어할 수 없는 사건들로서 충격적이었다. 더군다나 앞으로 펼쳐지고 있는 사건들, 예를 들어 아이들한테서 나타나는 트라우마적인 사별의 증상들은 부부와 가족까지 더욱더 양극화시키고 불균형하게 만들었다. 빌과 켈리 모두 아이들이 무엇을 필요로 하는지에 대한 자신들의 입장을 굳세게 고집하고 있었다. 협력할 역량이 적었고 이로 인해 새로운 가족체계가 생길 기회는 막혀 있어서 가족은 상당히 위태로워졌다. 부부의 균형과 조화가 부족한 상태에서 양육을 거의 받지 않는 아이들은 자신들의 트라우마적인 사별을 스스로의 능력을 최대한 발휘한 채 방치되었다. 아이들 중 큰아이는 대마초를 훨씬 많이 피웠고 작은 아이는 삼촌과 이를 악물며 싸우고 숙모와 함께 크게 슬퍼함으로써 결과적으로 역기능적인 삼각관계를 만들고, 가족 관계를 불균형하게 하고 서로 극단적이 되게 끔 만들었다. 이 체계에서 부부와 상담사는 어떠한 지도력의 형태를 복원시 키기 위해 먼저 부부의 하부조직에 관여하면서 동시에 아이들을 따로 개별 상담으로 개입해야 한다고 결정했다. 지도력, 균형, 그리고 조화의 어떠한 형태가 부부의 맥락에서 복원된다면 가족치료는 진전될 것이다.

조화는 가족구성원들 간의 관계의 질에 대한 것이다. 균형과 지도력이 존 재하는 체계에서 개인들은 조화롭게 관계할 수 있다. 그 이상으로 부부의 하 위조직이 균형 잡힌다면 아이들을 위해 더 공정한 경계선을 만들 수 있고 그 결과 전체 체계 내에서의 조화와 균형의 가능성이 향상된다.

부부가 경험하고 있는 양극화는 새 가족 내에서 어떠한 구조와 지도력을 복원하거나 만들려는 시도이지만 불운하게도 동시에 그것을 성취 불가능하 게 만들었다. 지도력이 효율적이고 체계가 균형을 가지고 있을 때 가족구성 원들은 적절한 영향을 가질 수 있고 자원을 접속할 수 있으며 요구들과 체계 내에서 개인이 각각의 위치에서 적절한 책임을 가질 수 있다(Breunlin et al., 2001: 136).

가족이 협동적 입장을 갖는 것과 가족이 새로운 상황에 비극과 아픔, 혼란 과 분노, 그리고 깊고 지속적인 슬픔을 존중하는 것을 통해서 상담사는 각 구성원이 연결되도록 개입함으로써 초월분야를 표시하는 조직적인 목표들 에 닿으려고 시도할 수 있다. 목표를 세우고 균형 있고 조화로운 것에 더하 여 의미 있고 효율적인 지도력을 용이하게 해 줌으로써 그리고 그것에 더하 여 목표로 향하는 가족의 길을 방해하는 제약들과 양극화들을 탐구함으로써 가족은 구성원들 모두가 겪고 있는 만만찮은 슬픔을 치료하기 위한 가능성 을 열어 줄 구조를 만들 수 있을지도 모른다. 더 나아가 나와 대인관계적인 양극화들 모두를 정의하는 것, 내부와 외부적인 자원들, 예를 들면 청소년 사별 그룹을 활용하고 가족구성원들이 새로운 책임감을 갖도록 도와주고, 양극화된 구성원과 주변의 경계선을 향상시킴으로써 닫힌 가족 관계를 다시 열고 탈삼각화하여 부부와 아이들이 겪은 끔찍한 아픈 과거에서 분화할 수 있도록 도와줄 것이다.

발달의 초월구조

모든 단계에서의 발달은 표준화된 아동 양육, 관계에서 규칙과 현실, 그리고 적응과 비적응적인 성인 행동과 발달을 결정해 주는 문화적·사회적 신념들과 가치관들에 의해서 정의되기 때문에 발달의 초월구조와 문화적 초월구조는 친밀하게 연관되어 있다. 더군다나 초월구조주의 모델에서의 발달은 시간을 거치는 가족생활 주기의 전통적인 개념화들을 포함(Carter, McGoldrick, & Garcia-Preto, 2011)할 뿐만 아니라 생물학적, 개인적, 하부조직이나 관계적, 가족적, 그리고 사회적인 단계들을 포함하도록 확장되었다. 이 다섯 가지 등급에서는 발달이 일어나고 모든 단계의 발달은 서로 영향을 주고받는다.

결혼, 탄생, 사춘기, 독립, 혹은 이혼과 재혼, 은퇴, 그리고 죽음과 같은 생활주기의 변화, 또는 초월구조주의 모델에서 연결망의 접속점의 이행이라고 불리는 것들은 전부 적응과 변화가 필요하다는 신호를 보낸다. 어떤 변화든 환영받는 변화라도 스트레스를 유발하는데 원치 않은 변화는 특히나 많은 스트레스를 유발한다. 문제들은 가족의 생활주기 이행들의 주위에서 형성하는 경향이 있기 때문에 연결망의 접속점이 이행할 때 선천적으로 불안감을 유발한다. 전통적인 '시간 속을 지나가는' 생애에서 가족이 어떻게 가족생활 주기를 지나는지를 보면 가족은 오늘날 급격히 변하는 사회문화적 현실에서 의해 상당히 영향을 받고 있다. 미시에서 거시까지의 수많은 것들이 가족생활 주기의 변화를 지나는 데 영향을 주고 한때 비교적 명확했던 가족을 시작으로 빈 둥지까지 가족 생활주기의 궤도는 이제 훨씬 덜 직선적이고 60대의 조부모들로 재구성된 가족은 적응하지 못한 채 청소년 손주를 키우는 것을 힘들어하게 될지도 모른다. 브르린(Breunlin et al., 2001)이 말했듯이, "지난 두 세대의 빠른 사회적 진화는 모든 단계에서 발달적인 혼란을 야기했다"(p. 163). 그리고 가족들은 넓은 범위의 제약들과 대면하게 되었다. 오늘날 기술 주도의 서양세계에서 가족생활 주기발달에 대한 기대는 너무나 많은 혼란을 야기했기 때문에 앞의 사례에서 제각각인 청소년기와 은퇴라는 두 가지 문제를 가족이 동시에 직면하게 되었다.

오늘날 상담사는 직선적이고 예상된 연결망의 접속점들이 이행된 현재 대면하고 있는 핵가족보다는 구성원들이 비직선적이고 다수의 연결망의 접속점을 이행하고 있는 가족과 같이 함께 앉아 있을 확률이 높다. 따라서 연결망의 접속점을 이행하면서 미시적인 부분까지 포함하는 가족발달 모델은 상담사가 더 종합적인 발달적 가설을 만들도록 해 준다. 연결망의 접속점 이행들을 통해 발달이 어떻게 가족과 각 구성원들에게 영향을 주는지를 이해하는 것은 체계의 다른 단계 내에서의 발달을 이해하는 것을 필요로 하고 있으며 그 반대도 마찬가지다. 개인적인 이행, 예를 들어 아동이 기저귀를 차는 것이 아니라 배변훈련을 받는 것은 증분적인 경향이 있고 연결망의 접속점 이행과는 구별되므로 이를 미시이행이라고 한다. 초월구조의 관점에서 가족구성원 개개인의 발달적인 변화는 가족 전체에서 중요하고 가족의 변화를 필요하게 만든다. "개인, 가족, 그리고 관계적인 발달 사이에서 회귀적인 관계가 존재한다"(Breunlin et al., 2001: 171).

구성원들 개인들이 발달하면서 그들의 "능숙함은 가능성이 늘어나고, 되돌아서 새로운 능숙함은 가족의 유연성과 복잡성을 늘려 줄 수 있고 그것은 그 이상의 개인적 능숙함을 발전시킬 수 있다"(p. 171)는 점에서 이 복잡한 회귀성은 가족 체계현실의 기능이다. 가족 전체의 요구와 건강을 방치하지 않으면서 구성원 개인의 발달을 발전시키는 것은 마치 서커스 곡예사가 자랑스러워할 만한 저글링이며 상담사는 아동과 청소년 발달에 대한 단순하고 실용적인 지식보다 더 많은 것을 알아야 할 필요성을 만든다.

발달적인 변화들이 일어나면서 가족구성원들의 문제에서도 변화가 일어나며 초월구조주의 모델에서 발달과 문제는 가깝게 연관되어 있다. 더군다나 그 어느 복잡한 체계에서처럼 입력에서의 작은 변화들은 훨씬 큰 체계의 변화를 만들어 낼 수 있다. 입력은 출력과 동일하지 않으며 미시이행도 그러하다. 가족체계는 구성원들 개개인의 미시이행들에 반응을 해야 하기 때문에 아동에게 배변훈련을 시키는 것은 아동이 언어를 습득하거나 걷는 것을 터득하는 것처럼 많은 것을 바꾼다. 브른린(Breunlin)은 '왔다 갔다 하는 과정(혼란)'을 통해서 가족들은 미시이행을 맞닥뜨린다고 하였다(Breunlin et al., 2001: 172).

가족의 증분적인 발달과 변화, 예를 들어 아동이 기어 다니는 것을 배우고 자발적인 움직임을 실행하기 시작하는 것에 반응하면서 변화와 변화에 대한 반응은 전체 행동과 공존한다. 이는 '오래된 것은 버리고 새로운 것을 받아들인다.'의 문제가 아니다. 오히려 과거와 현재는 동시에 존재하고 행동은 그 둘 사이에서 혼란을 야기하면서 결국에는 새로운 것이 오래된 것을 대체하게 된다. "왔다 갔다 하는 것(혼란)은 안정을 유지하면서 개인의 발달에 적응하려는 가족의 시도로 대표될 수 있다"(Breunlin et al., 2001: 173). 기능적인 가족에서는 혼란이 생기고 새로운 행동이 지배하고 개인적인 발달에서 문제가 늘어나면서 혼란은 없어지거나 줄어든다.

발달은 문제를 옹호하고 성장은 혼란을 줄이고 가족의 조화를 복원시킨 개인들과 가족 전체 모두를 위한 행동에서 연령에 맞는 적절한 변화를 받아들이기 위해 새로운 연속적인 사건들이 발전한다. 이것은 항상 일어나는 미시이행과 새로운 문제를 지지하는 것의 관심 안에서 일어난다.

가족구성원들의 발달적인 문제가 지지되고 예상가능한 방식들로 일어났을 때 혼란이 줄어들고 또한 미시이행들이 성공적으로 교섭된다는 전제를 갖는다면 가족들의 증상은 미시이행과 연관된 혼란을 줄이지 못한다. 가족문제는 아동이나 부모가 연령에 맞지 않는 방식들로 행동하는 것들에서 찾을 수 있다. 발달적인 변화기간 동안 혼란이 줄어들지 않는다면 새로운 문제도 없다. 브른린 등(Breunlin et al., 2001)에 의하면, "증상들이 자주 왔다 갔다 하는 것(혼란)은 은유적인 표현이다. 아동은 야뇨증을 가지고 있을지 모르지만 동시에 언어적으로 조숙할 수 있고 증상들은 시스템과 회귀적으로 교류

해서 아동은 기대했던 것보다 작으면서 동시에 큰 문제들 가운데에서 혼란
스러워 한다"(p. 175).

　나이에 적합한 문제가 지지되고 혼란이 약해지고 새로운 행동이 표준화되
면서 아동은 필수적으로 자아에 대한 감각을 발달한다. 더군다나, 한 단계에
서의 발달은 다른 단계들에서의 발달을 지지하고 초월구조주의 모델의 발달
은 생물학적·개인적·관계적·가족적 단계들에 관여하는 것으로 추정된
다. 치료적인 과정은 가족이 가족생활 주기에서 더 적합한 단계로 이동하도
록 도와준다. 미시이행과 연관된 (왔다 갔다 하는 것) 혼란들이 나이에 적합한
발달을 통해서도 줄어들지 않았을 때 개인적인 수준에서 제약들이 나타난
다. 보통 상담사들이 무시하는 생물학적인 발달은 생물학적 단계에서 제약
과 규제를 덜어 주는 것을 수반하며 배우는 것과 육체적으로 힘든 아동과 성
인과 연관된 제약들을 느슨하게 하는 것을 종종 포함한다. 제약들은 관계적
단계에서도 나타날 수 있다.

　초월구조주의 모델에서 관계적 단계는 여섯 가지 회귀적인 과정들 속에
포함되어 있다. 끌림, 또는 타인에게 관심이 가는 것, 타인의 특성들을 알아
보는 것, 가치 있게 여기는 것을 좋아하는 것, 말과 행동과 사건들에서 비슷
한 의미를 부여하는 것, 공유된 의미를 조직화 하는 것, 관계들과 관계들이
작동하는 조건들을 정의하는 규칙들을 설립하는 것, 그리고 마지막으로 초
월규칙, 또는 "새로운 요구에 대면하면서 관계의 규칙을 바꾸는 것"(pp. 184-
185)이 그것이다.

　패트리샤와 에릭은 30년간 결혼생활을 해 왔고 30년 대부분 동안 에릭은
외도를 했다. 패트리샤가 적극적으로 그들의 4명의 아이를 양육하고 있을
때 에릭이 수십 억 달러의 사업체를 운영하고 패트리샤와 아이들을 경제적
으로 잘 부양했기에 패트리샤는 에릭의 불륜을 무시했다. 패트리샤가 육아
와 집안일을 주로 담당하고 에릭이 사업을 경영하고 에릭이 마지못해서 주
는 돈으로 그들은 전통적인 결혼생활을 유지했다. 패트리샤는 남편의 불륜
에 대해 알고 있었지만 30년 중 25년 동안은 제멋대로인 네 명의 아이들을

키우는 것에 사로잡혀 있었다. 그녀는 집안일에 도가 텄고 숙달된 요리사, 재봉사와 인테리어 디자이너의 역할도 수행했다. 뿐만 아니라 그녀는 옷을 짜는 것과 도예를 독학했고 수년간 아이들의 옷 전부와 집안 용품 중 많은 것을 만들었다. 표면적으로 이 부부는 이보다 더 행복할 수 없어 보였다. 하지만 어머니로서 패트리샤의 역할이 없어지고 아이들이 집을 떠났을 때 그녀에게는 부인의 역할만 남았고 부부의 관계는 친밀감이 없는 상태가 되었다. 서로에 대한 끌림은 미세하게 있었지만 좋아하는 게 없고 서로에 대한 진실된 보살핌이 없고 현실 안에서 함께하는 것이나 함께하는 의미가 없고 새로운 연결망 안에서 관계의 규칙을 바꾸기 위한 노력이 없었다. 몇 달의 치료에서 관계를 온전하게 유지하기 위한 패트리샤의 적극적인 참여에도 불구하고 부부는 새로운 가족생활 주기(FLC)를 견디고 생활 주기가 완전히 새로운 단계로 넘어가서 굳건해 질 수 있을 정도로 부부관계가 회복되지 못했다.

문화적 초월구조주의

초월구조주의 모델에서 문화를 포함함으로써 가족치료에서의 근본적인 실천이 어마어마하게 중요하다는 것이 강조되었다. 가족치료 형성기 동안 '문화를 분석의 범주'로 사용한 머레이 보웬(Murray Bowen), 나단 애커먼(Nathan Ackerman)과 돈 잭슨(Don Jackson)의 초기 가족치료(Weinstein, 2004: 23)부터 문화는 상담사들에게 고려의 대상이었다. 더군다나 셀라 팰리코프(Celia Falicov, 2003, 2005)와 모니카 맥골드릭(Monica McGoldrick, 2005)과 같은 사람들 덕분에, 초국가적·문화적 문제들이 현재 다른 다양성의 문제들과 함께 가족치료에서 중요하게 인식하고 있다. 문제는 상담사의 문화적 가치를 높였고 초월구조주의 관점에서 다양성은 '중요한 자원'(Breunlin et al., 2001: 195)으로 여겨진다. 문화는 다수의 사회문화적인 맥락으로 구성되고 인종, 성, 교육, 민족성, 사회계급, 성적 지향, 지역, 경제적 상태, 종교와 나이를 포함한다. 그리고 문화가 시스템의 모든 단계(개인, 가족, 공동체, 기관)를 넘어서 가치관에도 영향을 미치며 이러한 기회들은 제공하는 것만큼 상당한 제약의 원인이 될 수 있다.

초월구조주의 모델에서 문화에 대한 수많은 정의들이 채택되고 논의되고 지지되지만 문화가 '다양한 맥락에서 같은 위치에서 나온 공유된 세계관과 적응적인 행동들'이라는 팰리코프의 정의는 훌륭한 체계의 정의로 여겨지고 이것에 대한 커너의 확장은 관찰자의 역할과 어떤 문화적 맥락에서도 존재하는 다수의 가치들을 고려하는 인류학적인 관점을 포함한다.

그 어떤 이유이든 이민은 가족이 스스로를 유지하고 새로운 나라에서 어떠한 균형이라도 성취하기 위한 것으로 가족은 힘들어하면서도 몇 세대를 걸쳐 직계가족과 대가족을 통틀어 "문화적인 이행과정을 시작하는"(Breunlin et al., 2001: 206) 결정이다. 하지만 새로운 나라로의 이민을 스스로 결정한 가족과 난민 가족에게 있어서 균형을 성취하는 것은 전자는 떠나기를 선택한 것이지만 난민은 강제로 밀려난 것이라는 점에서 매우 다른 과정이다. 상담사는 이 차이와 이에 따르는 개념들을 이해하고 문화적으로 능숙한 방식을 실천하기 위해서 필요한 문화적 민감함과 의식의 측면들을 고려해야 한다. 문화·동화 과정, 유대감 구조, 가족에서의 권력관계, 그리고 치료적인 만남, 생물학적인 유대감만이 아닌 관계적인 유대감들이 중요하다고 생각되는 가계도와 문화적 가계도의 사용, 지배적인 양자관계의 이해를 포함한 가족 조직화, 그리고 '가족'의 구성을 중심으로 한 특권담론에 대한 의식을 포함한다. 다음은 중년 백인 상담사와의 가치관과는 상당히 다른 문화적 복잡성을 가진 가족치료 사례다.

15세 니워(Newar)는 그의 아버지, 어머니, 형인 프어드(Fuad)와 아버지, 조부모들과 캐나다로 이민 갔을 때 그의 나이는 6개월이었다. 프어드는 니워보다 10세 많았고 부모, 조부모와 니워는 함께 살았다. 전체적으로 가족구성원들은 고등교육을 받았고 부유하고(이집트와 현재 설정에서도) 이민 온 나라에서도 가능한 만큼 자신들의 이집트 문화를 유지하려고 노력했다. 니워가 법을 어기고 지역 고등학교에서 대마초를 피고, 대마초를 팔다 걸려 그들은 가족치료 명령을 받았다.

이집트에서 커피는 전통적으로 환영의 일부분으로 여겨지기 때문에 첫 상담에서 전통적인 카나카(kanakah)는 작은 커피냄비에, 사이디(Sa' idi)는 작은 커피컵에 담았다. 그리고 실수들이 있었지만 가족들에게 자신들을 편안하게 대하고 환영한다는 느낌을 주기 위한 상담사의 노력에 대해 고마워하는 것처럼 보였다. 상담사의 희망은 이러한 행동으로 치료적인 환경과 앞으로의 치료적인 담론에서 존재할 강력한 문화적 차이를 인정하고 함께 치료를 위한 노력을 아끼지 않겠다는 확신을 가족에게 주는 것이었다. 실수는 일어날 것이지만 상담사는 문화적 차이에 대해 배우고 존중할 것이라는 점을 가족들에게 강력한 메시지를 통해 의도적으로 전달하고자 했다.

첫 번째 상담이 시작되고 얼마 안 되서 가족구성원들 모두가 가부장적 사회의 전통적인 가치들을 지키고 아버지에서 큰아들로 가는 계층의 권력이 행사된다는 것이 명확해졌다. 할아버지와 상의할 때도 있었지만 할아버지의 나이와 지속적인 피로, 호흡곤란 때문에 가족이 할아버지와 상의를 하는 경우는 드물었다. 또 하나 분명한 것은 서양의학에서 조현병이라고 진단될 청각과 시각적인 환각과 복잡한 행동패턴들을 프어드는 경험하고 있다는 것이었다. 프어드는 증상에 대해 창피함을 느끼고 그것들을 못 본척하거나 숨기려는 이집트 문화에 따라 가족들은 일관되게 큰아들의 행동에 대해 어떠한 이상한 점도 인정하기를 거부했다. 하지만 아이러니컬하게 프어드의 문제는 가족이 캐나다로 이민 온 이유였다.

징병제는 이집트에서 의무이고 젊은 남성들은 아주 특별한 상황 아래에서만 이 의무에서 면제된다. 이 특별한 상황 중 하나는 외아들인 경우다. 니워가 태어난 것으로 프어드의 징병은 정해져 있었다. 가족의 가장은 큰아들이 징병에서 살아남지 못할 것이라는 것을 잘 인식하고 있었기에 그의 생존을 보장하기 위해서는 이집트에서 외국으로 이민 가는 것이 가장 효과적인 방법이 된 것이다. 캐나다에 친척들이 있었기 때문에 이민을 결정하였다.

하지만 그보다도 더 문제가 된 것은 폭력과 협박으로 프어드가 니워를 신체적·정서적으로 괴롭히고 있었다는 점을 발견한 것이다. 상담사의 문화적 관점에서 보면 니워는 다수의 양성징후 증상을 보이고 프워드는 많은 환각과 망상들을 보이는 상황이었다. 강점을 바탕으로 한 평가의 일부분으로서, 가족은 스트레스의 여러 원인에 대한 평가를 같이했는데 니워가 혼자 상담받았을 때 여러 가지 정보가 드러났다. 똑같은 상담에서 니워는 프워드가 형이기 때문에 공경해야 한다는 사실 때문에 그 자신을 전혀 보호하지 못한다는 것을 표현했다. 자신과 형 사이에서 일어나고 있는 일에 대해 니워는 아버지와 이야기할 수 없다고 믿었고 아버지가 그 사실을 이미 알고 있지만 아무런 행동도 취하지 않고 있다고 믿었다.

상담사는 가족과 협력적인 교섭을 용이하게 하기 위해서는 상식적이고, 가족중심적이고, 비표식적이고, 표면화적이고, 과제중심적인 방법이 필요하다는 가설을 세웠다. 프워드의 문제적 행동들을 부인하는 가족의 문화적 요구를 존중하면서 동시에 이 문제가 가족의 존재를 조직하고, 니워를 진정한 위험에 빠뜨리고 있다는 것을 인정하고 이해하게 함에 있어 그들의 문화를 존중하는 것은 이 일에서 가장 중요한 부분이었다.

조현병을 위한 가족치료는 주로 미국과 영국 연방에서 발달되어 있기 때문에(Miklowitz & Tompson, 2003: 612), 여러 문화를 넘나드는 상황은 상담사에게 다수의 어려움과 순간적인 난관과 이에 따른 결정을 하게 한다. 게다가, 조현병은 어떤 면에서는 본질적으로 정신이상이고, 이 병에 대한 설명을 귀신에 홀린 것에서부터 뇌의 역기능으로까지 보기 때문에 상담사는 이 가족에게는 서양적·의학적·개인적인 치료적 접근방법보다는 종합적이고 해결중심적이며 강점을 바탕으로 한 접근방법을 사용하기로 결정하였다.

니워가 학대를 당하고 있었기 때문에 그를 보호하고 폭력적인 학대를 멈추기 위한 응급조치들이 필요했다. 그것을 위해 상담사는 심리교육적인 접근방법을 사용하기 시작했다. 가족이 조현병을 이해하도록 도와주기 위해서

가 아니라 오히려 캐나다에서 이런 종류의 가정폭력의 결과에 대해 가족구성원들이 이해하도록 도와주기 위해서 즉각적으로 가족구성원들의 창피와 방어본능을 자극하는 환각과 조현병, 정신병과 같은 용어들은 말하지 않고 행동들에 다른 이름을 붙여 주기 위해 언어는 좀 더 해결책 중심으로 조심스럽게 구성되었고 환각이 아니라 상상과 같은 단어들이 사용되었다. 프어드가 저지르고 있는 폭력은 그의 망상과 편집증에서 비롯된 것으로 보기보다는 폭력으로서 가족 안에서 논의되었고 심리교육적인 과정의 일부분으로 가족구성원들에게 폭행혐의와 그 결과가 어떠한지에 대해 알려주었다. 모든 상담사들은 아동학대를 보고해야 하는 법적 의무가 있고 니워에 향한 프어드의 폭력적인 행동이 계속되도록 방치된다면 법적으로 그러한 보고를 해야 한다는 것도 설명하였다. 가족은 이미 법원에서 보호관찰을 받고 있었기 때문에 이것은 프어드에게 심각한 일이 될 수 있다는 점에 주목했다. 니워를 보호하기 위해서 권력을 특히 궁극적으로 가족의 권력은 아버지에게 있기 때문에 가장의 권력을 행사해야 할 필요성이 강조되었고 프어드를 확실한 죽음에서 지키기 위해 가족을 이민시켰다는 사실과 그가 가족구성원들을 얼마나 잘 지킬 수 있는지를 묘사하기 위해 권력이 사용되었다. 그는 프어드를 위해 계획했던 것만큼 철저한 안전계획을 니워를 위해 만들어 낼 것이었고 프어드를 포함한 모든 가족구성원들은 다음 상담에도 폭력이 지속된다면 안전계획을 어긴 결과에 대해서 알게 될 것이었다. 그 상담에서 상담사는 다른 구성원들로부터 그의 계획은 지지받았다. 그리고 안전계획이 만들어지는 동안 니워는 가까운 도시에 살고 있는 삼촌 집에 방문할 수 있다고 결정되었다.

'상상의 트릭'은 사람들이 다른 사람들을 해치게 할 수 있고 다른 사람들이 듣지도 보지도 못하는 것들을 만들게 할 수 있다는 사실을 강조하는 언어와 구성체들로 사용되었다. 이 방식으로 중대한 정신병의 문제는 재구성되고 표면화되었지만 최소화되지는 않았다. 이것은 가족의 방어구조가 유연해지도록 해 줬고 어떤 시점에서 가장은 이런 종류의 트릭들이 어떻게 신경학적 관점으로 설명되냐고 물어봤다. 상담사는 설명을 권했고 이 대화를 자연스럽게 어떻게 치료약이 뇌에 영향을 주고 혹은 이 '상상의 트릭'들을 바꾸도록 도와줄 수 있는지에 대한 대화로 이끌었다. 가정 내의 폭력 문제가 다뤄지고 나서 니워가 고등학교에서 대마초를 피고 판매한 표출된 문제를 다루는 것이 가능해졌다.

인종문화적 걸림돌을 넘어서 무엇이 비슷하고 다른지뿐만 아니라 그 다양한 그룹들 내에서 특정한 가족들에게 무엇이 의미가 있고 관련성이 있는지에 대한 실용적 지식이 필요하다. 예를 들어, 모든 이집트 가족들이 이 가족과 같이 반응하지 않을 것이고 이러한 미세한 차이들에 대해 이해하는 것이 중요하다. 하지만 구성주의적 해결책이 집중된 접근방법은 "가족의 능숙함을 추정하고 가족이 자신들의 문제를 다룰 때 미래를 향해 방향을 잡고, 표출된 어려움들을 견디고 다루는 데 있어서, 과거의 성공들을 부각시키면서 가족의 강점들을 발전시킨다"(Eakes, Walsh, Markowski, Cain, & Swanson, 1997: 146).

초월구조주의 관점에서 모든 가족치료의 모델들은 여섯 가지 초월분야를 가지고 있으며 어느 것이라도 그 밑에 징발될 수 있고 문화적 분야에서는 다양성에 기여하는 사회문화적 맥락의 두 단계인 문화적 이행과 사회문화적 맥락을 들 수 있다. 예를 들어, 인종, 나이, 사회경제적 등급, 교육, 민족성, 종교, 성, 소수/다수 등급, 그리고 지리학적 위치 등이 그것이다. 문화적 이행은 두 개의 시간적 차원들을 포함한다. 역사적/세대적 연속적인 사건들 또는 문화적 진화 그리고 이민/동화 이 두 가지는 시간을 걸쳐서 진화하고 나이, 인종, 민족성과 경제와 같은 사회문화적 맥락에 의해 영향을 받고 교차한다.

조국에서 쫓겨나고 마지막 도착지가 되는 곳까지 아주 긴 여행을 하게 된다는 점에서 난민들은 자주 문화적 이행에서 여러 단계들을 힘들어한다. 외국으로 이사 가는 것을 계획하는 이민자와는 달리 난민은 자주 캐나다나 호주 대사관들이 지원서를 받고 있다는 것을 그날 아침에 듣고서 바로 그날 오후에 이민원서를 작성한다. 더욱이 이사는 보통 조국에서 도망쳐 나오면서 도망경로의 일부분이 되고 먼저 다른 외국으로 이사한 뒤에 오게 된다. 예를 들어, 보스니아-헤르체고비나에서의 한 가족은 전쟁의 정점에서 사라예보에서 크로아티아로 도망갔다. 거기서 일 년 동안 난민수용소에서 살다가 그리스로 이민 가서 짧은 시간을 보내다가, 드디어 캐나다로 이민 와서 몬트리올에 정착했다. 여기서 그들은 또 하나의 완전히 다른 언어를 배우고 새로운 문화에 동화하려고 애썼지만 동화과정이 너무 어려워서 영어가 기능한 토론토로 이사 갈 결정을 했다. 드디어 그들은 문화적으로 동조한 공동체 내에서 연결고리들을 만들고서 일을 찾았다. 이 일들은 전에 유고슬라비에서 자신들이 일했던 직장보다는 못했으나 희미하게나마 의미가 있었고 성취감이 있는 일이었다. 한 나라에서 다른 나라로 한 지역에서 다른 지역으로의 이민은 난민이 정착할 곳을 찾을 수 있을 때까지 말 그대로 수년이 걸릴 수 있다. 그러한 역사적/세대적 또는 S5의 연속적인 사건들은 문화적 진화를 하는 동안 펼쳐지는 믿음을 지속적인 형식으로 정립하고 재정립하고, 사람들과 가족들이 과거의 경험에 의지하고, 이 경험들이 현재와 어떻게 맞는지를 고려하고, 그 경험들을 안정의 기간, 변화의 기간, 미래를 위해 계획하는 데 사용할 수 있도록 해 준다(Breunlin et al., 2001: 203).

초월구조주의 관점에서는 역사적/세대적 연속적인 사건들에 대한 질문은 상담사와 가족을 초월분야의 측면으로 인도한다. 이와 같은 질문들은 교류적이고 연속적인 사건들의 측면들을 탐구하도록 설계되었다. "가족구성원들은 세대적인 차이들을 존중하는가?" "세대적인 역사적 연속적인 사건들을 이해하는 것을 통해서 믿음의 확장가능성은 있는가?" "모든 가족구성원들은 자신들의 세대에서의 지배적인 역사적 테마들과 익숙한가?"

이민과 동화를 탐구하도록 설계된 질문들은 이것들을 포함할 수 있다. "가족구성원들은 동화의 모든 단계에 포함되어 있는가?" "가족의 어느 구성원들은 항상 출생지의 가치관들을 방어하는가?" "가족은 가족과 친구들을 잃는 것을 애도할 수 있었는가?" "가족구성원들은 이 차이들을 얼마만큼 서로와 논의할 수 있는가?" "상담사는 출생지에서의 제약들과 기회들을 둘 다 조사할 수 있는가?" 더군다나 상담사는 가족이 얼마만큼 자신들의 이민에 대한 이야기를 하는 것을 수용할지 확인해야 한다. 이민자들은 자신의 이야기를 하기 좋아할 수 있지만 대체적으로 난민들의 이야기는 도주, 트라우마, 사별과 아픔과 같은 참을 수 없는 기억들로 가득 찰 수 있기 때문에 난민들은 자신의 이야기를 하기 좋아하지 않는다.

보스니아-헤르체고비나에서의 또 다른 난민가족의 가장의 예를 들면, 가족의 이민역사에 대해서 물어봤을 때 그는 상담사의 눈을 똑바로 보고 거의 알아듣지 못하는 영어로 말했다. "그래서 우리들의 악몽에 대해 듣고 싶은 건가, 그런 것인가? 당신에게 말하지 않을 것이고 아동들에게도 말하지 않을 거다." 그는 두 아이를 가르치면서 "아이들은 기억하기에 너무 어리고 그것이 맞다. 누구도 기억해서는 안 되고 나는 그 일을 잊을 수 없다."고 말했다.

더욱이 경제, 교육, 민족성과 종교 같은 사회문화적 맥락들에 관해서 난민과 이민자는 많은 경우에 어마어마한 차이가 있을 수 있다. 그리고 민족성, 인종과 지역적 배경에 따라서 성에 대한 현지국의 태도, 저항이나 수용도 상당히 다를 수 있다. 이런 사회문화적 맥락들은 각각 가족의 역사와 현재의 맥락에 더하여 상담사의 경험과 가족의 경험이 얼마나 잘 맞는지를 상담사가 탐구하기 위해서 사용할 수 있는 연관된 질문의 시리즈와 같다.

초월구조주의 모델에서 잘 맞는 것은 "소수와 다수 가족들의 사회문화적 배경들 간의 일치함, 이민자와 비이민자 (또는 난민과 비난민) 가족 간의 일치함, 그리고 가족과 상담사 간의 일치함"(Breunlin et al., 2001: 231)에 대한 것이다. 또한 이런 요인들에 대한 철저한 평가가 실행되고 또는 더 많은 시간을 가족과 같이 보낼 때까지 상담사에게는 보이지 않을 수 있는 이 사회문화적인 맥락들은 전부 교차점에 있다. 가족과 상담사가 어떤 신념들을 공유하고 공유하지 않는지를 확인하는 것인 이 사회문화적 맥락들을 탐구하는 것에서부터 나오는 것이다. "각 맥락은 확장의 기회들을 제공하지만 그것과 같이 경험에 부여되는 의미들을 제약하기도 한다"(p. 232).

가족이 치료를 시작한다는 것은 가족구성원들이 분명히 적어도 하나 혹은 여러 다양한 맥락들에서 제약들을 경험하고 있다는 것이다. 사티어는 이것을 인지된 선택의 결핍이라고 불렀다. 먼저 가족이 제약적이라고 생각하는 것에 집중하고 그다음에 가능성과 선택으로의 개방을 용이하게 하는 과정이 치료의 궤도다. 다문화적인 초월분야 내에서는 상담사 자신의 사회문화적 맥락과 가족에 관한 자기반영성에 더해 개인의 문화적 관점을 넓히는 것 또한 질문의 시리즈에 답하는 것을 통해 상담사가 이 초월분야 안에서 의식적이고 부드러운 방식이 기능하도록 해 줄 것이다.

성 초월구조주의

가족치료 모두 페미니스트 비평가에게 굉장한 빚을 지고 있다. 브른린 등(Breunlin et al., 2001)이 지적한 것처럼 전통적인 치료의 대안으로 나타난 가족치료 분야는 초창기에 사실상 가족을 가족이 속해 있는 사회문화적 맥락에서 떼어 놓고 가족과 가족 내의 역할들에 대한 전통적인 사회적 신념들을 지지했다는 점에서 확실히 아이러니컬하다. 가족 내의 권력, 권력 차이와 폭력의 문제는 권력을 환각으로 여기는 베이트슨(Bateson)의 관점을 통해 보지 않게 되었다. 가족 내에서 여자들이 살았던 경험과 사회문화적 맥락은 무시되었고 가족치료 분야는 어머니를 탓하고 비난하는 것으로 가득 찼었다. 어머니들은 자신들과 아동들이 함께 묶여 있다는 생각과 가족들은 여자보다는 남자와 아이들에게 있어서 훨씬 건강한 곳이고 여자들은 다른 가족구성원들보다 더 증상적이고 불행하다는 모순적인 개념들을 가지고 있었다.

주디스 마이어스 애비스(Judith Myers Avis), 페기 팹(Peggy Papp), 프로마 월시(Froma Walsh), 베티 카터(Betty Carter), 도브라 루프니츠(Dobrah Leupnitz)와 수많은 다른 페미니스트 상담사들이 가족치료를 위해 해 준 서비스와 페미니스트 비평에 뒤처지지 않도록 성 초월구조주의는 가족구성원들이 똑같은 기회 똑같은 영향력과 똑같은 권력을 가지고 있지 않다는 것을 인정하였다. 페미니스트 상담사들은 권력, 계층, 그리고 성 불평등에 대한 의식을 만들었고, 개인적인 것은 정치적이고, 더 큰 문화에서 일어나는 것을 가족 내에서의 치료적 담론에서 반영된다는 개념에 생명을 불어넣었다. 페미니스트 가족치료는 가족치료의 방식이라기보다는 가족 안에 있는 여자들에 대해서 어떻게 생각을 피하는지 또는 생각하는지 또는 생각하지 않는지를 분석하고 의문하는 방식이다. 많은 경우에 페미니스트 상담사는 불가능한 딜레마와 대면한다. 그리고 그것은 그녀가 가족의 테두리 안에서 일해야 하면서 동시에 가족이라는 개념 그 자체가 여자에게 해롭다는 것을 이해해야 하는 것이다.

성 초월분야와 페미니스트 관점에서의 치료는 정치와 무관하지 않다. 깊숙히 정치적이고 가치관과도 절대로 무관하지 않다. 성 초월분야는 가족들이 평가되는 다섯 가지 성적 진화 입장들로 구성되어 있다. 가족들은 가장을 중심으로 조직되고 가부장적인 가치관들과 남성들은 주로 생계를 책임지는 사람으로 여겨지고 여자들은 주로 돌보는 사람으로 여겨지는 전통적인 가족들 안에서 성적 불평등함은 의식의 다른 단계들에 있고, 가족구성원들은 전통적인 성 역할의 기대에 직접적인 결과로 제약과 제한을 경험하고 있으며 성에 대한 의식에 있어 여성들이 남성보다 더 불편을 표현하고 경험하고 있다. 가족들은 성 문제에 대해서 드러내서 싸우고, 탓하고, 변화의 강요와 걸림돌의 교류로 가득한 교류들을 통해 서로에게 싸움을 거는 양극화된 상태를 보였다. 가족들은 성적 역할과 기대에 대해서 싸우고 있지만 새롭고 더 균형 있는 역할들이 나타날 것이라는 기대를 조금은 가지고 있었고 가족구성원들은 삶의 결정과정에서 더 큰 평등의 방향으로 움직이는 과정에 있고, 그리고 성의식과 기대역할에 관해서 가족 내에서는 외부적으로, 가족구성원들 내에서는 내부적으로, 그 균형 안에서 균형 있는 상호관계와 협동을 추구하였다.

성 초월분야의 실천자들은 가족의 맥락에서 여자에 대해서 생각하지 않거나 생각을 피하는 것과 반대로 생각하도록 강요한다. 그리고 자아 내에서 의식을 발전시키는 것과 같이 가족구성원들은 자신들의 일상생활에 얼마만큼 성과 관련된 제약들이 영향을 주는지를 고려하도록 지지된다. 그렇게 함으로써 상담사는 무례하지 않게, 또는 주제넘지도 않게 가족의 성에 대한 신념을 질문할 방법을 찾아야 하고 이것은 가족이 엄격하고 극적인 전통적 성역할에 대한 기대와 이를 고수하는 문화를 뛰어넘는 가족치료의 맥락에서 더 복잡해진다.

　성적으로 민감한 목표들은 상담사가 아닌 가족에게서 제시되어야 한다. 하지만 페미니스트 관점에서 관계의 진정성에 대해 관계적 의식, 그리고 권력과 억압의 탐구에 대한 자신의 신념을 분명히 말하는 것은 필수적이다. 성 초월분야 내에서 상담사는 가족이 현재 기능하고 있는 곳에서 한 단계 더 나아가 생각들을 소개하도록 가설을 세우고 계획할 수 있다. 예를 들어, 전통적인 가족의 맥락 내에서 계획은 "각 구성원의 위치를 탐구하고 가족구성원들 간의 대화를 지지"(Breunlin et al., 2001: 258)하는 것을 통해 성적 불균형에 대한 의식을 지지할 수 있다. 성에 대해서 의식하고 있는 가족들 내의 과제는, "묘사와 설명을 확장시키면서 모두의 존재를 인증하는 것이다"(p. 258). 가족구성원들의 경험을 인증하면서 양극화를 줄이고 그것을 탓하는 입장들을 분산시키면서 동시에 가족구성원들의 교섭적인 역량을 지지하는 것인데, 이는 양극화된 가족 내에서의 치료적 과제다. 이행 중인 가족구성원들은 조화와 상호 관계의 새로운 감각을 찾기 위해 노력하고 있기 때문에 상담사는 현존하는 걱정들과 질문들을 강화시키고, 그다음으로 나타나는 묘사들과 설명들이 굳건해지도록 도와준다. 균형이 잡힌 가족들의 걱정은 가족 내에 있기보다는 문화 내에서 가족이 잘 적응하지 못하는 것을 탐구하는 것에 있다고 본다.

　성 초월분야 내에서의 움직임은 불균형에서 멀어지고 균형과 가까워지는 것이고 불평등에서 멀어지고 평등주의적 역할들을 지지하는 관계들을 향해서 있다. 그럼으로써 엄격하고 전통적인 이념들과 반대로 좁은 성역할 기대에 대한 생각들을 확장시키고 남성이 가지고 있는 특권에 대해 질문하고, 내부적 경험과 노력을 인증하는 것을 통해 성적 의식을 지지하는 것은 치료적 담론의 재물이 된다. 의식의 성장과 변화를 지지하고, 성적 제약들에 도전하고, 문의하고, 억압의 문화와 역사적 테마들과 같이 새로운 역할들과 기회들을 탐구하는 것은 불평등의 문제들을 중심으로 의식을 늘리도록 도와줄 것이다. 억압의 경험에 더하여 변화하려는 요구를 인증하고 상처를 드러내고 양극화된 부분들을 탐구하고 서로의 역할들을 동감하고 이해하는 것을 지지하면서 양극화시키는 것이 아니라 대신에 이행을 지지하고, 새로운 역할들을 명확하게 해 주고 변화하는 역할들을 향상시키도록 도와줄 것이다. 평등주의적인 역할들을 지지하고, 성적 경험들의 깊이와 너비를 탐구하는 것에 더하여 상호적인 결정과정을 보강하고, 친밀함을 늘리고 진정한 관계의 역량을 늘리는 것을 통해 더 큰 사회문화적인 무대 내에서 변화를 지지하는 것은 치료에 페미니스트 관점뿐만 아니라 인간적인 관점도 포함한다.

　체계안으로 복잡함을 소개하는 것, 경험들을 확장하고 성적 불평등의 묘사들과 설명들을 지지하는 것은, 기능을 제약하는 성적 불균형들 가운데 가족들이 균형과 조화의 새로운 수준들을 얻으려고 노력하는 치료적 책임이다. 예를 들어, 이 장의 전반부에서 다룬 사례인 패트리샤와 에릭은 30년간 결혼생활을 했고 그 시간 동안 에릭은 외도를 많이 했으며 패트리샤는 아이와 집 때문에 바빠서 그 사실들을 간과했다. 에릭이 수십억 달러짜리 사업을 이끌어 갔다는 사실에도 불구하고 가족 전체는 무언가 정확하고 넓게 인지된 규칙들 아래에서 기능했다. 그 규칙들은 다음과 같다. 에릭은 항상 돈으로 가족을 지배했다. 에릭의 권리인 생활방식을 망치지 마라. 가족에게서 에릭이 가장 중요한 사람이다. 에릭이 가장이고, 그 밖에 행복하지 않더라도 그는 행복해야 한다. 에릭은 항상 옳고 항상 이겨야 하고 가족은 그것을 지지해야 한다. 가족 안에서 에릭보다 더 성공적인 사람은 있을 수 없다. 에릭 없이는 가족은 아무것도 아니다.

　하지만 결혼생활이 끝날 때까지, 그리고 에릭이 떠날 때까지 패트리샤는 이러한 규칙들을 하나도 알지 못했다. 그녀는 결혼생활 내내 완벽한 가족과 완벽한 결혼의 허상을 만드는 데 애를 썼다. 외도문제와 경제적인 면에서 그녀와 아이들을 학대했다는 사실과 그것이 외부로 드러나는 것을 막는 것과 에릭의 친구들과 가족들에게서 에릭이 욕먹지 않도록 하는 것이 그녀의 가장 큰 걱정거리가 되었다. 대체적으로 그녀는 수입과 지출을 맞추려고 애썼다. 집은 그녀의 책임이라고 여겼는데 집에는 꽤 큰 모기지가 있었고 에릭이 최신형 벤츠를 타는 동안, 그녀는 작은 경제차를 몰았다. 에릭은 일 년 내내 여행을 자주 다녔고 그녀는 아이들을 돌봤다. 신적 권위를 통해서 남성이 가장 노릇을 하는 권리와 여성의 복종이 당연시되는 종교적인 전통이 이들 부부에게도 해당되었다. 교회의 행사에서 여자들은 남자들과 분리되었고 어떤 때는 벽을 보도록 할 때도 있었다. 작은 변화들과 같이 가부장제가 지배적이고 에릭과 패트리샤가 고수했던 가족규칙들은 그녀의 공동체 구성원들이 대부분 고수했던 것과 비슷했다.

전통적인 가부장적 가치관을 중심으로 한 가족의 조직화를 질문하는 치료적 과정과 이 가족과 가족을 지지했던 공동체의 맥락에서 성적 의식을 더 소개하는 것은 시시포스(코린트의 사악한 왕으로 사후에 지옥에 떨어져 큰 바위를 산 위로 밀어 올리는 벌을 받아 이 일을 한없이 되풀이했다고 함)와 같다. 에릭의 관점에서 부인과 가족을 향한 억압적인 행동을 바꾸는 것은 잃은 것이 많고 얻을 것은 적었고 사실상 그는 자신의 행동이 누구에게도 억압적이고 권력을 악용한다고 생각하기를 거부했다. 하지만 놀랍게도 상담사가 어떤 때는 부드럽게 어떤 때는 그리 부드럽지 않게 한 질문과 관찰들은 에릭이 계속 패트리샤를 감정적으로 피하고 육체적으로 무시하고 경제적으로 부정하면서, 결혼을 지속시키는 것에 대한 패트리샤의 거부를 지지했다. 가족치료를 통해 이제 아이들이 그녀를 전과 같이 필요로 하지 않기에 패트리샤는 계속해서 더 크고 깊은 유대감에 대한 요구를 표현했다. 그녀가 인생의 후반으로 들어서면서 에릭에게 더 큰 상호관계, 진정함, 힘의 부여, 그리고 성장을 발전시키는 교류들을 요구하기 시작했고 그러함으로써 관계의 끝이 더 빨리

오게 되었다. 그때 아이들 둘 다 그녀를 지지했고 그러한 지지는 부부간의 재산분할을 위한 길고 오래된 법적 싸움 동안에도 계속되었다. 그 과정에서 패트리샤는 어마어마한 양의 죄책감과 깊은 죄의식과 싸웠다. 그녀는 그녀의 교회, 그녀의 공동체, 그녀의 남편과 그녀의 친구들을 잃은 후, 법원은 드디어 그녀에게 재산분할에 대해 판결하였다. 그 중간에 그녀는 자신의 작은 사업을 시작했으며 새로운 친구들을 사귀고 학대를 경험한 여자들을 위한 근처의 임시숙소에서 봉사하기 시작했다.

성 초월구조주의 내에서 발생하는 일은 자주 지저분하고, 아프고, 상담사와 가족 모두에게 함정을 깔고 있다. 문화 내에서의 힘, 역동들은 자주 가족 안에서 반영되고 많은 여성들처럼 패트리샤도 자기 인생의 틀 안에서 구축된 정치적·문화적 테마들을 과도하게 자기 것으로 만들었고 결혼의 끝과 아이들과 전남편에게 자신이 '미치는' 아픔에 대해서 그녀 자신이 원인이라고 자책했다. 사회적 상황에 도전하는 것보다 패트리샤는 우연히 에릭의 남성 변호사가 다른 변호사에게 얼마나 '저급한 내담자'를 가졌는지를 말하는 것을 엿듣기 전까지 자신에게 책임이 있다고 생각했고 그녀는 자신의 관점을 진정으로 지지하고 인정하지 못했고, 그제서야 결혼이 끝날 뿐 아니라 그녀가 합법적으로 부부간의 재산에 대한 정당한 몫을 추구하고 있었다는 사실에 대한 죄책감과 자책감 창피함에서 벗어날 수 있었다.

치료를 위한 유연한 청사진

초월구조주의 관점의 맥락 내에서 치료를 위한 청사진은 여섯 가지의 초월구조주의 체계로 만들었고 상담사에게 모델을 조작할 수 있게 하는 방식을 제공한다. 예전에 말했던 것처럼 초월구조주의 모델 내에서의 목표는 제약을 없애는 것이기 때문에 그러한 관점에서 상담사는 모든 실천 모델에서 최고만을 뽑았기에 한계들과 제약들을 피할 수 있다. 가족이 다루고 있는 실용적인 제약들은 체계로서 그리고 생물학, 인간, 관계, 가족, 공동체와 사회의 수준에서 존재하는 것으로 보이며 그래서 '제약의 거미줄로서 언급되고' 초월구조주의는 어느 것이든 또는 전부에서 존재할 수 있다(Breunlin et al., 2000: 367). 제약의 예를 들면, 주로 생물학적인 특성일 수도 있고 성, 다문화, 내부적 가족체계들이나 정신, 연속적인 사건들, 발달적, 그리고 조직화 초월구조주의 내에서 존재할 수 있다. 뇌성마비를 갖고 태어난 아동은 운동 부분에서 다르게 발달할 수 있고 보통 어머니인 주양육자를 피곤하고 지치게 만들 수도 있고, 가족을 경제적 · 관계적으로 힘들게 할 수 있고, 부모와 다른 가족구성원들 간에 심각한 싸움의 주제일 수도 있으며 어머니가 아동을 돌보기 위해 일을 그만두는 상황을 만들 수 있다. 이렇게 뚜렷한 생물학적인 제약은 사람, 관계, 가족, 공동체와 사회적 제약들에 관여하고 모든 초월구조주의에서 경험한다.

치료는 제약의 수, 그것들이 어떻게 교류하는지, 그리고 그것들이 가지는 초월구조주의의 위치에 따라서 변한다. 여러 초월구조주의 내에서 큰 제약들이 위치를 찾고 성공적으로 변화하는 것은 상담사와 가족구성원들 사이의 공동창작되고 공동구성된 노력이며 의미 있는 변화가 형태와 모양을 갖게 되는 핵심이다. 초월구조주의는 안에 내장되어 있고 제약들의 등급들은 서로 여섯 가지 초월구조주의 내에서 상호연결되어 있으며 이들의 상호연결은 다양하고 풍부하고 복잡한 시체계로 조직화된 모델을 만든다. 더군다나 초월구조주의 내에서는 '가족'이라고 불리는 인간시스템이 더 큰 시스템 내에서 어떻게 기능하는지에 대해서 알 수 있는 게 가능할 뿐 아니라 이것은 가족과 상담사 모두에게 어디서 "기능을 제한하고 문제를 유지하는 제약들을 찾고 확인"(Breunlin et al., 2001: 282)하는지를 알려 준다. 모델의 창조자들은 제약들과 초월분야를 거미줄로 개념화한다. 그래서 '제약의 거미줄'이라는 용어가 있고 그 어느 거미줄과 같이 거미줄의 한 부분이 제약되거나 건드려지면 거미줄 전체에 충격이 가해지고 전체에서 진동들이 느껴진다.

초월구조주의 모델 안에서의 치료의 요소들은 치료를 위한 청사진의 형태로 정리되어 있고 다음의 것들로 구성되어 있다.

- 상담과 치료에 방향을 주는 공동 · 가설 만들기는 가족이 제공한 생각들과 정보의 실천은 가능하지만 궁극적으로 초월구조주의와 들어맞는 가설로 진화할 것인지의 일관되고 이해할 수 있는 형태로 상담사와 가족이 선택하고 합성하고 정리할지에 관여한다. 그 안에는 발달적 가설(HD), 교류적인 연속적 사건들과 가설(HS), 성 가설(HG), 조직적 가설(HO), 문화적 가설(HC), 그리고 내부적인 행동에 관한 가설(HI)이 있다. 가설을 만드는 것은 가족이 주는 피드백을 정리하는 것이며 가족과 공동 · 창조된다. 하지만 모든 가설은 개방적이고 궁금하다. 그리고 필요한 대로 개인의 가설을 근본적으로 재설정하는 것을 기꺼이 할 마음을 가지고 접근해야 한다. 문제에 대해 통합적인 초월구조주의 치료(IPCM)의 관점에서는 "가설을 만드는 것이란 상담사가 가족과 일하면서 제약의 세트와 가족이 적응적인 해결을 실행하지 못하게 하는 관계들을 확인하는 과정을 말한다."(Breunlin et al., 2011: 298). 더욱이 이 관점에서 문제의 연속적인 사건들이 가설을 만드는 데 필수적이라는 점은 그것들이 가설 만들기의 '눈과 귀'를 구성하고 "드러나 있는 문제들의 현상이며 문제에서 가장 확실하고 접근이 쉽고 궁극적으로 쉽게 바뀔 수 있는 측면들을 제공한다는 것이다. IPCM은 드러난 문제에 대한 연속적인 사건들의 대안으로 적응적인 해결책, 연속적인 사건들을 시행하는 것에 대한 내담자들의 역량이 제약의 거미줄로 막혔다는 가설을 세운다"(p. 298). 가설을 세우는 것이 "문제의 형성과 유지에 대한 이론들을 정리하는 것만큼 초월구조주의를 계획하는 것은 문제해결에 대한 이론들을 정리한다(Pinsof et al., 2011: 317).
- 공동계획하기는 중재를 하는 것, 지시를 주는 것, 그리고 기술을 사용해서, 또는 가족과 협동적으로 전략을 짜는 것을 통해서 드러나 있는 문제들을 해결하는 것에 관여한다. 계획하는 것은 "그 어느 시점에서도 치

료를 실행하기 위한 행동방침을 선택"(Breunlin et al., 2001: 287)하는 것이고 기술과 중재를 사용하는 것을 포함하지만 그런 종류의 언어는 피하고, 더 부드럽고 본질적이고 협동적이며 참가적인 과정으로 대신하려고 시도한다. 계획하는 것에는 가족과 함께 일하고 연관하는 것, 이벤트를 준비하는 것, 그리고 만드는 것 세 가지 요소를 처리해야 한다는 점에서 상담사는 포스트모더니즘과 이야기치료의 전통들에서 차용했다. 연관하는 것은 미누친과 함께하는 것처럼 가족의 각 구성원과 관계를 설립하고 공감과 이해를 통해서 그 관계를 유지하는 것, 그리고 그것에 더하여 각 구성원의 강점과 좋은 점들을 알아보고 제약을 느슨하게 하거나 없앨 수 있는 방식으로 그 강점들과 특성들을 접근하고 일으키도록 하는 것을 의미한다. 더군다나 가족이 자기조직화를 하고 드러나 있는 문제에 대한 해결책을 찾는 가족의 능력을 믿는 것이 상담사의 의무다. 연관하는 예술(기술)에서 가족을 치료에 참여할 때의 어려움을 초월하고 가족의 역량을 불러일으키기 위해 상담사는 협동적인 지도자의 역할을 맡는다. 이벤트를 준비하는 것은 상담의 순간순간에서, 상담에서의 주요 대화에서, 상담 전체에서, 그리고 치료 전체에서(즉, 시작, 중간, 또는 끝) 자신의 과정이 정확히 어디에 있는지를 아는 것이다. 이벤트를 만드는 것, 또는 치료적 중재에 참가하는 것, 순환적 질문, 일치함, 모델과 생존적 입장들에 도전함, 또는 행동이나 의미지향적인 계획을 만들기 위해 중재를 하는 것과 같은 기술들을 사용해서 상담사는 모델을 선택하고 가족에게 개입한다. 가족은 외부에서부터 가해지는 것이 아니라 오히려 같이 행동한다는 생각을 불러일으키기 위해 모든 중재들과 기술들을 '이벤트'라고 언급했다. 이벤트는 뭔가 중대한 것이 일어나고 있지만 협동적이고 공동계획된 일이라는 것을 함축한다.

• 대화하는 것은 "순간순간적으로 가족에게 무엇을 말할지를 결정"(Breunlin et al., 2001: 287)하는 것에 대한 것이고 제약들을 찾고 없애는 것에 더해서 모든 가족구성원들을 위해 건강한 성장을 위한 움직임을

위해 상담사와 가족이 만드는 대화들에 관여한다. 질문은 진술과 지시로 구성되어 있고 대화의 유형은 이것들 중 하나로 자신을 제한하기보다는 초월구조주의 모델에서 상담사는 자신의 개인적인 스타일과 일관된 방식으로 그것들을 전부 사용한다(Breunlin et al., 2001: 305).

• 상담사의 아이디어와 가족의 공유된 정보를 연결시켜 준다는 점에서 가설 만들기와 이와 관련된 피드백과 피드백을 읽는 것은 순간적으로 상담에서 그리고 치료 전체에서 무엇이 일어나는지를 인도한다. "가족과 가족구성원들에게서 피드백을 읽는 것은 가족의 현실을 알게 되는 것이 아니고 오히려 그것은 서로에 대한 가족의 반응들에 상담사 개인이 부여한 의미들을 이해하는 것에 대한 것이다"(Breunlin et al., 2001: 307). 그리고 의미가 가족과 공감되고 확인되었을 때에만 그 피드백은 계획과 가설 만들기의 한 부분이 될 수 있다. 피드백을 읽는 것은 상담사가 이론적인 생각들과 개념들을 불러내고 여섯 가지 초월구조주의 렌즈를 통해서 의미가 만들어지는 방식으로 그것들을 가족에게 적용하는 것이 필요하다.

　가설 세우기, 계획하기, 대화하기와 피드백 읽기의 네 가지 요소는, 회귀적으로 연관되어 있고 끝에는 하나가 어디에서 끝나고 다른 하나가 어디에서 시작되는지를 알기 힘든 우로보로스(Uroborus: 자기 꼬리를 입에 문 모습으로 우주를 휘감고 있는 뱀)와 같은 설정을 구성한다. 치료를 위한 유연한 청사진을 사용하는 것은 상담사가 치료의 모든 단계에서 청사진의 모든 부분들에 집중하고 부분들과 초월분야들 사이에서 민첩하고 재빠르게 움직이는 것을 필요로 하기 때문이다. 청사진으로 돌아가서 항상 그 요소들의 회귀적인 특성을 인정하고 아무리 똑똑하거나 통찰력 있어 보이더라도 단 하나의 가설이나 초월분야에 대한 애착은 피하고 가족과 상담사 사이에서 필요한 흐름과 공동가설 만들기, 공동계획하기, 대화하기와 피드백을 해석하는 행동들을 만들어 낸다. 가설들이 공동창조되고 옳다고 확인되거나 틀렸다고 확인되거나 버려지거나 변화할 수 있도록 피드백은 항상 상담사에게 읽히고 다시 가족에게 적용된다. 이 반복적인 과정과 모두 연관된 초월분야에서 가설들을 공동창조하는 것이 치료를 진전시키는 요인이다.

진술서, 질문과 지시를 통해서 대화하기, 연관하는 것을 통해서 계획하기, 무대 준비하기, 사건 만들기, 그리고 마지막으로 피드백 읽기를 사용해서 내부적인 과정(HI), 성(HG), 발달(HD), 연속적인 사건들(HS), 조직(HO), 그리고 문화(HC)를 중심으로 관련 있는 가설을 만드는 것과 여섯 개의 초월구조주의 내에서 가설을 세우는 것들의 사이에서의 복잡한 흐름을 청사진 자체가 구성한다. 가족치료상담 중 이 '청사진'은 의미, 감정, 그리고 치료적 행동과 계획으로 가득 차 있다. 가족체계들은 행동, 의미와 감정에 집중하는 것을 통해 제약되기도 하고 변화할 수도 있기 때문에, 이 세 가지에 대한 상담은 균형이 존재해야 한다(Breunlin et al., 2001: 357).

제**4**장
가족놀이치료

● Kristin Trotter

요즘 가족 안에는 깊은 분열과 문제가 있다. 그러나 그 어느 것도 이 세상에서 내가 그 누구보다 잘 알고 사랑하며 나를 같은 식으로 사랑해 주는 사람과 함께하는 그 순간의 아름다움을 망칠 수 없다. 나는 우리가 그런 권리를 가지고 있다는 사실에서 위안을 얻는다. 나머지는…… 글쎄, 가족이 도전해야 할 것들이 아닐까.

우리는 모두 엄마에 대해 조금 걱정하고 있었다. 한 무더기의 빨랫감을 빨고 말리고 개고 있을 때 엄마는 일어나서 호숫가 앞에 있던 우리와 합류했다. 갑자기 음악이 바뀌었다. 이제는 팻 분(Pat Boon)의 노래가 다른 시간, 다른 가수, 다른 세대에게 전해졌다.

"엄마, 수건 좀 주세요." 3세대가 동시에 목소리가 들리는 방향을 쳐다봤고 누군가 그 방향을 향해 수건 하나를 던졌다.

갑자기 노래가 다시 바뀌었다. 이번 노래는 CCR이었다.

아버지가 합류해서 말씀하시길, "퍼즐을 하다 속았어." 우리는 웃었다. 그리고 내 아내는 내가 뭔가를 읽으면서 타이핑하는 것을 보더니 "이제 우리는 '가족놀이치료' 장을 읽어야겠네."라고 했다. 우리는 더 크게 웃었다. "우리가 오늘 밤 수영하고 난 후에 읽을 수 있지. 만약 그 책이 엄청 졸린 내용이 아니라면 말야."

누군가 음악소리를 줄였지만 여전히 음악소리가 들려왔다.

태양이 커다란 빨간 공처럼 지평선 저 멀리에 낮게 걸려 있었다. 그 흔들거리는 태양을 따라 누군가 밥 시거(Bob Seger)의 노래를 따라 불렀다. 엄마는 여전히 제자리에 앉아 있었는데 아마 주무시고 있는지도 모르겠다고 생각했다. 그런데 엄마가 갑자기 움직여서 나는 엄마에게 무슨 생각을 하고 있었냐고 물었다. 엄마는 웃으며 "굉장히 이상하지만 내 아버지 꿈을 꿨단다. 얼마 전에도 아버지 꿈을 꾼 적이 있는데 말야. 요즘 자주 아버지에 대한 꿈을 꾸는 게 이상하구나." 한 세대가 죽고 나면 새로운 세대가 나타나지.

〈Love hurts〉라는 노래가 뒤에서 조용히 흘러나왔다.

저녁식사는 어젯밤 산장에서 먹다 남은 음식의 범벅이었다.

문이 열렸다. "저녁밥 다 됐어." 자칭 셰프이자 허드레꾼인 내 동생이었다. 그녀가 그런 일을 잘하는 데다가 내가 잘할 수 있다고 믿지 않았기 때문에 그녀는 내키지 않았지만 그 일을 자신이 하고 있었다. 동생은 음식도 빨래도 일도 할 필요 없는 아무것도 하지 않아도 되는 곳으로 휴가를 가고 싶어 했었다. 외국어로 맥주 한 잔 시킬 수 있는 곳으로 휴가를 꿈꾸었던 것이다.

그래서 우리는 그녀가 어떤 느낌인지를 나누면서 그녀에게 진심으로 미안해했다. 동생은 "그래, 그게 나야."라고 말했다. "나도 내가 그걸 내버려 둘 수 없는 걸 잘 알아. 우리 가족들이 어떤지 알고 우리 가족들이 언제 밥을 먹어야 되는지도 알아. 그러다 어느 순간 너희들에게 던져 버릴 수도 있겠지." 이때 이웃집 오두막 쪽에서 수상비행기 하나가 이륙했다. "신이시여, 난 항상 비행기 조종사 자격증을 갖고 싶었는데…… 저렇게 홀쩍 떠나 버릴 수 있는 자유가 있잖아." 그녀가 눈물을 글썽였다. 그녀는 어느 늦은 밤 남편이 늦게까지 〈메디슨 카운티의 다리〉라는 영화를 보고 있었다고 말문을

열었다. 며칠 후 남편은 나를 앉혀 놓고, "나는 단 한 번도 당신의 꿈을 펼치
는 걸 방해하고 싶은 생각이 없었어. 그러니까 가서 자격증을 따."라고 말했
었지.

음악은 생동감 있게 계속 들려왔다. 안락하고 편안한 집에 와 있다. 가족
의 가슴 안에 있는 집에 와 있었던 것이다. 이것이야말로 최고의 가족놀이치
료가 아닐까라고 생각한다.

아동이 포함된 가족과 함께 작업할 때 놀이를 활용하면 도움이 된다. 놀이
는 상상을 넘어선 기발함이 있으며 창의적인 방법으로 아동들이 선호하는
대화 방식이다. 의미는 동작과 행동에 내재되어 있기 때문에 동작이나 행동
을 통해서 의미를 명확히 할 수 있다. 놀이가 상담사의 '수용력(Holding
Capacity)'을 늘려 준다는 사실에도 불구하고(Scharff, 1989: 172), 세더보그
(Cederborg, 1997)는 대화가 주된 의사소통이 되는 가족치료에서는 4세에서
7세 사이의 어린 자녀들은 '어떤 이유로든 치료과정에 참여시키지 말 것'을
주장하였다(p. 36). 그것은 어린아동들이 제대로 된 구성원으로서 참여되기
보다는 무시당할 수 있기 때문이다. 이에 대한 해결책은 놀이를 가족치료회
기에 포함시키는 것이다. "놀이가 가족회기에 포함될 때 상담사들은 아동들
을 다른 가족구성원들과 마찬가지로 가치 있는 정보를 제공하고 흡수할 수
있는 동등한 입장으로 대할 수 있다." 또한 "놀이는 방어심을 낮추고 판타
지, 은유와 상징이 나타날 수 있는 상호작용의 더 깊은 수준을 끌어내고 드
러내게 한다는 점에서 본질적으로 그 가치가 있다"(Gil, 1994: 41).

놀이는 가족들과 작업할 수 있는 강력한 수단이며 상담사와 가족구성원
모두에게 가족미술치료부터 가족퍼펫극 인터뷰, 자연스럽지만 의미 있는 강
렬한 스토리텔링에 이르기까지 수많은 훌륭한 기술들을 제공한다. 놀이를
통해 가족에게서 굵고 풍부한 줄거리와 부차적 줄거리가 함께하는 큰 이야
기들이 쏟아져 나온다. 놀이는 치료를 분석적이 아니라 은유적이고 환상적
인 방향으로 이끄는 것 이외에도 여러 가지 유용성을 지닌다. 그것은 구성원

들에게 안녕감을 형성하게 하고 자신을 표현하는 데 자연스러운 방법인 감정표출을 도우며 부모와 자녀의 긍정적인 상호작용을 용이하게 한다. 또한 문제를 창의적이고 상징적으로 다루게 하며 이 같은 과정이 다양한 수준에서 일어날 수 있게 할 뿐 아니라 가족들로 하여금 문제가 녹아 있는 익숙한 내러티브적 서술의 한계를 벗어날 수 있게 돕는다. 그리고 가족놀이치료는 가족구성원이 웃고 즐길 수 있는 가능성을 증대시키며 문제를 형성하고 해결하는 데 있어서의 창의적인 표현들을 할 수 있도록 한다. 가상세계(Make believe)는 가족구성원들의 문제가 얽힌 감정이나 고통을 표현할 때 자존감을 유지할 수 있도록 돕는다. 그것은 서로 간의 접촉과 관계를 고무시키기 용이하며 애착을 고취시킨다. 또한 다른 가족구성원에게 문제를 바라보는 새로운 시각을 제공하며 억제를 줄여 주고 숨겨진 생각과 감정들을 공격적이지 않은 방식으로 표출할 수 있도록 한다.

"놀이는 그동안 부정되고 무시되었던 것들을 안전하고 친절한 가상세계에서 느낄 수 있는 재미를 경험할 수 있는 기회를 제공한다. 놀이의 경험은 방어심이 경계태세에 있지 않은 인지와 감정의 중간지대에 존재하며(Ariel, 2005: 6-7), 가족구성원은 그들 자신인 동시에 자신들이 연기하는 캐릭터이기도 하다. 따라서 극중의 캐릭터로서, 이야기 전달자로서, 인형으로서 혹은 이야기를 전달하는 하나의 그림 자체로서 스스로를 관찰할 기회를 얻게 된다. 이런 가상세계는 가능성의 세계를 탐색하는 것이 용이하므로 위협적이지는 않지만, "치료에서의 놀이는 유의미한 방식으로 개입된 상담사에 의해 이루어져야 한다"(Gil, 1994: 4). 일반적인 놀이치료의 경우와 마찬가지로 가족놀이치료에서의 놀이는 의식 및 무의식의 생각과 감정을 표출하는 수단으로서의 역할을 한다. 그리고 놀이의 예측불가능하면서(nonlinear)도 자발적인 특성은 아동들에게 자기 자신과 자신만의 세계를 탐험할 수 있는 자연스러운 수단이다.

그러나 어린아동들과의 작업과 놀이에 대한 상담사의 태도는 불편함을 느끼는 방식에서부터 편안하지만 효과적이지 않은 방식 혹은 매우 드문 경우지만 간혹 마음 편하면서도 효과적인 방식에 이르기까지 매우 다양하다. 그러나 상담사가 가족치료로부터 가족놀이치료로 이동할 때는 유동성, 상징성, 예측불가능성, 아동의 놀이에 있어서 비언어적 세계에 대한 포착하기 어려운 변화뿐 아니라 아동친화적이고도 손쉽게 사용가능한 소품, 인형, 장난감과 각종 재료들이 있는 구체적인 장소로의 변화들도 필요하다. 역할놀이는 별다른 소품도 필요 없는 '상담사의 보물상자에서 가장 융통성 있고, 흥미로우며 영향력이 강력한 놀이기술(Chasin, 1989: 16)'이라고 묘사되고 있다. 그 밖에 아동들은 의사소통이나 그들 스스로를 표현하기 위한 좋은 수단인 인형과 장난감, 다른 재료들도 은유적 의미를 표현하고자 할 때 도움이 된다. 미술과 역할극은 언어, 행동, 인지, 감정 기술을 직접적이고도 간접적으로 가르치는 데 알맞은 방법이다. 뜨거운 감자/차가운 감자라는 간단한 게임—가족구성원들끼리 공 한 개를 주고받는데 뜨거운 감자여서 재빠르게 공을 던지거나 혹은 차가운 감자여서 공을 상대적으로 천천히 주고받는 게임—은 기본적인 감정통제를 가르칠 수 있다. 이것은 한 번은 활발하게 또 다른 경우에는 침착하게 교대로 진행할 수 있기 때문이다. 그리고 이런 과정은 어른의 관심과 호기심을 유지해야 가능하다. 그러므로 부모들은 어느 시점에 이르면 아동들과 작업하기 위해 참을성과 융통성을 지니고 수용적으로 참여하며 회기 동안 일어나는 일을 잘 받아들이도록 노력해야 한다. 치료의 전체적인 면에서도 상담사들이 다양한 사건들과 뜻밖의 접촉이 그들의 제안과는 다르게 일어날 수 있다는 것을 충분히 예상하더라도 이 같은 변화를 받아들이는 것은 결코 쉬운 일이 아니다.

효과적인 가족치료는 관계를 회복하도록 하여 모든 가족구성원들이 안정되고 긍정적이며 창의적인 관계를 고무시킬 수 있는 방법으로 서로 어울릴 수 있도록 하는 것이다. 가족놀이치료에서 놀이는 변화와 결속을 위한 수단이며 평가와 개입을 위한 맥락을 제공하는 동시에 치료적 의사소통의 핵심이다. 그리고 상담사는 종종 은유적인 놀이를 활용하는데 그것을 시작하는 것은 상담사가 아니라 가족이다(Ariel, 2005).

가족놀이치료의 목표는 가족상황에 맞추어 간단하게 명시되지만 의미가 명료해야 한다. 또한 목표는 부정적 행동표현보다는 긍정적인 행동표현으로 가족이 경험하기를 기대하는 구체적인 행동에 초점을 맞춰야 한다. 예를 들면, 해결중심 가족치료에서는 치료를 위한 목표를 상세하게 묘사하는 것을 중요시하는데 이처럼 명확한 목표를 제시하는 것은 원하는 치료적 결과를 파악하기 위한 중요한 예측변수다(Sklare, 2005). 이론과 실천의 모델로서의 가족놀이치료는 가족으로 하여금 그 구성원들이 고통스러운 행동과 상호작용에 머물게 만드는 제약들을 없앨 수 있는 방법들을 모색하는 필요조건을 제공하는 것이다. 이 같은 기술들은 가족놀이치료에서 매우 중요하다.

가족기능의 다양한 관점과 목표설정이 여러 나라에서 활용될 수 있는 치료패턴의 측면 또는 단기해결중심 가족치료에서의 기적질문과 같은 구체적인 기법들, 그리고 이야기치료의 중대한 관점인 예외탐색과 마찬가지로 여섯 가지 상위영역은 미술중심치료, 모래상자치료, 퍼펫놀이들을 통해 가족들이 어떻게 제한점을 없앨 수 있을지를 발견하려는 노력을 함으로써 탐구될 수 있다. 안타깝게도 대부분의 상담사들은 놀이치료의 다양한 모델들과 기술적인 면에서 아동들과 놀이를 행하는 방법을 훈련받지 못했다. 또한 이와 같은 것을 초월구조주의와 같은 통합적 특성을 지닌 상위모델과 결합하는 것에 관한 훈련도 받지 못했다. 그러나 가족치료의 이론에 놀이를 통합하는 것은 지금까지 지속적으로 시도되고 있다. 예를 들어, 사티어의 가족조각—가족구성원들이 각자 자신이 가족을 보는 방식을 조각품으로 만들기 위하여 다른 가족구성원을 동원하도록 하는 것—은 아동, 부모, 상담사들이 선호하는 평가기법일 뿐 아니라 관행적으로도 자주 활용되는 기술이다. 치료의 첫 회기 후반부에 이 같은 기술을 활용하면 가족구성원들이 현재 어떤 심리적 위치에 있는지를 비언어적·시각적·본능적으로 이해할 수 있다. 더 나아가 상담사는 가족들이 어떤 위치에 있고 싶은지와 구성원들이 서로 어떻게 반응하기를 원하는지에 대한 정보도 얻을 수 있다. 바람직한 가족조각은 구성원들이 문제에 관해 자기 자신과 다른 구성원을 인식하는 방법을 조작할 수 있어야 한다. 또한 그들이 치료를 받게 되는 원인을 어디에 두고 있으며 다른 구성원들과 어떻게 관계를 맺고 싶어 하는지에 대한 것도 포함되어야 한다. 일반적으로 치료작업은 그들이 현재 하고 있는 것에서부터 미래에 함께하고 싶은 것에 대해 찾아가는 것이며 내적인 가족체계의 다각적 측면의 언어가 아동과 어른 그리고 가족놀이치료 사이에 교량역할을 하는 것이다. 그런 언어들은 상징물과 퍼펫 그리고 다른 표현적 예술적 역할 놀이를 통해서 표현된다.

발달상으로 사춘기 이전의 아동들은 추상적 사고에 어려움이 있어서 (Piaget, 1962), 그들이 생각하고 느끼는 것들을 정확하게 설명할 수 있는 인지적·언어적 능력이 부족하다. 따라서 치료에서 자주 사용되는 '말하기' 방식의 방법은 어린 아동들과 그들의 가족에게는 바람직하지 않다. 아동의 마음은 언어의 상징적인 세계가 행동과 창의적인 은유놀이에 무너질 수밖에 없는 구체적인 것이다. 게다가 성급함과 소화장애, 과다각성과 야경증, 회피와 무감각 같이 불안과 문제적인 신체적·정서적 증상들은 외상이 있는 아동들에게는 흔한 경우다. 반복적인 외상 후의 놀이는 외상적 사건의 상징적 재현이 되고 그 경험에 대해 아동이 '이야기' 할 수 있게 돕는다. 만약 아동이 이런 외상의 반복적 재현을 뛰어넘을 수 있다면 아동경험의 내용들을 탐색할 수 있을 것이다. 또한 그와 같은 경험에 대한 감정과 반응들도 마찬가지로 탐험될 수 있을 것이다.

질, 레이첼, 아만다, 그리고 헨리가 적절한 예가 될 수 있을 것이다. 질과 레이첼은 2년 전에 결혼했다. 결혼 전에도 10년을 함께했던 동성애자 커플이다. 그들은 레이첼의 딸인 엘리자베스와 그녀의 9세 난 헨리, 13세 난 아만다가 그들과 함께 살기 위해 왔기 때문에 결혼을 했다. 갑작스러운 가족구조의 변화는 그들 관계에 엄청난 스트레스가 되어 질과 레이첼은 연일 싸우게 되면서 마음의 평정은 물론이고 일, 놀이, 여행 등 함께 공유했던 여유로운 생활도 사라졌다. 관계에 위험을 완화시키고자 하는 노력의 일환으로 그들은 결혼한 것이다. 결혼 후 머지않아 코카인 중독에서 회복 중이던 엘리자베스가 가족을 버리고 떠나서 그녀가 청년기 후반부터 지속해 왔던 약물과 매춘의 삶으로 되돌아갔다. 엘리자베스가 떠난 후, 질과 레이첼은 두 아이를 키우기로 결심하고 양육권 소송을 제기했다.

　두 아이들은 질과 레이첼과 함께 살기 이전의 엘리자베스의 생활방식과 간헐적인 약물사용 때문에 방치되었을 뿐만 아니라 엘리자베스의 여러 애인들 중 적어도 한 명에 의해 성적·신체적인 학대를 당했다. 엘리자베스는 코카인 소지혐의로 기소됐었다. 법원은 그녀의 약물사용, 생활방식, 생활조건 면에서 상당한 변화가 생기지 않는 한 그녀에게서 아이들을 떼어 놓겠다는 판단을 하여 아이들은 질과 레이첼의 집으로 오게 되었다. 아만다는 그녀가 겪었던 학대를 기억하지 못했으나, 헨리는 엄마의 '친구들' 중 한 명이 자신의 배를 때렸던 것과 엄마의 또 다른 단기간 동거인으로부터 맞아 자신의 엉덩이가 항상 새파랬던 것을 기억하고 있었다. 또한 헨리는 아만다가 엄마와 같이 살던 한 남자에게서 맞는 것을 목격한 사실도 선명하게 기억하고 있었다. 게다가 아만다는 극단적이고 분열적이었고 해리경험을 가진 헨리도 밤에 자면서도 야경증으로 자주 깨곤 했었다. 헨리는 자신의 외상적 상처에 해리적 증상이 심했고 그동안 일어났던 일들이 '너무 끔찍했기' 때문에 그것을 '이야기'할 수 없다고 소리쳤다.

　엘리자베스 자신도 어린 시절 성적 학대의 피해자였다. 레이첼의 전 남편이자 엘리자베스의 친부인 던은 아동포르노 소지 및 배포 죄로 기소되어 유죄를 선고받았다. 엘리자베스는 레이첼에게 자신이 학대받은 사실을 알렸다. 던은 자신의 딸을 성적으로 학대한 것으로 기소된 적이 한 번도 없었지만, 레이첼은 그를 경찰에 여러 번 신고했기 때문에 결국 던은 아동 포르노 소지 및 배포로 유죄선고를 받은 것이다. 세대 간의 외상은 레이첼의 유년기에까지 이르는데 그녀도 그녀를 학대하던 알코올중독의 아버지뿐만 아니라 어머니에게도 신체적으로 학대를 받았었다. 가정은 매우 폭력적인 장소였지만 레이첼은 타인과의 관계능력을 회복하고 스스로를 치유하는 데 오랜 기간 상당한 시간과 에너지를 쏟았다.

질은 모두에게 매우 화가 난 것 같았고 이러한 혼란에 대한 그녀의 참을성도 한계에 다다랐다. 그녀는 레이첼과 아이들을 떠나는 환상을 가지고 있었다. 레이첼의 말에 따르면 질은 소리치고 비명을 지르며 잔소리하고 고약하고 융통성도 없었다. 그들을 결혼하게 했던 결속력은 산산조각 났고 그들은 자신들이 직면하는 모든 문제에 대해 각각 극단적인 입장을 취하면서 분열되었다. 질과 레이첼은 둘 중 한 명만이 아이들과 있을 때 아이들이 더 침착하고 감당하기 쉽다는 사실을 발견했다. 둘이 같이 있으면 질과 레이첼은 서로에게 또는 아이들에게 소리치거나 질이 아이들에게 소리치면서 레이첼이 질에게 윽박질렀다. 레이첼은 질이 너무 엄격하고 잔인하며 상처가 되는 말을 자주 하기 때문에 자신이 아이들을 지켜야 한다고 믿었다. 레이첼은 질의 경직됨에 옴짝달싹할 수도 없었고 그들의 관계는 서로 언어적으로 학대하는 관계가 되어 버렸다고 했다.

1년 전에 엘리자베스가 떠난 뒤 몇 달이 지나서 레이첼은 저녁마다 질에게 아이들을 맡긴 채 그녀의 딸을 찾아 도시의 유흥가를 돌아다녔다. 그사이 아이들의 행동은 점점 나빠졌고 짜증과 싸움이 늘어 갔다. 헨리는 야뇨증 증상을 보이며 퇴행했으며 아만다는 자기 안으로 움츠리면서 방에 틀어박혀 책을 읽거나 인터넷상에서 친구들과 대화했다. 몇 달을 찾아도 엘리자베스의 흔적조차 찾을 수 없자 레이첼은 포기했다. 그리고 그녀는 낙담하고 화가 나고, 실의에 빠지면서 손주들에 대해 지나치게 보호적이 되었다.

질은 공공연하게 신체학대가 이루어진 집에서 자란 것은 아니었지만 그녀는 자신과 어머니를 언어적으로 학대했던 알코올중독자 아버지를 무척 두려워했다. 질의 하나뿐인 남동생이 가족의 사랑을 독차지했고 5남매의 장녀이던 질은 자신의 유년기는 존재하지 않는다고 말했다. 그녀는 부모님들이 일하는 동안 동생들을 돌보고 요리하고 청소하는 데 대부분의 시간을 할애했기 때문에 집을 나온 16세 이전의 삶은 '어머니 삶의 연장'이라고 묘사했다.

상담의 첫 회기는 그들이 주장한 대로 질과 레이첼만 참석했다. 그들은 결혼 후 일어난 일들에 대해 이야기할 필요가 있다고 느꼈다. 그리고 지금까지는 아무 말도 하지 않았지만 엘리자베스의 약물사용에 대해 걱정을 하고 있는 아이들에게 그것에 대해 이야기를 나눌 기회를 가지기 원했다. 두 사람은 이전에는 서로에게 열정적이었으나 지난 3년 동안 자신들의 삶에 커다란 변화가 있었다는 것을 언급해 주었다. 즉, 지금은 중독자로 길거리에서 고통의 삶에 허우적대는 결핍된 어른아동 한 명, 외상경험을 가진 두 명의 손주들에게 부모-양부모가 되어 가면서 겪는 좌절감이 이들 관계를 한계로 내몰았고 그 같은 관계의 긴장감은 참을 수 있는 수준을 넘어선 것이라고 보고 있다는 것을 간단하게 설명해 주었다. 내적 가족체계의 관점에서 보면 엘리자베스의 상실에 의해 이미 과부하된 고통은 더욱 심화되었다. 그리고 불가피한 조력자와 소방관은 고통을 경감하고자 움직여 왔다(HI). 의사소통의 다른 도전들 가운데 외상은 세대 간의 S1, S2, S3, 그리고 S4의 상호적인 연속성이 매일의 삶과 주간의 스트레스를 악화시켰고(HS), 리더십, 조화, 균형이 사회, 지역사회, 관계, 가족, 개인적 긴장의 결과물로서 제한적이었다. 가족 그리고 개인적 긴장(HO)과 질과 레이첼이 그동안 은퇴준비를 해 오긴 했지만 가족들은 소소한 변화를 경험했으며 결국은 어린아이들까지 기르게 되었다.

엘리자베스가 떠나기 전에 두 아이들에게 나타나기 시작했던 새로운 행동양식과 역량들은 사라졌고 아이들에게서 이전의 행동양식들이 다시 나타나기 시작했다. 여성 가장—지식과 능력뿐만 아니라 무지의 관계로 형성된 레즈비언 가정—을 둘러싼 강한 여성혐오증과 문화적 담론들은 지역사회 내에서 그 가족을 사회적·관계적·문화적인 면에서 한계에 도달하게 해 버렸다. 질과 레이첼 둘 다 충분한 급여를 받는 전문직 여성이었지만 그들은 전문직 이성애자 커플에게 제공되는 사회적 특권을 누릴 수 있는 것은 아니었다. 이 가족을 괴롭히는 그 밖의 다른 사회적 제약들은 성차에 대한 가설로 이어졌다. 최근에 주목받고 있는 점은(Golding, 2006), 문화적으로 퍼져 있는 고정관념을 거부하는 동성애자 부모들은 "아이를 기르고, 아이를 사랑하고, 부모자녀관계가 실현될 수 있도록 상호의존적으로 살고자 하는 강렬한 '욕구'를 가졌다."는 것이다. 이들은 "강한 개인 내적인 힘, 즉 그들과 그들의 아이들이 받아들일 수 없는 세상에 대해 이해하고 보호할 수 있는 능력"
도 필요했다. 그러나 질과 레이첼의 현재 상태로서는 그 어느 것도 불가능
했다.

현재의 다면적이고 복잡한 문제에도 불구하고 생물학적 · 관계적 · 문화
적 · 개인적 · 사회적, 그리고 지역사회의 관점에서 이 커플과 가족 사이의
단절과 제한점, 무력함에 압도당하는 감정들을 타개하기 위한 한 가지 방법
은 심리학적 가계도 놀이였다. 장난감들은 상징물로서 사람들은 선택한 상
징물에 억압된 것들을 표출한다는 가정에 기초한다. 가계도 놀이는 다음의
특징들을 통해서 가족들을 창의적이고 비언어적인 방향으로 융합시킬 수 있
을 것이다.

- 문제와 문제영역을 명료하게 설명하는 데 도움이 되는 평가도구로서의
  역할을 수행하기
- 고통, 갈등처럼 해결되지 않은 문제들을 명확화하기
- 문제적이고 기능적인 방식으로 다른 사람들과의 관계에서 자기인식을
  확인하기
- 문제를 외재화하는 것을 도울 뿐만 아니라 비유적 문제 혹은 장난감을
  통해 그 안에 내재된 은유적인 문제를 다루는 데 도움을 제공하기
- 가족을 치료의 방향으로 이끄는 첫발을 내딛게 하는 데 도움을 제공하기
- 자원을 확인하고 그것이 작용하는지 여부 확인하기
- 작은 장난감의 은유를 통한 목표 설정하기
- 평가에서 확인되었던 문제들을 진전시키기

엘리자베스를 제외한 가족구성원들이 첫 회기에 왔을 때 그들이 서로 닮
아 있었으며 서로가 서로에게 속해 있는 것처럼 보였다. 그들 간의 불화에도
불구하고 모두가 의자를 끌어당겨 본래의 세팅보다 더 가깝게 붙어 앉았다.
두 아이는 각각 발달상의 문제를 가지고 있는 것 같았다. 아만다는 13세라기

보다는 열 살짜리 아이처럼 행동했으며 헨리는 학교에서 겪는 어려움과 읽기와 수학을 둘러싼 문제를 종종 이야기했다. 헨리의 심리학습평가에서 '글자들이 머릿속에서 뒤죽박죽 섞여 있다.'고 표현한 것처럼 그는 난독증의 두 가지 유형을 보였다. 초반에 진행된 가족치료의 회기에서는 먼저 문제와 목표를 정의하고 가족구성원들이 어떻게 문제를 해결하고 싶은지 결정하도록 하였다. 그러고 나서 현재 함께 살고 있는 사람들에 대한 가계도를 그리도록 한 후 거기에 가족구성원들을 나타내는 상징물과 그들 간의 관계를 찾는 데 몰두하였다.

일가족을 위한 체이신(Chasin, 1989) 5단계를 수정하여 사용하였는데 이는 지속적으로 참된 자발적인 접촉이 이루어지는 평가단계에 중요한 구조를 제시했다. 상담사는 질, 레이첼, 아이들에게 그들의 문제와 가족들이 왜 모두 모였는지에 대해 설명해 주었다. 그리고 가족들이 자신들의 방법으로 문제를 진술할 뿐만 아니라 상담사 자신이 현재 이해하고 있는 것을 확인하거나 또는 수정하기 위해 그들을 초대했다고 덧붙였다. 상담사는 강제성 또는 무언가를 말하기 위해서 강요되는 것, 안전, 규율, 공간과 도구의 사용에 대한 지켜야 할 규칙에 대해서도 설명해 주었다. 중요한 규칙은 어떤 사람도 원치 않는 것을 하도록 강요하지 말아야 한다는 것을 강조하였다. 그러므로 사람들은 어떤 질문에 대해서 원치 않으면 대답하지 않아도 되고 "통과"나 "지금은 싫어."라고 말할 수 있으며 이런 원칙은 모든 활동에도 동일하게 적용된다는 점을 알려 주었다. 이런 규칙으로 묶여 있다는 것은 모든 사람이 안전함을 지키기 위해서 각자 최선을 다해야 하며 만약 불편함을 느끼게 하는 어떤 일이 생긴다면 참여한 모두가 그것을 멈추도록 도와야 한다는 또 하나의 규칙이었다. 또 다른 규칙은 레이첼과 질은 집에서처럼 아이들의 훈육에 책임이 있다는 점과 상담사가 어떤 요구를 해도 아이들을 훈육하는 것은 상담사의 몫이 아니라는 점을 분명히 했다. 그리고 상담사가 어떤 소품을 사용할 것인지와 언제 개입할지를 결정할 것이라는 규칙도 알렸다.

구성원 모두와 함께 참여하도록 치료적 연합을 형성하는 것은 모든 단계에서 필요하다. 그러나 특히 가족의 강점과 한계에 대한 논의는 모든 구성원들의 지지가 필수적인 문제탐색단계에서 더욱 필요하다. 치료목표는 함께 설정하고 가족 내에서 일어나고 있는 것들과 이들이 어떤 변화를 원하는지에 대한 권고, 인상, 통찰이 모두 공유된다.

아만다의 목표는 가족들과 보다 많은 것을 함께하고 "나나(레이첼)와 질이 좀 더 엄마와 아빠다워지도록 하는 것"이라고 말했다. 그리고 아만다는 만약 치료 효과가 있다면 가족들이 더 많은 것을 할 것이며 그렇게 함으로써 모두가 "좀 더 가족같이 느끼게 되는 것"이라고 말했다. 헨리의 목표는 의외로 '어지러움'을 느끼는 것이라고 했는데 이것을 위해 포옹이 도움이 된다고 덧붙였다. 헨리는 가족들을 돌보면서 아만다에게 더 놀고 싶은지 물어봄으로써 가족들을 도울 것이라고 말했다.

질의 목표는 '우울함'을 덜 느끼고 모든 것과 모두에 대해 덜 걱정하는 것이었다. 그리고 만약에 이 치료가 그녀에게 효과가 있다면 레이첼이 자신에게 "덜 짜증내고, 덜 불안해하고, 덜 불만스러워 하고, 덜 퉁명스럽게 할 것"이라고 했다. 레이첼의 목표는 모든 가족들 특히 질에게 지지적이 되도록 노력하는 것이며 질에게 화를 덜 내는 것이었다.

가족놀이 가계도를 제작하는 방법에는 가족이 모두 떨어져서 각자 작업을 하고 그 후에 다른 구성원들과 공유하게 하는 방법부터 한 장의 큰 종이에 가계도를 놓고 모두 함께 그려 나가는 방법에 이르기까지 여러 가지 방법이 있다. 우리는 이 가족에게는 각자가 가계도를 따로 그리도록 요구했다. 이때 상담사는 현재 함께 지내 온 직계가족의 가계도로 국한하였다. 두 아이들은 자신들의 엄마인 엘리자베스를 단호하게 가계도 구조 밖으로 빼 버렸다. 사실 이들은 오랫동안 분산을 경험한 가족으로 구성되어 있었다. 아이들의 과거경험은 폭력적인 새아버지와 함께 지낸 것, 위탁가정, 엘리자베스가 마약을 하는 동안에는 거의 낯선 사람과 지내면서 거의 유기에 가까운 경험을 하는 등 상당히 많은 무기력이 존재했기 때문에 우리는 다음 회기부터의 가계도에는 엘리자베스와 양부모, 위탁부모들까지 포함하기로 결정했다. 게다가

지금 당장 주의해서 해결책을 내야 하는 문제들은 이 네 명의 가족을 걱정스럽게 만들었다. 가족놀이 가계도는 가족들이 특정 문제에 대해 생각하는 방식이나 그들이 그 문제를 해결하기 위해 노력했던 방식들에 대해 변화를 가져올 수 있다.

지시사항은 "자기 자신과 가족구성원 모두에 대한 생각이나 감정들을 잘 표현해 주는 상징물을 고르도록 하는 것"이었다. 가족구성원 모두가 어떻게 가계도를 그리는지에 대해 설명을 들은 후 선반에서 자신이 선택한 작은 장난감 소품을 테이블로 가져오도록 지시받았다. 그리고 각자가 가져온 것을 이미 그려 놓은 가계도 안에 배치하였다. 이런 작업이 끝난 후에는 "가족 내 다른 사람들의 관계를 잘 묘사할 수 있는 작은 장난감을 고르도록" 요구한다(예: 너와 나나(레이첼), 너와 질, 너와 너의 형제자매). 이런 지시를 통해 가족들이 어떤 식으로든 특별히 어려운 하나의 관계로 좁혀 갈 수 있다. 이때 지나친 해석은 배제하는 것이 바람직하다. 효과적인 치료적 도구는 무엇이 거기에 있는지를 알려 주는 것이며 각자가 무엇을 느끼고 어떻게 생각하며 어떻게 다른 사람에게 말하는지를 알아차리도록 하는 것이다.

가족놀이 상담사는 가족들에게 함께 앉아서 완성된 가계도에 대해서 이야기를 나누도록 제안한다. 또한 필요하다면 어떤 가족이 다른 사람에게 가계도에 대해 질문하고 질문을 받은 가족은 그에 대해 답변하도록 부탁하고 그들의 상호작용을 지켜보기도 한다. 상담사가 의미확장에 도움을 줄 수 있다는 것만 인식해도 도움이 된다. 그것은 가계도에서 어떤 구성원이 자신을 표현한 곳에서 시작하여 의미를 모든 것으로 확장할 수 있다는 가정에서 작업을 한다. 상담사는 상징물들의 높이나 어떤 소품과 어떤 소품과의 관계에 주목할 수도 있다. 이것들이 어떤 방향을 향해 있으며 그것들의 관계 속에서 서로 어떤 방향을 바라보고 있는지, 소품들이 종이의 어떤 위치에 놓여 있는지, 어떤 소품과 어떤 소품이 유사하며 어떤 것이 다른지에 대해 주목할 수도 있다. 또한 상담사는 "만약 이 상징물이 서로 바라보고 있다면 이것들이 서로에게 처음으로 말을 할까요?"라거나, "만약 이 물건들이 말할 수 있다면 뭐라고 말할까요? 누구에게 말할까요?"와 같은 질문을 할 수도 있다. 놀이의 확장된 언어를 통한 은유를 전달하는 것이다. 이런 작업을 하는 것은 상담사에게는 보다 깊고 방어적이지 않게 그리고 더 드러나게 의사소통할 가능성을 자극할 수 있는 기회를 제공하는 것이기도 하다. 감정은 은유를 통해 그들이 보다 많은 것을 표현할 수 있도록 돕는다.

가족이 치료에 가져오는 역설적이고도 동시에 추상적이며 구체적인 문제들을 만들고 구체화하는 것은 축소하는 것만큼이나 가치가 있다. 근원적인 문제들에 접근하고 그것을 확인하기 위해 가족 가계도 놀이에서 작은 장난감이 사용되면 그것들을 종이 위에 올려놓는 것으로도 그들에게 압도적인 문제들이 작아질 수 있다. 한 명이 장난감을 조작하거나 움직이기 시작할 때 다른 한 명은 그것을 조작하는 것에 대해 다른 방식으로 생각할 수 있다. 만약 당신이 이런 치료적 방식으로 재료를 움직이고 더 나아가 그것으로 무엇을 하겠다는 결정을 하게 되면 평가는 치료가 되며 평가와 개입 사이의 반복적인 흐름은 치료적 형태를 갖춰 간다. 그리고 이것은 장난감이 지닌 은유와 그것이 상징하는 바를 통해서 완성된다. 뇌의 좌우 반구 사이의 교량역할을 하는 상징을 통해 의식과 무의식적 마음의 내용이 조직화되기 시작한다.

아만다의 가계도에서 그녀는 자기 자신을 정원으로 헨리를 표범으로 표현했다. 아만다는 크고 강하고 상당히 위협적이지만 보호하려는 헐크 같은 것으로 레이첼을 표현했는데 이것은 무서우면서도 동시에 자녀를 보호하려는 엄마의 모습을 상징한 것이었다. 또한 그녀의 가계도에서 질은 선글라스로 표현되었는데 그녀는 그것은 질이 선글라스를 자주 사용하기 때문이라고 말했다. 헨리와 아만다 사이의 관계를 표현하는 상징은 아름답고 환상적인 상징물이었는데 날개가 있고 칼을 든 것이 마치 닌텐도 게임의 마리오와 루이지 같은 캐릭터 유사했다. 그것을 아만다와 레이첼 사이에 놓았다. 그리고 아만다는 질과 자신 사이에는 질병과 치료의 의미를 동시에 가진 청진기를 놓아두었다.

헨리는 자신의 가계도에서 날개가 있는 유니콘으로 소생했다. 아만다는 작은 분홍색 마차로 레이첼은 사랑스러운 보라색 마차로 표현했다. 헨리는 질을 경찰차로 그리고 그 둘 사이의 관계를 요요로 상징화했다. 그와 아만다 사이의 관계는 하트모양의 지우개였으며 그와 레이첼과의 관계는 연꽃 안에 있는 비교적 큰 크기의 사슴이었다.

질의 가계도에서 그녀는 자신을 지구본으로 레이첼은 작은 개로 아만다는 풍차로 헨리는 우스꽝스러운 큰 얼굴에 커다란 미소를 가진 약간은 사람같지 않은 생김새의 생물을 놓았다. 관계를 표현하는 작업에서는 자신과 레이첼의 관계가 비행기로 아만다와의 관계가 스포츠카로 헨리와의 관계가 군용지프차로 묘사하였다. 이를 미루어 그에게는 탈출과 움직임이라는 주제가 있음을 알 수 있었다.

레이첼의 가계도에서 그녀 자신은 슈퍼 영웅이었고 아만다는 나비였으며 헨리는 낚싯대였다. 질은 바나나를 먹고 있는 원숭이였다. 그녀와 아만다 사이에는 돌고래를 놓아두었고 그녀와 질 사이에는 크고 밝은색을 띠며 꽤 무서워 보이는 생김새의 벌레를, 그녀와 헨리 사이에는 큰 바퀴가 달린 날렵한 스포츠카를 두었다.

은유적으로 상당히 풍부함을 지닌 이들 가족의 가계도에서 선택된 상징물들은 상실, 외상, 충실함, 자신과 타인의 보호, 조절, 질병, 탈출, 성장, 희망과 치료의 주제들을 탐색할 수 있는 의미를 제공해 주었다. 자신들의 어머니를 상실한 것과 두 아동들이 겪었던 초기 아동기의 학대와 외상은 그들이 엄청난 고통 안에 있던 고립들과 싸우도록 내몰았다. 아만다뿐 아니라 헨리의 분노 및 제어를 통해서 두 아동들은 고통, 슬픔, 상실, 수치, 자기 비난과 혐오를 억누르는 능동적인 힘을 부분적으로 지니고 있었다. 그리고 레이첼과 질을 좀 더 '엄마와 아빠처럼 만들고자 하는 아만다의 욕구는 그녀로 하여금 가족 내의 차이점을 다룰 필요가 있다고 느끼게 만들었다. 그녀는 문화적 수치와 병리적 담론들로 점철된 레즈비언 커플에 의해 양육되고 있었다. 상담사가 아만다의 정원 안에 담긴 요소들을 눈치챔으로써 아만다가 안정성과 '정상 혹은 평범함'을 갈망하고 있으며 작은 어린아이의 인생에서 처음으로 자신의 할머니와 그녀의 파트너와 살아가는 것의 결과로 일어나는 가능성들에 대해 어렴풋이 인식하고 있다는 것이 명확해졌다. 그러나 성별 및 억압, 약속, 사랑의 강력한 주제를 둘러싼 문화적 이슈를 탐구하는 것뿐만 아니라 가족의 소방관과 경영자 측면의 고립된 부분의 극심한 고통과 빠르고도 잔혹한 행동에 대한 개인적이고도 가족적인 탐구까지도 그 끝을 향한 여정을 구속하고 있었다.

레이첼, 아만다, 그리고 헨리는 엘리자베스를 잃고 나서 슬픔에 잠긴 반면 질은 화가 났고 애도하기를 거부했다. 가족구성원 모두(HI)에게서 도망가서 고통을 조절하려는 간절한 소망이 소방관의 역할이라고 보았다. 한 가지 결과는 레이첼과 손주들에 의해 만들어진 생물학적 권력영역에 삼각관계가 생기고 과장된 관계 속에서 커플의 입장에 편광을 만들었다. 질의 소방관이 점점 더 엄격해지고 덜 양보할수록 파트너와 아동들의 고통을 통제하려는 시도는 늘어났으며 그럴수록 레이첼의 보호적인 담당도 증가하였다(HI). 레이첼의 놀이 가계도에 등장한 영웅의 은유는 '주목하기'라는 기술을 통해 치료에서 계속 발견되었다.

그런 고통 가운데 있는 가족의 망명자는 모두로부터 비판을 받고 책임을 지도록 요구받기 때문에 자기 리더십을 개입하지 않을 수 없다. 따라서 비난받지 않고 병리화하지 않는 입장에서 지혜를 치유하고 내면의 자원들을 연결하는 능력에 대한 신념을 발견할 수 있도록 존중하는 협력적 태도의 연습이 필요하다. 내면의 가족체계 접근은 구성원 각자와 가족의 고통을 공감적으로 인증해 주는 작업을 통해 스스로에 대해 빠져나오는 부분들의 회복과 복구뿐 아니라 '유산의 짐'을 해소해 주는 촉진제이기도 했다. 사티어의 용어에 의하면 상담사들은 '자기'를 이끌어 주는 가족구성원을 통해 일관되고 안전한 의사소통을 촉진한다. 이런 방식으로 문제와 관련된 이슈들이 토의될 뿐 아니라 해결에 대해서도 협의를 낼 수 있다. 많은 죽음을 통해서 깊은 슬픔을 느끼는 가족들에게 흔히 있는 일은 길에서 죽은 무언가를 발견하게 되는 것에 대해 지속적으로 걱정을 한다는 것이다. 동시에 그와는 달리 그것

을 피하게 되어 아동들과 그들의 할머니도 엘리자베스에 대해 이야기하는
것을 피하고 있었다. 풍차, 보라색 마차, 비행기와 연꽃에 포즈를 취하는 큰
사슴은 최근 가족들이 선호하는 그림인데 이것은 이 과정을 통해 안정감을
제공받고 있다는 은유의 의미를 포함한다고 보았다.

가계도에 등장하는 경찰차와 요요를 주목하는 동안 헨리는 "그들은 돕는
다. 그들은 상처를 입었다. 그들은 당신을 돕는다. 그들은 당신에게 겁을 준
다. 위아래로 움직여서 나는 무슨 일이 벌어질지 절대 알 수 없다."고 말했
다. 놀이는 본질적으로 창의적인 문제해결과 대처, 앞을 내다볼 수 있는 기
능을 하며 단순히 즐거운 것 이상으로 아동을 위한 목적달성을 가능하게 해
준다(Russ & Niec, 2011). 이 같은 가정에 따르면 헨리는 아마도 질과의 관계
에 대해 작업을 한 것으로 이것은 그가 경험한 예측불가능한 것과 양가적인
측면을 언급한 것이라고 본다. 해결중심과 소망적인 관점에서 관심 갖는 것
은 즐거움을 위한 가능성인 동시에 요요나 경찰차에 내재된 보호와 같은 상
징을 제공하는 것이다.

장난감의 은유뿐 아니라 면대면 의사소통을 통해서 일련과정은 만들어지
고 반복되는 장면에서도 관찰되어진다. 어떤 사건에 영향을 받은 행동은 동
일한 곳에서 지속적으로 발생할 수 있는 가능성은 증가하며 새로운 행동이
나타날 가능성은 희박하다. 따라서 이것은 변신으로 이해될 수 있다. 질과
레이첼의 싸움에서 이런 일련의 사건은 굉장한 반복성을 띠고 나타났는데
이것은 긴장의 순간에 일어났고 문제를 해결하려는 어떤 시도도 막는 순간
이었다. 이 커플의 싸움에 대한 반응으로 헨리는 지속적으로 자신의 불안을
분노로 바꾸었고 아만다는 철회하였다. 이런 일련의 과정에 숨겨진 내용을
이해하면 압박이 그것을 야기하고 상호작용이 반복되는 것은 다음 활동인
원 프로젝트의 전조가 된다.

가족놀이 가계도에서 찍힌 사진과 심사숙고, 토의, 싸움, 잘못된 시작, 그
리고 문제에 대한 합의를 한 후 계속 이어지는 가계도 작업을 통해 문제를
위한 합의가 이루어졌다. 그들은 가족의 갈등을 문제로 선택했다. 놀이를 통

한 문제탐색은 사티어의 생존자 입장의 탐색(예: 비난하기, 회유하기, 초이성, 산만함)과 S4 일관성, 보웬의 다세대 전수의 예만큼 다양하다.

가족은 이 같은 문제의 상징으로 아주 크고 무섭게 생긴 벌레와 경찰차를 선택했다. 이것들은 원의 가장 안쪽에 옮겨 놓고 소품 아래 '가족이 싸운다.'라는 문장을 적어 놓았다.

가족은 한가운데 원 주위에 또 다른 원을 그린 후 선반에서 이런 문제를 나타내는 상징물을 여러 단계에 거쳐서 선택하면서 놀았다. 그들은 자신들을 도와줄 수 있는 인물이나 문제를 나타내는 상징물들을 계속하여 선택하였다. 이런 과정을 거치면서 가족들은 26개의 상징물을 골랐는데 그것은 각자 다른 자원들로서 도와줄 수 있는 사람들의 역할을 표현한 것이었다. 그들은 회기가 끝날 때까지 바깥 원에는 자신들의 목적을 달성할 수 있도록 돕는 사람들과 문제에 대한 전략이나 그것을 상징하는 소품으로 가득 채웠다. 최종적으로는 가족이 싸우는 문제가 해결되었을 때를 표현하는 한 개의 상징물을 고르게 하여 그것을 바깥 원 경계선에 놓았다. 가족들은 웃는 모양의 커다란 해님을 고르고 그것을 원의 경계선에 놓았다. 사진을 찍은 후 그 자리에서 프린트하여 가족에게 주면서 집에 가져가서 집 안의 가장 중요한 곳에 붙이도록 하였다. 그것은 그들이 문제를 다루기 위해 행했던 창의적인 전략과 강점을 기억하도록 하기 위해서였다. 이 같은 일련의 과정을 통해 가족들은 문제가 해결된 것처럼 느낀다.

첫 번째, 두 번째, 그리고 세 번째 단계는 그들이 할 수 있는 전략에 대해 어떻게 할 수 있는지에 대한 방법을 인식하도록 한다. 원 프로젝트를 하는 동안 갈등은 중앙에 놓여진 문제를 훨씬 능가하는 해결과 전략들에 의해 점점 작아진다. 원 프로젝트의 사진은 가족들에게 가능한 자원들을 시각화하여 보여 줌으로써 '가족이 싸운다.'라는 문제를 해결할 수 있는 여러 가지 전략들이 있다는 사실을 오래 기억할 수 있도록 한다.

두 번째 가족문제는 질과 레이첼이 모두 가정 밖에서 오랜 시간 일하고 있는 사실에 대한 염려를 다루었다. 이로 인해 아이들은 매일 학교가 끝나면

(HS) 뿔뿔이 다른 양육자에게 가야 하기 때문에 가족의 일상은 이미 엉망이 되었다. 아만다와 헨리를 위해서 내린 해결책은 그들이 방과후 프로그램에 참여하는 것이다. 그렇게 하면 두 아이는 질과 레이첼이 귀가하기 전까지 집에서 한 시간 정도만 둘이서 시간을 보내게 된다. 아만다는 베이비시터와 관련된 수업을 신청하여 짧지만 몇 번의 실습을 경험한 후 아만다 자신과 남동생을 돌보는 책임을 맡도록 하였다. 그리고 그들만 있을 때 도움이 필요한 일이 발생하면 전화하여 도움을 받을 수 있는 사람들을 연결해 주었다. 이런 과정은 아만다가 책임감을 가질 수 있도록 도왔고 연령에 적합한 자신감(HD)을 통해 문제행동을 잠재울 수 있었다. 이런 새로운 일련의 과정은 아만다와 전체로서의 가족에게 발달단계에 적합한 행동변화로 이것을 통해 자신감을 갖도록 지지해 주는 계기가 되었다.

발달적으로 가족은 미세한 변화와 계기를 경험하면서부터 질은 면담과정이나 가정 모두에서 자기 부부의 삶을 지금의 상태로 내몬(HD) 엘리자베스를 향해 강한 비난을 하면서 공개적으로 분개했다. 질은 50대 중반에는 아이들을 키울 수 없으며 특히 심각한 외상을 입은 아이들을 홀로 두지 않겠다는 점을(HS) 레이첼에게 끊임없이 상기시켰다. 왜냐하면 가족의 문제는 아이나 부모의 표출행동에 존재하기 때문에 구조적 가족치료의 용어처럼 부부의 '실행적인 하위체계'가 명백하게 증가할 수밖에 없다. 따라서 가족의 맥락에서 벌어지는 것에서 따로 떼어 강도 있는 회복적 작업을 할 필요가 있다.

두 아동은 모두 사회적 · 인지적인 지연(HD)의 문제를 가지고 있어서 추가적인 지출에 대한 고려와 아이들의 치과진료를 포함한 의료와 교육 지출에 대한 부담도 고려하지 않을 수 없었다. 이로 인해 이들 부부는 은퇴 후의 자금에 대해 불안이 증가될 수밖에 없었다. 발달지연과 가족구성원들이 맞닥뜨린 미세한 변화와 계기의 결과로 새로운 행동을 통해 진동을 약화시키고 자신감을 증진시키는 과정은 아이들이 '자기(Self)'에 대한 감각을 발달시킬 수 있게 도왔다. 더구나 한 단계에서의 발달은 다른 단계의 발달을 촉진하므로 아이들은 독립적이 될 것이며 연령에 적합하고 숙달될수록 커플은 커플의 외관으로 돌아올 수 있을 것이다. 아이들의 자신감이 연령에 적합하게 발달하면서 진동을 완화키는 것은 온 가족이 발달의 다각적 측면과 관련된 제한과 속박을 경감시킬 것이다. 가족이 관계적 수준으로 전환되면서 아동들이 보다 자신감을 가질 수 있게 될 것이다. 이것은 양육을 의미 있게 변화시킬 수 있는 여지와 의미의 조화, 매력 같은 관계적 절차도 증진시킬 것이다.

휘태커의 용어 가운데 대중적으로 알려진 용어인 '혼돈에 일신을 바친' (Keith & Whitaker, 1981)처럼 이들은 가족에 대한 개념이 적기 때문에 가족을 위한 놀이는 특별하고 중요한 개입이 될 수 있다. 가족 안에서 놀이는 부모들 사이의 언어적 행동은 자제하도록 하며 감정을 표현할 수 있는 방법을 제공해 준다. 이것은 적응적이고 긍정적인 행동을 촉진하도록 돕고 어려운 감정을 다루도록 격려해 준다. 놀이는 먼저 대상에 대한 반응이며 그 다음 대상의 탐색 그리고 궁극적으로는 대상의 상징적인 사용이다. 놀이는 아동의 발달에 밀접하게 연결되어 있어서 발달적인 수준을 반영해 주고 발달적인 변화를 촉진하고 적절한 기술을 연습할 수 있는 기회도 제공한다(Russ & Niec, 2011). 가족놀이상담사들은 아동상담사와 마찬가지로 '독특한 입장' (p. 4)을 부각하여 개인과 가족의 맥락에서 발달적인 변화가 일어나도록 돕는다.

더 나아가 다각도의 참조적 맥락 안에서 가족은 어떻게 조직되는지를 알기 위한 규준적인 지도를 가지고 있지 못하다. 따라서 가족은 구성원(HO)을 위해 최선의 구조와 조직으로 놀이라는 활동을 통해 정의 내리는 데 있어서 가족은 자유롭다. 가족의 리더십을 제대로 발휘하지 못하면 결국 건강한 희생과 양육과 조화와 소속감이라는 요소들을 통해 가족이 서로 연결되어 기능적으로 움직일 수 없기 때문에 불균형을 초래하는 제한으로 이어진다. 그러므로 가족들의 리더십과 조화를 증진시키는 것을 막는 것에 대해 협동적으로 탐색하는 것이 가장 크고 가능한 도전이다. 또한 이것은 일상적인 습관과 패턴화된 갈등으로 악화시키는 상호작용 없이 문제를 해결할 수 있도록 도울 것이다.

언급한 것처럼 엘리자베스가 이들의 삶으로 돌아온 것은 커플과 전체로서의 가족에게 긴장을 늘려 주는 역할을 하게 되었다. 동시에 중독수준이 심해서 해체적인 사람과 일상을 같이 하면서 긴장감이 해소되는 것을 방해받게 되었다. 뿐만 아니라 양쪽 부모들이 경험하는 일의 용량도 초과하기 시작했다. 질에 대한 레이첼의 비판적인 태도는 손주들(HS)과 엘리자베스에 대한 엄청난 죄책감을 가져왔으며 그로 인해 손주들을 즐겁게 하고 편안하게 만들겠다는 끊임없는 노력을 하게 하였다. 그런데 노력에도 불구하고 아동들이 좀처럼 변화하지 않는 것에 대한 질의 후회는 결국 이미 균형을 이루지 못하고 있는 심각한 체계(HO) 안에서의 커플에게 조화와 균형, 그리고 리더십에 대한 역할을 강요하게 만들었다. 문화적으로 전수된 낙인과 상처, 외상 그리고 슬픔을 겪고 있는 체계인 것이다.

가족놀이치료는 가족들을 고통의 영역으로 진입하게 해 주며 리더십의 주제나 다른 것들을 탐색할 수 있도록 하는 완벽한 방법이다. 부모들은 안전감, 자기보호, 그리고 자기위로와 같은 양육기술을 통해서 리더십을 탐색하게 된다. 또한 아동들에게 자신과 다른 사람들을 돌보는 방법을 가르치게 하여 가족 모두를 외상뿐 아니라 비난이나 불화를 상호주관적인 영역으로 가져오게 돕는다. 이 경우 질과 레이첼이 가진 서로에 대한 공생적인 적대감, 그리고 아동들을 향한 질의 적대감을 완화시키기 위해서 방어나 죄책감이 레이첼을 속박하는 것을 허물게 하는 등의 모든 주제들은 놀이를 통해서 평가될 수 있다. 더구나 레이첼과 손주들을 둘러싼 생물학적인 삼각관계는 가족놀이치료 회기마다 판타지와 가상, 그리고 다양한 관점으로 표현되었다.

놀이는 정보를 조직화할 수 있고 다양한 사고를 즐겁게 할 수 있도록 판타지나 상징들이 촉진하는 역할을 하여서 커플과 아동들이 인지적 · 정서적인 과정에 참여할 수 있도록 도왔다. 실제 싸움보다 장난감을 통해 공격성을 표현하는 것을 더 선호했다. 장난감을 표현의 수단으로 사용하는 것은 공격성 같은 강한 정서를 다루면 정서를 인지와 통합할 뿐 아니라 정서를 규제할 수 있는 과정을 위한 여지를 증폭시켜 준다. 더군다나 놀이와 장난감으로 하는 행동은 "가상놀이나 상상놀이처럼 내재적으로 창의적인 과정"에 기인하므로 변환적인 촉매제 역할을 한다(Russ & Niec, 2011: 7). 그리고 용어정의에 의해서도 놀이 자체는 즐겁다.

가족의 퍼펫인터뷰는 가족패턴을 관찰하고 가족 내에서 의사결정하고 가족구성원들 사이에서 상징적인 의사소통을 배울 수 있을 뿐 아니라 그자체로 재미를 더하기 때문에 유용하다. 이 모든 것들 중에 효과적인 균형과 리더십 조화를 형성할 수 있는 여지가 가족이라는 조직에 복잡하게 녹아든다. 가족의 퍼펫인터뷰(Gil, 1994)에서는 두 가지 점을 먼저 주지시킨다. 하나는 만들어지는 이야기는 알거나 경험했던 것인 아닌 가족들이 만들어 내는 것이어야 한다는 것이다. 그리고 또 다른 것은 가족의 특정 구성원이 뱀부터 공주까지 배열되어 있는 다양한 퍼펫을 골라 이야기를 만들어 간다는 것이다.

경영자와 지킴이, 그리고 연출자로의 역할을 하면서 레이첼은 경찰 퍼펫을 골랐다. 헨리는 상징적인 의미가 명확한 소방관 퍼펫과 소방서 물품들의 상징물들을 골랐고 질은 원숭이와 나비, 그리고 마술의 힘을 갖고 있는 원숭이를 골랐다. 다른 가족들이 마술의 힘에 대해 불평을 했지만 질은 원숭이의 마술적 힘에 대해 굴하지 않았다. 아만다는 여왕 퍼펫을 들고 그것을 '요정대모'라고 표현했다. 그들이 만든 퍼펫극을 녹화한 테이프를 보면서 레이첼이 연출자이며 커플 사이에서의 적대감으로 인해 퍼펫극이 진행되는 동안 지속적인 일탈이 일어나고 있음을 명백히 알 수 있었다. 질이 가만히 지켜보지 않았기 때문에 극을 계속 진행할 수 없었다.

가족들은 동물원에서 도망쳐 나온 동물들의 목록을 만들었다. 헨리가 고르고 역할을 맡은 뱀은 크고 툭 튀어나온 독이빨을 가진 크고 무서운 외모를 지녔으며 원숭이(질)는 탈출했다고 말했다. 이야기가 전개되면서 퍼펫극은 뱀을 위해 사냥을 떠났는데 소방관(헨리)은 먹이를 발견하자 호스로 물을 뿌리기 시작했다. 원숭이(질)는 가족들이 하는 모든 노력에 '징크스'라는 마법을 걸었기 때문에 여왕 대모(아만다)가 원숭이의 마술 힘을 빼앗아 버렸다. 원숭이가 어떤 사건이나 캐릭터에 모두 '징크스'를 걸고 결국은 강력한 소방관(헨리)과 경찰관(레이첼)을 죽였다. 요정 대모(아만다)는 나중에 이들을 부활시킨다. 다른 모든 동물들이 뱀(해리)을 잡고 요정 대모(아만다)는 원숭이(질)의 마법의 힘을 제거하여 '평범한 원숭이'로 만들었다. 삶이 다시 회복되자 경찰(레이첼)과 소방관(헨리)은 혼돈에서 길을 잃은 나비(질)를 발견하였다. 이 이야기는 요정 대모(아만다)가 원숭이(질)를 감시하여 모든 사람들이 안전하며 원숭이가 마법의 힘을 사용하지 못하도록 하는 것으로 끝을 맺었다.

이 이야기는 강자와 약자, 변신과 변화, 탈출과 감금을 탐색하는 좋은 길을 열어 주었고 상상과 상징의 풍부함을 보여 주었다. 가족치료뿐 아니라 외상과 상실을 다루는 과정에서는 이야기가 만들어지도록 유연성이나 응집력을 발휘하기도 한다. 가족이 어떤 이야기를 하며 각 부분들을 어떻게 놀이로 표현하는지를 관찰하는 것이 필요하다. 어떤 퍼펫을 선정하는지도 주목할 만하다. 또한 가족 각자가 어떤 것에 관심을 가지며 선택하는지, 어떤 스토리가 전개되며 그를 위해 각자가 서로에게 어떻게 연관을 맺어 가는지를 파악해야 한다.

상담사는 이야기를 해석하지 않는다. 단지 은유를 확인하고 확장하는 방식으로 반응하면서 이야기 속에 머무른다. 상담자는 질문을 통해 가족의 은유적 상상 속으로 들어가서 그곳에 오랫동안 머물며 생각한다. 외상경험으로부터 안전한 장소를 만드는 것과 같은 임상적 주제들은 '보다 더 가족 같은 감정'을 느낄 수 있는 목표를 만들었으며 무력감과 변화, 그리고 위험함과 안전함, 힘과 통제의 주제를 탐색하도록 했다. 치료에서 보다 더 가족 같다고 느껴지는 감정을 이끌어 낸다면 '걱정되고 불안하고 좌절되고 짧다.'고 느껴질 때 서로를 지지할 수 있을 것이다. 이처럼 은유를 통해 작업하는 것은 명확한 개입과 목표를 향해 가는 데 도움이 된다.

상담사는 은유를 지속적으로 유지하도록 헨리가 아닌 뱀이나 소방관에게 질문함으로써 가족들이 가능한 대안과 가능성들을 안전하게 탐색할 수 있게 도와야 한다. 예를 들어, 뱀에게 "호스로 물을 뿌린 소방관에게 너는 뭐라고 말하고 싶니?"라고 묻는다. 또는 소방관에게 "호스로 뱀에게 물을 뿌릴 때 어떠셨나요?"라고 물을 수도 있다. 이것은 가족들이 은유라는 통제권 안에서 머무르면서 이야기를 풀어 나가도록 하는 것이다. "네./아니오."로 답하게 하는 "왜"라는 질문을 피하고 설명을 하도록 하는 질문을 하면 이야기는 기초를 두고 계속 움직일 수 있다. 이런 임상적 주제는 구성원들 사이의 관계에 녹아 있다. 아웃사이더인 질의 역할과 서로 협력하지 못하는 질과 레이첼, 외상적 과거경험에 대한 헨리와 아만다의 관계, 자신들의 엄마의 상실, 최근 가족이 경험하는 모든 것의 영향력, 아만다의 무력감, 그리고 확고한 해리는 퍼펫의 은유 속에서 모두 관찰될 수 있었다. 뱀과 원숭이의 은유 속에 녹아 있는 것은 위험을 드러내고 있지만 동시에 변화와 평화를 가능하게 했다. 원숭이가 모든 것을 방해할 뿐 아니라 사람들을 죽이면서 동시에 악마 같은 계모가 되었지만 후에 변신하여 나비의 상징이 되었다. 가족구조 안에서 애착과 소속감은 부족했지만 힘을 유지하고 있던 그녀에게 그것을 현명하게 표현하도록 한 것이다. 경찰을 맡은 레이첼과 회피적이고 위축되어 있던 아만다는 힘이 자신 안에 녹아들게 해서 원숭이의 강압에서 가족을 안전하게 지키고자 했던 것은 반전이었다.

이런 체계적·관계적 주제들은 시작과 중간, 그리고 이야기의 끝, 때로는 가족이 위협을 맞닥뜨리기 시작하는 시점을 조심스럽게 따라가면서 확인하고 평가될 수 있다. 가족의 퍼펫인터뷰에서 위험한 괴수들은 대부분은 자신들의 우리에서 도망치는 것으로 시작된다. 상담사는 이야기가 전개됨에 따라 가족이 위협을 느끼는 것을 찾아야 한다. 이 사례에서는 다행히 힘과 마법을 얻은 후 가족 모두가 힘을 합쳐 뱀을 잡을 수 있었다. 그리고 이 이야기는 가족이 위협을 무력화시키도록 일렬로 힘을 합치고 변신과 안전이라는 것을 발견하는 것으로 마무리되었다. 어느 정도의 결단은 필요했지만 죽음과 재생, 그리고 변신이라는 것을 통해 새 삶이 가능해졌다.

가족의 퍼펫인터뷰는 강화시킬 필요가 있는 관계패턴을 지적해 줄 수 있다. 치료 후반에는 비밀악수와 같은 가족게임이나 면봉 던지기 시합을 활용하여 즐거운 연결점을 제공할 수 있다. 면봉 던지기 시합은 애착연결이 취약할때 양육자와 아동들 사이의 애착을 증진시켜 주는 활동이다(Gil, 개인적인 대화 중). 여기서는 아만다와 질, 레이첼과 헨리가 각각의 팀이 되어 면봉을 탁자 너머에 있는 그물로 던져서 넣는 것인데 이 게임의 목표는 가족의 동맹과 연결을 형성해 주는 것이다. 가족의 퍼펫인터뷰의 은유를 통해서도 유사한 종류의 연결을 격려했는데, 예를 들어 경찰관과 원숭이, 그리고 나비 혹은 다른 하위그룹들 간에 차를 마시면서 대화를 나눌 때 위협에 대한 언급도 하였다. 회기들은 녹화되므로 다음 회기에 필요하다면 이전의 그 부분으로 되돌려 보면서 앞에서 언급한 것들의 개입을 새롭게 시도해 볼 수 있다. 퍼펫을 통해 새로운 연결을 만들어 내는 것은 외로움과 고립, 외상 같은 감정을 완화시켜 준다. 또한 위험이 또다시 닥친다 해도 어떤 일이 벌어질지에 대한 탐색을 할 수 있어서 가족을 위한 새로운 양육적인 활동을 만들어 낼 수 있다.

주 단위로 이루어지는 치료회기를 시작하면서 헨리가 보이는 야경증의 강도나 빈도는 심해졌으며 가족체계에도 긴장감이 더해졌다. 따라서 두 아동들을 위해 안전에 대한 기술을 확대하는 기회를 주기 위해 모래상자 위에 안전한 장소를 건설하는 것을 추가했다. 그 후 '대처기술 우산'*(Goodyear-Brown, 2010)을 활용하였으며 보다 긍정적인 대처기술인 호흡법과 이완활동을 가르쳐 줬다. 커플과 함께하는 애착과 외상에 대한 탐색적이고 심리교육적인 회기는 이런 전략들을 가정에서도 활용할 수 있도록 도왔다. 헨리가 소리 지르고 비명을 질러서 집 안 전체를 깨우는 야경증은 가족 전체를 힘들게 했기 때문에 '지금과 나중'이라는 기법으로 전체 가족에게 개입하여 변화를

---

* 역자 주: 문제처럼 갑자기 닥치는 상황에 젖지 않고 있을 수 있는 다양한 대처와 방법들로 상황을 조절할 수 있는 개인의 능력 및 자원을 의미함.

시도하였다(Goodyear-Brown, 2010). 이 방법은 가족이 함께 커다란 종이를 세 번 접는다. 그리고 첫 번째 칸에는 '지금', 세 번째는 '나중에'라고 쓴다. 이때 주된 핵심문제로 야경증을 다룬다면 가족에게 다양한 미술재료로 콜라주를 하면서 헨리의 야경증에 대한 경험들을 표현하도록 한다. 즉, 가족들은 '지금'이라는 쓴 첫 번째 칸과 '나중에'라고 쓴 칸에 각각의 이미지를 콜라주로 채우도록 한다. 두 번째 칸에는 문제를 해결할 수 있는 작은 한 단계를 형성할 수 있을 것 같은 콜라주로 표현하도록 한다. 가족들은 두 번째 칸의 콜라주에 치료에서 작은 시도들을 포함하여 넣고 가족이 서로 신체적으로 정서적으로 서로를 지지할 수 있는 수만 가지의 방법을 콜라주에 표현한다. 후에 가족들은 질의 고향이며 질과 레이첼이 신혼여행을 가고 싶어 했던 아일랜드로 일주일 동안 가족여행을 떠나는 것을 계획한다.

의사소통에서의 문제는 종종 구조화되지 않는 가족체계에서 비롯되며 리더십의 부재에 기인한다. 의사소통은 건강한 가족의 기능에 핵심적인 측면으로 상위체계 구성원들 사이에서 결핍이 있다면(이 경우에서는 레이첼과 질) 정서적인 리더십과 그것의 구성요소, 양육과 보호, 자율성과 연결감, 공평함과 유연성, 정서적인 문제해결, 책임감과 갈등의 규제, 그리고 미래의 목표를 향해 협응하기와 같은 것이 부족할 수밖에 없다. 이들은 온 가족이 여행을 계획하면서 커플은 가족을 위한 리더십을 발휘하게 되었으며 의미 있는 미래의 목표를 향하게 되었다.

어쨌든 가족에서의 질의 위치는 가족을 받아들이고 만드는 부분에 동의하는 측면에서 레즈비언 계부모가 되는 것이므로 여전히 복잡한 것으로 남아 있게 되었다. 아이들을 자신들의 관계의 '패키지'로 수용하는 계부모는 그녀를 계속 고민하고 후회하게 만들었고 '혼합적인 혈육과 선택'을 어떻게 배울지 알게 되었다(Weston, 1997).

레즈비언 엄마들의 자녀들이 이성애자 엄마의 자녀들과 차이가 있기보다는 유사성이 더 많고 레즈비언 엄마들의 자녀들이 이성애자 엄마들의 자녀들과 사회적·심리적·인지적·성적 차이가 있지 않다는 것이 연구를 통해 밝혀질지라도 사실상 측정할 때 같은 성의 부모들에 반해 이성애자 부모들에게 더 많은 사회적 가치를 둘 수밖에 없다는 것을 여성주의 작가들이 신랄하게 지적하고 있다(Kranz & Daniluk, 2006). 같은 성을 가진 커플에 대한 문화적인 차별이 지속되었기 때문에 질과 레이첼은 학교나 친구 부모들에 의해 차별이나 선입견이 있는 대우를 경험했다. 최근에는 질이 학교로 아이를 데리러 갔을 때 다른 부모들이 질에게 침을 뱉고 소리를 지르는 일이 벌어졌다. 아만다와 헨리는 이 광경을 목격했는데, 그 후 몇 일 동안 아이가 학교 가기를 거부하여 커플을 위축시켰다. 그런데 이 사건은 질이 도움을 요청하기 위해 자신에게 다가오는 아이들에게 헌신하며 기능할 수 있게 하는 계기가 되었다.

가족은 범세계적인 지역사회로 연결되어 있지만 가족이라는 체계 속에 간직하고 있어서 구성원들은 통제권이 없다. 아이들에게 엄마가 둘이라는 사실은 반드시 탐색되어져야 한다. 다른 가족들처럼 이들도 정체성과 의식과 전통, 그리고 문화가 필요하며 동시에 다른 가족과 다르게 여성차별주의자와 동성애 공포증의 문화집단적인 의식도 살펴봐야만 한다.

이런 다각적 측면에서 변화를 촉진하는 것은 가족이 변화를 만들어 내는 유일한 요소라는 것을 이해해야 한다. 그리고 서로가 하나의 팀으로 안전하게 연결될 때에 위협에 성공적으로 맞닥뜨릴 수 있으며 영향력이라는 공간 안에 안정감을 형성할 수 있게 된다. 사티어는 문제를 해결하는 것이 일반적으로 문제를 어떻게 해결하는지에 대한 방법을 배우는 것보다 덜 중요하다고 믿었다. 이를 토대로 스웨어러(Swearer, 2006)의 문제해결 놀이치료를 소개한다. 그는 문제를 해결하는 다섯 단계를 힘(power)의 머리글자를 따서 가르쳤다. 즉, P는 문제(Problem), O는 선택(Option), W는 어떤 선택이 가장 최선인지(Which option is best)를 나타내며, E는 선택을 실행(Execute)하는 것, R은 얼마나 잘 작동했는지 평가(Rate)하는 것을 나타낸다. 퍼펫놀이를 통해 질이 학부모로부터 침세례를 맞은 학교 마당에서의 장면이 재연될 때 힘(power: 문제, 선택, 최선의 해결, 실행, 그리고 평가)이라는 용어로 다시 탐색되었다. 어떻게 하면 학교에서나 이웃 사이에서 그리고 가족들 사이에서 안전감을 보다 잘 경험할 수 있는지에 대한 질문으로 확대되기도 하고 때로는 아이들에게 휴대 전화를 사 주는 내용이 포함될 수도 있다. 이런 제안들은 녹음되었고 가족의 모래상자에 안전과 관련된 모든 요소들이 표현되면 이것들을 기록에 남길 필요가 있다. 이런 사건에 대해 학교 행정가들과 경찰에 알려서 사회적인 공의와 안전에 대한 법적인 채널을 만들어 주어서 아이들이 과거에 경험한 것과 같이 체계 속에서 덜 두려워할 수 있도록 도와주어야 한다. 물론 문화적인 규준이나 전형성을 제공하듯이 경찰을 개입시키는 것이 최선의 행동은 아니다. 이런 과정들은 첫 음절 찾기 작업에서 계속 탐색되어 'W'(어떤 선택이 가장 최선인지)나 문제해결책을 찾는 것이 최선인지를 검토했다. 이 같은 탐색과정은 법적인 처분을 이미 경험했던 아이들에게 좋은 기회를 줄 수 있다.

가족이 의사소통에 성공적인 다리를 놓기 시작하고, 커플이 편광적인 위치와 역할을 이해함으로써 상대방과 아이들에게 일치감을 느끼기 시작하면서 엘리자베스의 부재가 치료의 핵심부분으로 등장했다. 아동들은 외상경험에서 심각한 상승을 경험하였기 때문에 안전감과 이완, 그리고 호흡 같은 활동으로 연결을 경험할 수 있는 게임으로 되돌아올 필요가 있었다. 명확한 경계선과 지지, 그리고 자기를 찾는 기술적인 방법들을 통해서 가족이 안전한 치료적 장소를 만들면서 외상적 기억을 충분히 담을 수 있는 버텨 주기 환경을 유지할 수 있어야 한다.

체계이론에 이론적인 일격을 가하고 사회구성주의에 대한 비판적인 시각을 가지는 치료적 변화를 따라가면서 내재적인 가족체계에 잘 맞춰가는 다양한 각도의 작업들을 시도하였다. 이것은 이 가족체계 안에 복잡하게 얽혀 있는 일련의 역사, 발달, 조직, 문화, 그리고 성정체감 수준을 이해할 수 있도록 돕는다. 다각도의 체계에서 놀이치료를 활용하는 것은 상담사가 넓은 범주에서의, 즉 풍부한 역사와 가족치료의 모든 모델들의 최근 진화에 의해 이루어진 기술들을 사용할 수 있다. 다각도 체계 모델에서 작업하는 것은 생물학, 인간, 관계, 가족, 지역사회, 그리고 사회라는 생물심리학적 연속선이라는 측면에서 평가되고 적용할 수 있다.

만약 21세기 가족치료가 모든 가족구성원들을 포함하는 것을 중요하게 여긴다면 이론적으로 아동을 포함할 수 있도록 발전되어야 하며 가족치료분야에서 이런 것들은 필수적으로 가르칠 필요가 있다. 상담사들이 아동을 포함한 모든 연령의 가족을 만나는 것에 적응해야 한다. 또한 최선의 임상기술뿐 아니라 새로 발달된 이론적인 기초를 통해 만나고 있는 커플의 관계에 녹아 있는 문제의 이야기도 작업할 수 있어야 한다. 상담사들은 이런 다체계 모델은 모두가 포함되는 것에 초점을 두고 회기마다 때로는 전체적인 치료 회기 차트를 총체적으로 아우르는 청사진을 사용할 수 있어야 한다. 놀이라는 은유 속에서 활동과 새로운 의미를 위한 활동은 서로 연결되어 새롭게 의미를 창출할 수 있다. 작업들은 어렵고 복잡할 수 있지만 성장 속에 내재된 혼돈을 가져오고 그와 같은 혼란은 새로운 것을 창출하기 위해 낡은 구조를 깨부수면서 자기조직화의 원리에 의해 체계는 점점 더 커지고 조직화되며 복잡해지면서 소멸된다. 양쪽 모두 가능하지만 만약 자기 조직화가 변화와 성장을 위한 필수조건을 만든다면 상담사는 가족의 두려움과 외상, 상실, 슬픔, 그리고 실망 같은 것들을 복잡하게 조작할 수 있게 촉진한다. 어린 아동들이 이런 작업에 참여하면 가족놀이치료는 변화를 위한 강력한 수단이 되며 궁극적으로 변화는 달성되게 된다.

제**5**장

가족과 함께하는 이야기 놀이치료

● Alan McLuckie and Melissa Rowbotham

　정신건강을 담당하는 상담사의 경험에 의하면 가족은 상담현장에 올 때 그들의 어려움을 문제라는 용어로 규정지어서 온다. 이런 문제들은 주로 가족원들을 '문제'로 명명한 후 가족체계 안에서 영향력을 휘두르기도 한다. 이런 일이 반복적으로 일어나면 가족들은 독립적인 객체라는 사실을 잊은 채 자신의 기술, 지식, 그리고 강점을 의심하기 시작한다. 다행인 것은 임상적 경험에 의하면 이야기 안에 녹아 있는 문제는 희망에 대한 가벼운 언급을 포함하고 있으며 때로는 '노하우'의 증거가 되기도 한다는 점이다. 문제가 가족체계에 영향을 미치는 확장된 역사를 가지고 있다면 가족의 자원을 건드리고 그들의 기술과 '노하우'를 찾아내는 것은 결코 쉬운 일이 아니다. 한계에 다다른 가족은 정부나 학교의 사회구조에 녹아 있는 인종차별과 같은 체계 억압적인 힘에 의해 빚어진 어려움에 직면할 것이다. 그런 상황에 처한 가족들이 새로운 가능성의 출현을 지지하며 잊혀진 자원들을 재연결시켜 줄 수 있도록 돕는 상담사와 작업하는 것은 여러 가지로 도움이 될 것이다. 불행하게도 상담사들은 해결책의 근원을 찾아야 하는 전문가라는 입장과 치료적 관점을 받아들임으로써 아동과 가족에게 부정적인 영향을 미치는 더 넓은 사회적 요인을 드러내는 데 실패하고, 지나치게 아동과 가족 안에 존재하는 문제의 영향력을 강조하게 된다.

가족과 함께하는 이야기 놀이치료를 향한 우리의 여정

나는 1990년대 중반에 학부에서 사회복지사로 훈련받았고 가족체계와 정신역동 전통의 통합에 바탕을 둔 프로그램으로 석사과정을 마쳤다. 석사과정 중 나는 개인심리치료와 가족치료를 함께하는 전형적인 상담기관에서 일하게 되었다. 아동의 정신건강 문제에 대한 특별한 관심을 가지면서 나는 정신역동의 전통적인 훈련을 받았다. 젊은 시절의 이 같은 훈련은 허그-헬무스(Hug-Hellmuth, 1921)와 멜라니 클라인(Melanie Klein, 1955) 그리고 안나 프로이트(Anna Freud, 1969)를 포함한 아동심리치료와 놀이치료의 영향하에 머물렀다. 이 같은 나의 정신역동 경향성은 경험주의적인 패러다임(Poulter, 2005)으로 이어졌으며, 어린아동들과 함께하는 아동중심 놀이치료(Axline, 1969)와 청소년이나 성인과 함께하는 내담자중심치료(1989)를 주로 하였다.

나는 특수교육 교사로 일하면서 동시에 학교체계 안에서 '문제아'로 규정되는 아동들과 함께 정신건강상담사로서의 여정을 시작하게 되었다. 내가 근무한 환경이나 행동수정의 훈련에 영향을 받아서 나의 초기 치료적 접근은 의료통합(remedial-accomodativie) 패러다임(Poulter, 2005)에 기반을 두고 있었다. 이런 실천 패러다임은 아동의 행동적·사회적·정서적·인지적 영역의 역기능에 대해 '정상'이라는 기준을 가지고 있었으며 이것을 아동에게 적용하여 '이상이나 비정상'을 줄이는 것에 목적을 두었다. 이런 경험에 근거하여 나의 상담에 관련된 석사과정의 훈련은 주로 인지행동치료(CBT)의 적용을 강조한 치료적 접근이었다.

나[알란 맥러키(Alan McLuckie), 이후 AM]는 온타리오에 있는 지역센터에서 아동을 위한 정신건강 프로그램에 참여했던 2000년 겨울에 독립적인 여정을 시작할 수 있었다. 나는 여기서 4세에서 16세까지의 아동들과 그들의 가족에게 심리사회치료 프로그램을 제공했다. 나는 열정을 가지고 취약한 아동들과 작업했는데, 여기서 오는 좌절과 내가 추구하는 문제중심의 치료는 아동들을 지나치게 병리적으로 보게 했다. 가족체계 안에서도 의미 있는 변화를 거의 찾아볼 수 없었다. 마치 회기 동안 나 자신도 문제 이야기의 일부가 된 것처럼 느껴졌으며 치료과정에서 부모를 포함하여 보다 의미 있는 방법을 찾기 위한 노력을 거의 하지 못했다. 이때 우연히 아동과 가족의 작업에 회원재구성방법과 이야기 접근을 적용해 보았다. 이런 이야기 접근은 마이클 화이트(Michael White)와 주디스 마이어스 애비스(Judith Myers Avis, 1997)와 함께 훈련을 받으면서 작업했으며, 놀이를 기반으로 한 치료로 수정하였다.

화이트는 동료 데이비드 엡스턴(David Epston)과 함께 일하면서 긍정적인 치료종결 수단으로 사용되는 언어의 권력과 이야기를 이용한 실천의 새로운 패러다임을 창시했다(White & Epston, 1990). 이야기치료가 사회구성주의의 치료적 가치, 사회구성주의적 사고, 평화주의적인 공동협력적 관계, 그리고 가족과 함께 의미를 만드는 것을 강조하는 것으로 개념화되고 실천되는지에 관심을 가지게 되었다. 화이트가 치료대상으로 구성주의적 수준의 권력에 대한 결론(예: 사회 정치성, 성, 문화, 사회적 대인관계)을 포함한 것은 특히 흥미로운 것이라 볼 수 있다. 문제중심적이지 않은 '새로운' 치료접근은 에너지가 넘치고 희망을 불러일으키고 변화를 지지하여 가족에 관여하는 새로운 가능성의 세계를 열어 주었다. 또한 놀이치료 원리와 실천을 접목하는 이야기 접근을 시도하면서 어린 아동을 포함한 가족에게 더 용이하게 접근하고 풍부하게 기술될 수 있도록 수정되었다. 치료를 위한 주된 방법은 언어로 하는 상호작용에 의존하지 않았다. 이야기 접근에 발달적으로 적용한 우리의 방법은 놀이를 아동의 '자연스러운 의사소통의 수단'으로 보았다(Landreth, 1991). 이런 형태의 작업을 이야기 놀이치료(McLuskie, 2002)라고 부른다.

초기의 우리 작업에서 이야기치료와 놀이치료의 교점을 문헌적으로 살펴보는 작은 노력이 있었다. 우리의 이런 실천을 알리기 위해서 이야기 분야의 작업과 놀이치료 분야의 다양한 범주를 적용하기 위해 『심각한 문제에 대한 놀이적 접근』(Freedman, Epston, & Lobovits, 1997), 『이야기치료란 무엇인가?』(Morgan, 2000; 고미영 역, 2003*)『아동과 가족을 위한 놀이치료』(White & Morgan, 2006)란 책들을 썼다. 이 자료들은 뛰어난 것들이지만 치료의 관점에서 보면 넓게는 비논리적인 방식으로 놀이와 예술적 기술을 적용하며 주로 이야기의 원리와 실천에 근거를 두고 있다. 새로운 시도는 드라마 치료에 근거를 둔 놀이치료 모델에 많은 이야기 원리와 절차를 종합한 책을 쓴 앤 카타나(Ann Cattanach, 2002, 2006, 2008)에 의해 제공되었다. 특히 발달적 놀이치료와 이야기 놀이치료(Cattanach, 2006)를 활용한 『아동과 함께하는 놀이에서의 이야기 접근』이라는 수 제닝스(Sue Jennings, 1999)의 책은 우리에게 많은 감흥을 주었고 이 장에서 언급한 여러 작업에 녹아 있다(Cattanach, 2008).

이 장의 목표는 이야기 놀이치료의 조직의 실천집단을 형성하는 데 기여하고자 함이다. 구체적으로 우리의 경험은 아동과 가족의 작업에서 비롯되었고 가족치료라는 맥락에서 이야기 놀이치료를 적용하였다. 이 장에서는 이야기치료를 지탱해 주는 관련 이론들을 간략하게 리뷰할 것이고 아동과 가족을 대상으로 놀이치료 접근을 기술하고자 한다.

가족과 함께하는 이야기 놀이치료: 핵심적인 이론과 원리

이야기치료의 기초에 놀이치료적 실천과 원리를 통합한 우리의 이야기 놀이치료는 근본적으로 아동을 위한 발달적 접근이 용이한 치료로, 화이트의

---

*역자 주: 고미영 역(2003). 이야기치료란 무엇인가? 서울: 청목출판사.

모델(White & Epston, 1990)을 바탕으로 한다. 이 분야에 대해 이미 출간된 서적들과는 달리 상담과정에 치료놀이적 요소(예: 그림 그리기)를 선택적으로 사용하였다. 반면, 전통적인 이야기치료에서는 상담사들이 놀이치료와 이야기치료에 각각 탄탄한 근본을 갖고 있도록 격려한다. 이런 접근은 근본과 실천이 이야기치료에 근간을 두어서 이론적으로 드라마치료에서 놀이를 기본으로 한 접근과 수 제닝(Sue Jenning)의 발달적 놀이치료나 카타나(Cattanach, 2006)의 것과는 다소 다르다. 우리의 접근과 카타나(Cattanach, 2006)의 접근의 차이는 일대일 치료로 아동을 개입시키기보다는 전형적으로 가족치료 맥락에서의 이야기 놀이치료를 적용한다는 점에 있다.

이 장에서 우리는 이론의 불필요한 리뷰에 지나치게 연연하지 않으려고 한다. 다만, 임상가들에게 이야기와 놀이치료에 대한 탄탄한 근본이론을 배워 자기 것으로 소화시키라고 강조하고 싶다. 이것은 쓸모없는 기법의 적용(예: 외재화 작업 또는 퍼펫 작업)이 치료회기에서 연결되지도 않고 영향도 미치지 못하는 상태로 전락할 수 있기 때문이다(Jordan & Hickerson, 2003).

이야기치료, 놀이치료, 가족치료의 토대가 되는 원리와 이론을 심도 있게 연구하는 것은 이 장에서 표현되는 범위 이상이 될 수 있다. 때로는 추가적인 자료들도 제안할 수 있다. 예를 들면, 아동중심 접근(Axline, 1969)에서 따온, 발달적 놀이치료(Jennings, 1999)와 가족기반 놀이치료와 가족놀이치료(Gil, 1994)가 그 예다. 그 안에는 특별히 하이디 카드슨(Heidi Kadson)과 찰리 세퍼(Charles Schaefer, 1997), 그리고 라이애나 로웬스타인(Liana Lowenstein, 1999, 2001, 2010)의 연구들에 포함된 놀이기반 기술들이 중점이 되고 있다.

놀이치료와 가족체계에 관련된 이런 모델에 존재하는 확장적인 문헌(Kaslow, Dausch, & Celano, 2003)을 통해 그들의 존중받을 만한 이론적인 기본들에 대한 충분한 토론을 하도록 권유하고 싶다. 다음 장에서는 이야기치료에 토대를 둔 주된 이론적 개념에 대해 중점적으로 다룰 것이며 어린아동들을 포함한 가족과 만날 때 이런 개념을 어떻게 치료에 적용할지에 대해 밝히고자 한다.

『이야기치료: 선호하는 이야기의 사회적 구성』(김유숙 외 공역, 2009*)에서는 꽤 압축적이고 접근가능한 네 가지 원리를 기술하였는데, 이것들은 이야기치료에 철학적 · 이론적 기초를 제공한다. 이 원리들은 다음과 같다. ① 사회적으로 구성된다. ② 실재는 언어를 통해 구성된다. ③ 실재는 이야기를 통해서 지속되고 형성된다. ④ 어떤 근본적인 진리란 없다. 이런 간략한 신념의 기반이 되는 것은 이야기치료와 그 이론적 토대에 어느 정도 노출되었던 독자를 향해 집중한다. 좀 더 깊은 탐색을 위해서 프리드먼과 콤스(Freedman & Combs, 1996)가 쓴 『이야기치료: 선호하는 이야기의 사회적 구성』(김유숙 외 역, 2009)을 읽어 볼 것을 권유한다.

가족치료를 향한 사회구성주의의 접근

이야기치료는 1990년대 사회구성주의적 관점의 세계관(Gurman & Messer, 2003)을 받아들이는 실천의 새로운 패러다임을 제공하였다. 치료 안에서 사회구성주의적 사고를 하는 것은 가족체계의 사고로부터 떨어져 나오는 것을 의미한다. 가족체계의 사고란, 예를 들면 가족 환경 안에서 대인관계의 상호작용으로 유지되거나 체계로부터 발생하는 인생의 문제를 포함한 개인의 실재를 의미한다. 즉, 사회구성주의적 사고는 문제를 포함한 사람의 실재, 한 예로 우리 자신과 우리 세계에 대해 지키고자 하는 개인적 이야기나 이야기가 보다 넓은 환경 안에 있는 구조적 권력의 영향에 의해 그 안에서 발생하는 대인관계의 상호작용을 통해 유지된다고 본다. 사회구성주의적 사고 안에서의 환경은 가족구성원을 포함하지만 더 넓게는 문화, 역사, 사회정치적 권력을 포함한다. 구조주의적 권력(예: 성, 인종, 민족성, 계급)은 사람의 개인적인 이야기를 형성하는 맥락을 제공하며 세상 안에서 상호작용하여 일상의

---

* 역자 주: 김유숙, 전영주, 정혜경 역(2009). 이야기치료. 서울: 학지사.

사건에 의미를 부여하는 데 영향을 미친다(Morgan, 2000). 발달적 맥락(예: 가족맥락과 더 넓은 환경)을 고려하는 것은 억압에 의해 지배되는 개인적인 이야기를 구성하도록 돕기도 하지만 개인적인 이야기의 특권을 충만하게 촉진할 수도 있다.

사회구성주의 상담사들은 우리 자신에 대한 이야기가 고립되어서 구성되는 것이 아니라 다른 사람들의 영향력에 독립적이거나 사회적 맥락에 영향을 받는다고 가정한다. 우리의 인생 이야기는 우리가 누구인지를 포함하며, 우리의 부모로부터 받은 유전적인 정보의 산물이나 가족의 양육에서 단순히 유발된 것이 아니다. 그보다 우리가 누구라는 감각(예: 우리의 개인적인 이야기)을 지니기 위해서 의미를 끌고 올 수 있는 이미 존재했던 이야기의 발달적 맥락에서 시간을 지나 공동으로 구성된다(Brown & Augusta-Scott, 2007).

내 생각에 사회구성주의 이론을 따르는 디자인은 아니지만 브론펜브레너(Bronfenbrenner, 1979)의 생태학적 체계 안에서 개인의 이야기가 어떻게 전개되고, 체계, 즉 넓은 사회문화체계(거시체계)나 가족체계의 내적 핵심이나 부모자녀관계성(미시체계) 안에서 어떻게 발달하는지를 잘 묘사한다([그림 5-1] 참조). 각 체계 안에서는 서로 왕래가 이루어져서 가족의 수준은 개인의 인생 이야기에 지대한 영향을 미친다(Bronfenbrenner, 1979). 각 체계 안에서 이루어지는 상호거래는 아동과 가족의 실재에 영향을 미친다. 예로, 아동과 가족이 병원과 같은 건강보험(거시체계)과 관련된 정부의 정치에 의해, 그리고 부모가 직장에서 경험하는 원칙의 경험에 의해(외체계), 아동들이 학교에서 갖는 기회(중간체계)에 의해 만들어질 수 있다.

안타깝게도 브론펜브레너(Bronfenbrenner, 1979)의 모델은 강압적인 구조의 권력에 도전하는 청사진을 제공하지도 못했을 뿐 아니라, 아동이나 가족이 특정의 사회적 맥락에서 모두 동등한 입지를 갖는 것도 아니라는 사실의 중요성도 명백하게 설명하지 않았다. 사회문화적 권력은 아동과 가족에 의해 동일하게 경험되지 않는다. 더 넓은 거시체계를 포함하여 다양한 사회의 수준 안에서는 모든 사람이 같은 권력과 특권과 기회를 가지고 있지 않다.

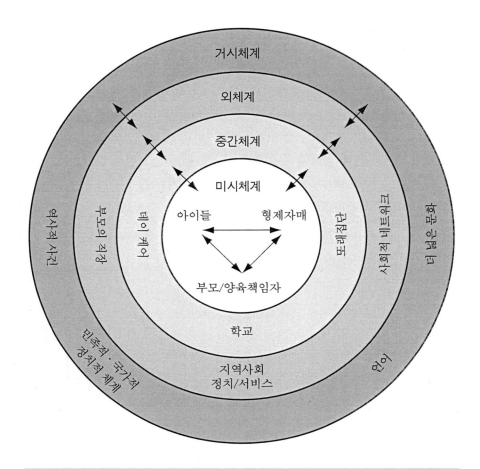

[그림 5-1] 문제 구성하기와 해결책 적용하기(Bronfenbrenner, 1979)

사회구조는 다른 집단의 억압의 결과로 생긴 사회의 특권적인 위치를 유지하는 방식의 지배적인 집단에 의해 종종 사회적으로 구성된다. 예를 들어, 인종차별은 여전히 북미 맥락에 존재한다. 인종/민족성, 성, 성 선호도, 연령과 신체적 능력 같은 요소들에 근거한 차별은 주된 기관(학교나 고용 영역), 그리고 사회 내에 속한 아동과 가족에게 끊임없이 장벽을 치곤 한다. 이런 권력들이 아동과 가족의 발달에 부정적인 영향을 미치기 때문에 사회의 이런 가능한 자원들의 억압은 치료적 맥락 안에서 드러나고 도전받을 수 있다.

실재: 언어를 통해 구성되다

　　언어는 이야기 상담사들에게 중요한 수단이다. 사회구성주의와 이야기치료에서는 언어가 실재를 구성한다(Freedman & Combs, 1996). 언어는 사람들과 사회가 실재를 구성할 수 있는 매개의 역할을 한다. 언어는 과거를 반영해 주고 사회적 실재를 현존하게 만들 뿐 아니라(예: 문화적인 규준과 사회적 가치), 문화적·언어적 맥락에서 시간을 아울러 우리의 실재를 구성한다(Bruner, 2004). 사회구성주의적 사고를 하던 발달심리학자인 비고츠키(Vygotsky, 1962)는 문화적인 실천에 대해 언급하였다. 그는 그것이 세대를 거치면서 아동에게 전수될 때, 언어는 도구로 작용하면서 개인, 가족, 집단, 그리고 시간을 뛰어넘는 문화를 구성하게 된다고 보았다.

　　이야기 상담사는 종종 병리적이고/문제화하여 꼬리표를 붙이는 것이야말로 언어권력이 아동과 가족의 실재를 구성하는 주된 예로 보았다. 우리의 경험에 의하면 ADHD나 반항성 적대장애 같은 정신과적 진단은 빈약하고 비맥락적인 태도임에도 불구하고 아동의 실재나 개인적인 이야기의 측면을 기술하는 데 도움이 되기도 한다. 진단은 아동과 가족이 교육적인 체계나 건강 의학 체계 안에서 문제의 본질을 '합법화'하는 정보와 서비스에 접근할 수 있게 한다. 그리고 이 같은 꼬리표는 안타깝게도 아동의 실재, 행동의 측면을 기술하는 것에서 주요한 관계들, 부모나 선생님과 기관(학교)의 관점대로 아동을 정의 내리는 입장을 취한다. 사회 안에서 이 같은 구체적인 과정을 고려하지 않게 되면 사람들은 아동의 삶의 이야기를 구성하고 내부에서 발생하는 성향과 일치할 수 있는 그런 행동적 목록 같은 실재를 정의 내리기 위해서 다른 실재(예: 정신진단체계 통계편람, DSM-IV-TR, APA, 2000)와 같은 도구를 창출하게 된다고 프리드먼과 콤스(Freedman & Combs, 1996)가 경고하였다. 정신건강 측면에 대한 교육 부족과 낙인에 의해서 대다수의 대중이 '말썽꾸러기'나 '까다로운 아동' 또는 '역기능적인 부모'와 같은 병리적인 용어(예: ADHD와 ODD)와 일치시키는 경향이 있다. 이런 꼬리표는 아동이 가진 이야기의 다른 측면보다 문제를 보다 선명하게 드러내는 결과를 초래한다. 우리는 아동이 다루기 쉽지 않은 행동패턴을 보인다고 간주하기보다 다루기 어려운 질병을 경험하고 있다고 보면서, ODD(반항성장애) 진단을 받은 아동의 가족이나 선생님들을 포함하는 작업을 해 왔다. 이 같은 꼬리표들은 아동들과 부모가 문제의 본질을 충분히 이해하는 데 방해가 될 뿐 아니라 문제에 대항하여 이겨 낼 수 있는 개인적인 기술과 지식에 대한 시각도 상실하게 만든다. 상담사들과 놀이상담사들처럼 치료적 실천현장에서 사용하는 언어와 꼬리표들의 잠재적이고 압제적인 측면을 비판적으로 살펴볼 필요가 있다.

다수의 이야기치료 관련 문헌에서는 아동과의 개입에 초점을 맞추는 문서들을 포함하여 긍정적인 치료적 결과와 실천모델을 위한 언어의 중요성을 강조하였다(Freedman et al., 1997). 문서란 활자화된 상호작용(예: 회기 안에서 경험된 내용들에 대한 중요한 문서 및 기록)의 이차적인 강조와 함께 상담사와 아동, 그리고 가족의 언어적인 상호작용을 치료의 주된 연결점으로 강조한다. 여기에 어린 아동들을 위해서 놀이상담사들이 의사소통의 형태로서 놀이에 가치를 두는 것을 추가한다. 액슬린(Axline, 1969)은 놀이상담사들에게 놀이의 가치를 강조하였는데, "놀이치료란 놀이가 아동들의 자기표현의 자연스러운 수단이라는 사실을 바탕으로 한다"(p. 9). 그리고 랜드레스(Landreth, 1991)도 액슬린의 작업을 정교화하면서 놀이를 "아동의 자연스러운 표현언어"로 기술하면서, 의사소통할 때 장난감을 언어에 비유한 바 있다(p. 11).

이야기치료 문헌(예: 외재화를 놀이적 개입으로 하거나 드라마식의 역할놀이로 하는 것/ '문제'를 그림으로 표현하는 예술기법)에서 놀이를 기반으로 한 개입을 기술할 때, 언어를 위주로 한 의사소통이나 상호작용에 놀이를 접목시키거나 아동을 참여시키려는 수단으로 놀이를 활용하였다. 다수의 사례에서 이 같은 놀이를 기반으로 한 개입은 놀이치료 이론과 대부분 일치하는 적절한 형태다. 따라서 특히 어린 아동과 작업할 때 놀이치료 개입은 치료에 통합적이며 의사소통의 형태로 놀이의 중요성이 강조될 수 있다. 어린 아동을 포함한 가족과 치료적으로 작업할 때 놀이와 놀이기반의 개입은 발달의 평형장치가 될 수 있음을 고려해야 한다.

피아제(Piaget, 1954)는 놀이가 아동이 실재에 대한 감각을 가질 수 있도록 도우며 세상을 생생하게 경험할 수 있도록 돕는다고 언급했다. 연령과 관련된 인지적 능력과 관련된 이론에 의하면 전조작기(2~7세)나 구체적 조작기(7~11세)의 아동들과 치료적 작업할 때는 구체적이고 현실적인 놀이의 개입이 바람직하다. 위니컷(Winnicott, 1971)이 "아동들은 보통 놀이에서 나타나는 끊임없는 신비로움을 내포할 수도 있는 언어의 지배는 별로 받지 않는다."고 주장한 바에 동의한다(p. 39).

가족치료 회기를 진행할 때, 모든 가족구성원들을 회기에 모두 포함시키기 위해서 가장 낮은 발달단계에 적용할 수 있는 치료적 개입을 포함하는 것이 필수적이다. 그런데 전조작기와 구체적 조작기의 사고를 하는 가족(7세 미만)부터 형식적 추상적 조작기(11~12세 이상의 형제자매나 부모, 양육자)의 가족들까지 확장된 범위의 가족들을 포함한 경우에는 모든 가족이 참여할 수 있도록 추상적 사고의 수준을 요구하는 복잡한 언어적 상호작용을 뛰어넘는 놀이기반 개입을 선택해야 한다. 그들이 추상적인 토론을 선호한다 할지라도 (상담사로부터 격려와 지지를 받으면서) 부모나 나이가 많은 형제들이 놀이기반의 활동에 참여하도록 이끌 필요가 있다. 그것은 어린 아동은 발달상 추상적 사고로 이동하는 것이 어렵지만 부모와 형제들은 추상적 사고에서 구체적인 사고(감정 그리기 같은 놀이활동에 참여하는)의 수준으로 인지적·발달적인 이동이 가능하기 때문이다. 그러므로 가족 전체의 개입을 결정하면 낮은 발달단계를 고려한 목표를 설정한다. 또한 구체적 조작기의 아동이 포함될 때는 놀이치료를 포함하는 것이 좋다. 가족치료에서 놀이치료를 함께하는 것에 대한 보다 많은 논의를 위해서는 셰퍼와 캐리(Schaefer & Carey, 1994)의 글을 권한다.

실재: 이야기를 통해 구성되고 유지된다

언어는 사회구조를 구성하고 유지하는 데 주요한 역할을 하는 이야기와 스토리의 핵을 형성한다. 우리 자신에 대해 유지하는 개인적인 이야기와 내가 누구인지에 대해 스스로 언급하는 것(Bruner, 2004)은 지금까지 영향을 받아 온 사회적 기관(예: 가족, 학교, 법)에 의해 결정된다. 그리고 구두나 문자로 전해 내려오는 전통과 타인과의 관계(Ernde, 2007)를 통해 우리를 정의 내리게 한다. 브루너(Bruner, 2004)에 의하면 우리의 사회적 기관에 녹아 있는 이야기들은 우리 사회의 문화적 천을 조직화하고 만든다는 것이다. 이야기는 현재에서 사회구조를 조직화하고 유지시킬 뿐 아니라 미래에는 개인적, 가족, 그리고 사회적 기대와 규준(Ernde, 2007)을 구성한다. 예를 들면, 이야기를 통해 전해 내려오는 가족 전통은 '평범한' 가족기능을 고려하는 미래의 관점에 영향을 준다. 동시에 부모나 아동이 어떻게 '행동해야만 하는지'를 구성한다. 법의 틀 안에서 문서화된 전통은 개인, 가족체계, 집단, 그리고 문화가 정상과 비정상을 나누는 것에 대한 강렬한 사회적 이야기를 형성할 수 있다. 한 예로, 동성끼리의 결혼을 합법화하는 것은 전통적인 이야기가 정상이라고 규정하는 것에 도전인 셈이다. 그것은 이성 간/이성이라는 규정적 렌즈로 제한하지 않은 채, '부부'나 '가족'에 다양한 가능성을 확장하려는 시도이기 때문이다.

상담사들은 사람들이 자신에 대해 유지하고자 하는 이야기, 즉 경험에 의미를 부여하는 이야기(White & Denborough, 1998)를 이해하려고 노력한다. 특히, 상담사들은 어린 자녀들과 가족들에 의해 지배적으로 유지되는 문제가 녹아 있는 전형적인 이야기들을 탐색하고 해체하려고 한다. 그들의 행동과 내면의 사고(그들의 실재에 대한 이야기들)에 대해 개인과 작업할 때 상담사들은 이야기의 '주제(지배적 이야기)'의 영향력을 이해해야 한다. 상담사들은 아동이나 가족과 회기 내에서 작업할 때, 독특한 결과를 잘 들을 수 있어야 한다. 더 나아가 가족의 새로운 이야기의 기초를 형성할 수 있는 대안적인 혹은 선호하는 이야기를 제안할 수 있어야 한다. 우리의 경험상 치료에 오는 아동과 가족의 이야기 안에 내포된 지배적인 이야기는 잘 발달되어 있다. 안타깝게도 문제가 녹아 있지 않은 대안적인 이야기들은 아지랑이처럼 미약하다. 가족체계 안에서 치료를 진행하는 동안 이러한 이야기나 주제들은(지배적 혹은 선호하는 이야기) 대안적인 이야기가 뿌리내릴 수 있도록 사고하는 과정과 행동을 튼튼히 하고 문제의 영향력을 약화시키면서 함께 공존한다.

화이트(White, 1997)는 인류학자 클리포드 거츠(Clifford Geertz, 1973)의 작업을 연구하면서 의미 있는 형태로 실재를 이해하기 위해서는 어린 자녀나 가족들에 의해 이야기를 풍부하게 만들어 가는 것이 치료적으로 중요하다는 점을 강조하였다. 그는 사람들(예: 상담사와 가족구성원들)이 이 같은 행위와 사고에 대한 의미를 나눌 수 있게 한다면 행위와 사고과정들을 풍부하게 기술할 수 있다고 보았다. 따라서 놀이기반 개입은 기본적으로 상담사들이 아동의 이야기를 풍부하게 기술할 수 있도록 접근하는 방식이다. 반대로 치료회기 중 아동의 실재에 대해 빈약한 기술이 이루어진다면 상담사가 아동과 작업할 때 놀이나 예술을 기반으로 한 개입의 역할을 소홀히 다루면서 지나치게 언어적 의사소통의 방식에 의존한 결과일 수 있다.

프리드먼 등(Freedman et al., 1997)과 화이트와 모건(White & Morgan, 2006), 그리고 모건(Morgan, 2000)은 아동들과의 치료회기에 놀이적 개입과 예술적 기술을 그들의 이야기치료에 포함시킨 바 있다. 그런데 이 같은 개입이 때로는 아동의 실재에 대한 의미를 나눌 수 있도록 촉진하며 풍부한 기술을 할 기회를 상실하게 만드는 주변적인 것이 될 수도 있다. 카타나(Cattanach, 2006, 2008)와 테일러 드 파오이테(Taylor de Faoite, 2011)는 놀이와 예술기반의 개입은 그들의 상호작용 중심에 놓지만 실천의 핵심이 되기보다는 이야기치료에 도움이 되는 방식으로 사용하였다. 이야기 놀이치료에 대한 우리의 관점은 가족회기에서 추상적인 언어적 토의에만 참여하지 않고 놀이나 예술적 개입을 하되 이야기치료 실천과 과정이 중심이 될 수 있도록 해야 한다는 것이다.

포스트모더니즘과 다각도의 실재: 근본적인 진실은 없다

이야기치료는 포스트모던적 사고로부터 형성되었다. 이것은 유일한 실재가 아니라 사람과 사회 사이에서 협력하는 다양한 실재가 공존한다고 보았다. 치료에 대한 근대주의적 접근은 본질에 대한 환원주의적이며, 가치목적적이고 명확한 이해를 위해 '사례'에 대한 사실에 집중해야 한다. 그리고 치료는 '망가지고' '고쳐야 할 것'이 무엇인지를 아는 것이다. 이런 접근에서는 무엇이 기능적 또는 역기능적인지(예: 가족기능), 정상과 비정상(예: 가족구조), 합리적 또는 비합리적인(예: 어린 자녀와 가족구성원의 사고패턴) 것이 무엇인지에 대한 근본적인 진실이 존재한다고 보았다. 반면, 사회구성주의의 관점을 가진 상담사들은 주관성과 의미를 형성하는 것에 관심을 가지므로 삶에 대한 기본적인 진실은 존재하지 않는다고 보았다. 프리드먼과 콤스(Freedmans & Combs, 1996)에 의하면 인생은 '다각도의 관점'(p. 34)을 가지고 있어서 옳고 그름은 개인이나 가족에게 특별한 순간에 가장 잘 맞는 것으로 대체되어야 한다. 또한 확실성을 가지고 안다는 것은 부분적으로 안다는 것으로 바꿔야 한다(Brown, 2007).

우리의 경험상 아동과 가족을 위한 치료에 대한 사회구성주의 관점은 아무것이나 적용할 수 있다는 것과 일맥상통하는 것은 아니다. 한 예로, 이야기 놀이접근이 사회구성주의 모델을 받아들인다 해도 실천에서 모든 기법을 적용한다는 것을 의미하지는 않는다. 이야기 놀이치료를 적용하는 다양한 방법이 있으며, 이것은 카타나(Cattanach, 2006)가 지향하는 것과 다르다는 점이 이를 어느 정도 뒷받침해 준다. 이것은 사회구성주의적 접근이 아동과 가족을 독특하다고 보는 것임을 재확인시켜 준다. 아동의 어려움은 한 가지의 진단으로 줄어드는 것도 아니고, 가족 문제가 '융합'과 같은 관계적 어려움과 동일하다는 것도 아니다. 사회구성주의 관점을 지향하는 상담사들은 모든 사람이 자신들의 다른 이야기를 지니고 있다고 믿는다. 그리고 그것은 '풍부한' 방식으로 이해될 필요가 있으며 가설에서도 자유롭다는 믿음을 가치롭게 여긴다. 우리의 경험에 의하면 개인과 가족은 지배적인 이야기에 도전하는 과정에서, 그리고 그들이 앞으로 기대하고 선호하는 이야기를 고정시킬 때, 자신이 누구인지에 대한 다양한 이야기를 가지고 싶어 한다.

치료적 위치: 통합, 비계대화, 그리고 탈중심화 하기

아동이나 가족과 협동적 관계를 형성하고 유지하는 것이 이야기의 핵심이다. 그 같은 관계를 형성하기 위해서 상담사는 치료적 관계에 존재하는 권력의 차이를 이해하고 반응해야 한다. 그런 협동적인 관계에 효과적으로 개입하기 위해서는 상담사가 자신과 가족 간의 권력차이에 기여하는 상담사의 개인적인 요인을 포함한 변화의 힘을 지각하기 위해 비판적이고 반영적인 과정에 참여하는 것이 중요하다. 이런 요인들은 나이, 성, 인종, 사회경제적 위치, 그리고 성적 선호도 같은 요인에서 비롯된 권력과 같은 근원뿐 아니라 전문가의 역할(예: 사회복지사, 심리학자 같은 역할 내에 있는 권력)에 내재된 입장과 관련된 권력도 포함한다. 모건(Morgan, 2006)은 상담사가 삶을 구성하는 권력관계로부터 분리되지 않고서는 절대 중립적이 될 수 없다고 언급했다. 치료적 관계에 존재하는 권력을 다시 정리하기 위해서는 브라운(Brown, 2007)의 논문을 추천한다.

모건(Morgan, 2006)은 아동과 치료적 관계를 맺으면서 존재하는 권력의 차이를 이해하는 것이 중요하다고 했다. 특히 상담사와 아동 사이에 존재하는 발달적·인지적 능력과 관련된 권력 불균형이 있다. 앞에서 언급했듯이 아동을 포함한 가족과 작업할 때 놀이는 유익한 발달적 평형기가 된다. 따라서 상담사들은 가장 낮은 보편적 발달적·인지적 수준을 맞추기 위해 놀이기반의 개입을 사용할 필요가 있다. 카타나(Cattanach, 2006: 92)는 이런 관점에 동의하면서 이야기 놀이치료에서 "관계의 평정은 아동의 이야기가 펼쳐지는 것을 촉진한다"(p. 92)고 언급했다.

모건(Morgan, 2006)은 치료적 관계에 존재하는 권력 차이를 조정하기 위해서 상담사가 어떻게 그들 스스로 아동과 가족과 관계 맺는지를 정해야 한다고 주장하였다. 상담사들은 전문적 기술의 연속선상에서 자신들이 어느 위치에 있는지(예: 치료적 위치가 떨어지는 곳) 아는 것은 매우 중요하다. 이런 연속선상의 한 축에는 상담사의 전문적 지식과 기술이나 특권이 자리 잡는다. 또 다른 연속선상의 끝은 탈중심적인 위치로, 상담사는 아동과 가족의 노하우와 기술을 중요시하면서 그들을 자신들의 치료의 전문가로서 중심에 둔다(Morgan, 2006). 가족의 노하우와 기술은 문제에 대한 지식을 포함하여 그들의 삶의 경험을 통해 발달되어 온 것이며 선호하는 이야기가 나타날 수 있기 위해 지지받아야 하는 부분이다.

치료적 관계에서 탈중심적으로 남기 위해서는 경계와 반영이 필요하다. 대부분 경험이 풍부한 이야기치료 전문가들조차 치료의 중심적인 위치에서 벗어나기 위해 끊임없이 노력한다. 모건은 아동의 경험에 의미를 만들 수 있도록 여지를 남기는 질문을 할 때 탈중심화된다고 스스로 느끼고, "마음속에 있는 특정 대답을 꺼낼 수 있거나 문장을 만들거나 아니면 답이 암시되는 것 같은 방법으로" 질문하면서 중심화된다고 언급했다(Morgan, 2006: 64). 그는 상담사들이 어떻게 하면 지식과 권위를 가지고 있지만, 탈중심적으로 남을 수 있는지에 대한 딜레마의 해결을 위해서는 스스로 호기심을 갖는 위치에 계속 머물러야 한다고 했다. 상담사가 자칫 잘못된 '알지 못함의 자세'를 가지는 것보다 자신의 기술이나 지식이 부분적일지라도 더 잘 아는 편이 낫다고 브라운은 덧붙였다. 구체적인 언어의 적용과 상관없이 상담사의 알지 못하는 위치는 자신들의 지식을 버린다는 것을 의미하는 것은 아니다. 그것은 가족의 이야기나 문제의 본질, 또는 새로운 이야기를 향하는 길에 대해 아는 능력에 한계가 있음을 인정하는 것이다(Cattanch, 2006).

탈중심적인 치료적 위치를 받아들인다는 것은 상담사가 영향력을 미치지 않는 입장에 있다는 것을 의미하지는 않는다. 우리는 치료에 있어서 자유방임에 가까운 '탈중심적이면서 영향력을 미치지 않는' 치료적 위치를 주장하는 것이 아니다. 우리는 모건(Morgan, 2006)과 프리드먼과 콤스(Freedman & Combs, 1996)가 말한 것처럼 이야기치료가 탈중심적이지만 가족의 이야기를 바꿀 수 있는 영향력을 미칠 수 있는 데 도움이 되는 지식과 기술을 지녀야 한다고 주장한 것에 동의한다. 모건은 영향력을 미친다는 것의 핵심적 측면은 치료의 성과, 개인의 이야기를 이끄는 것이 아니라고 보았다. 그는 영향력을 미치는 태도로 놀이중심 기법을 통한 비계형성에 도움이 되는 치료적 질문을 하고 치료과정에서도 다양한 반응을 제공함으로써 아동과 가족의 기술과 지식이 보다 풍성해져서 지배적인 이야기에 대항할 수 있는 지식과 기술을 습득하도록 도와야 한다고 언급했다.

화이트 역시 상담사가 치료과정에서 가족의 지배적 이야기를 선호하는 이야기로 바꿀 수 있도록 비계형성을 위한 대화를 함으로써 영향력을 미쳐야 한다고 말했다(White & Morgan, 2006). 알려지고 익숙한 것(예: 사고와 행동의 익숙한 방식)과 가족구성원이 알고 성취가 가능한 것 사이에는 차이가 존재한다(White, 2006). 화이트는 사람들이 새로운 이야기와 문제와 관련된 관계성을 만들기 위해서 그 사이의 틈은 왔다 갔다 하는 것이 필요하다고 제안했다. 화이트는 "적절한 비계형성 없이는 이런 틈을 지그재그로 왔다 갔다 하는 것은 결코 쉽지 않으며…… 이런 종류의 비계는 사회적 공동협력에 의한 결과가 될 수 있다"(White, 2006)고 말했다. 이 같은 비계과정에 대한 감각을 키우기 위해서는 화이트가 비고츠키의 개념을 설명한다. 비고츠키(Vygotsky, 1986)의 연구가 초기 아동기의 학습과 발달에 집중해 있기는 할지라도 화이트는 근접발달영역(ZPD)과 관련된 그의 이론이 이야기치료와 관련이 있다고 가정했다(Vygotsky, 1986). 특히 화이트는 비고츠키의 근접발달영역이론이 어떻게 상담사가 새로운 학습(예: 사고와 행동의 새로운 가능한 방법들)을 치료회기의 대화 속에서 질문하고 상호작용하면서 형성할 수 있는지를 개념화하는 데 도움이 된다고 보았다. 비고츠키(Vygotsky, 1978)는 근접발달영역를 다음과 같이 정의하였다.

> 아동이 자신들이 편안하게 이미 알고 있는 것을 스스로 해결하는 것과 또래 혹은 어른의 지도를 통한 협력 안에서 문제를 해결하고자 결정할 때, 가능한 발달 사이에는 차이가 있을 수 있다(p. 86).

비고츠키(Vygotsky, 1962)는 개인들은 다른 사람과 독립된 채, 발달하고 학습하고 성장하고 변화하지 않는다고 본다. 오히려 발달은 사회적인 상호작용의 효과로 발생한다. 화이트(White, 2006)는 치료적 맥락과 관련하여 이야기 대화에서 영향력 있고 중심적이지 않은 태도를 보일 수 있도록 비계를 형성하는 것이 가족구성원들에게 기회를 제공하며 다룰 만한 방식으로 근접발달영역을 통과하도록 지지한다고 보았다.

어쨌든, 화이트는 비고츠키가 놀이란 것을 근접발달영역(ZPD) 내에서 주요한 요인으로 본 것을 중요하게 생각하지 않았다. 앞에서 언급한 내용을 보면 가족치료 내에서 선호하는 이야기를 함께 만들어 가도록 아동을 참여시키기 위해서 필수적인 비계를 제공하는 큰 발달적인 척도가 바로 놀이라고 보았기 때문이다. 비고츠키(Vygotsky, 1962)는 아동들에게는 놀이와 근접발달영역의 반영을 공유하는 발달적 지표에 다가갈 수 있게 하는 핵심은 놀이라고 제안하였다.

> 놀이란 아동의 근접발달영역을 만들어 낸다. 놀이에서 아동은 언제나 그들의 평균연령과 일상행동을 뛰어넘을 수 있고, 놀이를 통해 자신보다 머리 하나는 큰 것처럼 행동할 수 있다. …… 아동은 놀이에서 정상적인 행동수준을 뛰어넘기 위해 노력한다. 놀이와 발달의 관계는 지시·발달 관계와 비교

될 수 있지만 놀이는 더 넓은 특성을 지닌 의식과 욕구에서 발달의 배경을 제공한다. 놀이는 발달의 근원이 되고 근접발달영역을 만들어 낸다. …… 아동은 놀이활동을 통해 기본적으로 앞으로 성장할 수 있다(p. 16).

이야기치료의 질문과 개입에 놀이기반 기법을 통합함으로써 아동들은 선호하는 이야기를 위한 새로운 가능성들을 상상해 낼 수 있다. 그들은 놀이를 통해 사물들을 다룰 만한 크기의 조각으로 잘라 낼 수 있는 적절한 비계를 제공받을 수 있다(예: 정서나 문제 같은 추상적 내용). 더 나아가, 상담사가 아동과 일대일로 치료하는 것과는 다르게 가족 전체를 치료적으로 개입하기 위해서는 근접발달영역 내에서 보다 성숙한 또래, 혹은 형제자매나 아동과 성인과의 상호작용을 통해 비계를 형성해 갈 필요가 있다. 놀이나 질문, 치료적 관계를 통해서 상담사는 아동과 가족의 노하우, 기술, 그리고 선호하는 이야기를 풍성하게 만들기 위해 비계를 형성하도록 도와야 한다(Freedman et al., 1997).

가족과 함께하는 이야기 놀이치료의 과정

이야기치료를 하는 상담사로서 우리의 목적은 아동을 포함한 가족과 협력적인 자세를 가지면서 그들의 개인적이고 가족적인 이야기를 해체하여 삶의 실재에 대해 풍성한 의미를 만들고 이해할 수 있도록 돕는 데 있다. 즉, 우리는 지배적이고 압도되는 이야기의 영향력을 전문가인 아동과 가족이 깨달을 수 있도록 함께 작업하는 것이다. 동시에 문제가 녹아 있는 이야기에 도전할 수 있는 다시 발견된 이야기(대안적인 이야기 혹은 선호하는 이야기)를 형성할 수 있도록 한다. 또한 의미 있는 방식으로 가족이 가진 지식과 행동을 연결시키고 확장하는 방식으로 작업해야 한다.

지금부터 가족과 이야기 놀이치료의 과정을 어떻게 개입해야 하는지를 살퍼보려고 한다. 선형형태로 나타날지 모르겠으나 이런 접근은 규정적인 태도를 따르는 선형적인 과정으로 간주될 수는 없다. 상담사들은 이런 과정이 여러 회기에 걸쳐서, 단계 사이를 자연스럽게 왔다 갔다 하며(평균적으로 대략 6~8회기) 진행되기를 기대한다. 우리는 이 같은 과정들을 적용하기 위해 다른 이야기 상담사들과 함께 작업을 해 왔다(Freedman & Combs, 1996; White & Epston, 1990; White & Morgan, 2006; Young, 2008).

전형적으로 상담사와 가족은 '의제들을 구비하고' '문제로부터 가족을 분리하여 보기 시작하는' 과정에서 '문제에 이름을 붙이고' 외재화하는 것을 포함하여 문제의 영향력을 살피는 단계로 옮겨 간다. 상담사는 이를 통해 '문제의 영향력'과 '문제의 필수 요구사항', 지배적이고 압도하는 이야기에 가족이 어떻게 사로잡혔는지를 탐색하면서 문제의 영향력을 이해한다. 상담사들은 가족이 문제에 대항하여 설 수 있기 위해 어떤 일을 했는지 리스트를 만들 수 있도록 입장정리를 이해해야 한다. 상담사가 호기심을 기반으로 질문과 놀이기반의 기술로 가족의 선호하는 이야기를 찾아가는 과정을 통해서 반짝거리는 순간은 '독특한 결과'와 '독특한 사안'을 강조함으로써 빛날 수 있다(Morgan, 2000). 이것을 통해 우리가 어떻게 놀이치료를 아동이 포함된 가족에게 접목할지의 예를 제공해 줄 것이다. 그러나 이런 과정이 이야기 놀이치료를 실시하는 유일한 방법이라고는 보지 않는다. 이 같은 과정의 개요를 정리하면 이야기치료 놀이상담사가 사회구성주의와 포스트모던 원리에 기초한 접근으로 비계를 설정하고자 할 때 방향을 잡는 데 도움이 될 것이다.

단계에 개입하고 시작하기

의제 설정하기(setting agenda)

이야기 놀이상담사로서 우리의 역할은 가족과 만나는 초기에는 협력적인 관계를 맺으면서 치료적 의제를 탐색하기 위해 함께 작업하는 것이다. 우리는 치료를 위한 의제를 형성하기 위해서 함께하는 시간에 집중하면서 가족의 희망을 파악하기 위한 질문과 놀이기반의 개입을 활용한다. 우리는 가족치료의 초기 접근(사회구성주의 접근과 반대)과는 달리 지나치게 구체적이거나 경직된 목표를 정하지는 않는다. 오히려 가족의 이야기로부터 문제에 더이상 지배되지 않는 새로운 가능성들을 탐색하는 것으로 치료과정을 시작한다. 이것은 부모와 양육자가 가족이나 아동이 경험하는 어려움에 집중할 때 가능해진다. 이것은 상담사에게도 중요한 기회로서 가족의 문제를 심도 있게 탐색하는 것을 지양하고, 그 대신 희망에 대한 이야기를 물어볼 수 있어야 한다. 상담사는 가족이 문제로부터 자신이 얼마나 떨어져 있는지 발견할 수 있는 가능성을 보도록 존중하는 자세와 반영하는 태도로 문제를 탐색하는 것을 지양해야 하며 그런 후에, 치료 후반에 문제의 영향력을 다시 풍성하게 탐색할 수 있다.

놀이기반 활동의 예시

가족들에게 서류작업과 간단한 안내를 한 후, 종이봉지를 활용한 퍼펫놀이 활동에 참여하도록 권한다. 이 활동의 초점은 가족이 놀이에 참여하면서 자신을 소개하거나 희망에 대해 언급할 수 있도록 돕는 데 있다. 가족들에게 각각 누런 종이봉지를 나눠 준 후, 거기에 마커나 크레파스 같은 미술도구를 사용하여 각자의 퍼펫을 만들도록 한다. 이 같은 퍼펫작업에 대한 추가적인 통찰을 기대한다면 로웬스타인과 홀, 캐더슨, 셰퍼(Lowenstein, Hall, Kaduson,

Schaefer, 2002)의 문헌을 참고하기 바란다. 우리는 그것을 활용하여 각자가 자신을 표현하거나 가족을 은유로 표현할 때 그 속에서 자신을 드러낼 수 있는 캐릭터로 표현해도 좋다고 말한다. 가족이야기 안에서의 자신만의 '캐릭터'를 표현할 수 있게끔 제안한다. 우리의 경험에 의하면 이런 '캐릭터'는 강조하는 특성이나 성향을 두드러지게 표현하는 경향이 종종 있다. 이 같은 개입을 하면서 각자의 퍼펫을 사용하여 소개할 때 그들에게 종이봉지 퍼펫에 손을 넣고 '퍼펫의 입을 찾아보라(종이봉지에 손을 넣고 입처럼 벌렸다 다물었다 하면 자연스럽게 접히는 부분이 생긴다.)'고 요구했던 순간이 가장 성공적이라고 느꼈던 때다. 이런 활동은 퍼펫의 캐릭터가 '말할 수 있게' 돕는다. 이를 위해서는 가족들에게 사전에 이것은 미술이나 드라마 수업이 아니라는 점을 주지시킬 필요가 있다. 가족들에게 부담없이 가족이야기 속에서 자신들을 가장 잘 표현해 줄 수 있는 퍼펫을 꾸미면 된다고 말해 준다.

퍼펫이 완성되면 가족들에게 퍼펫과 이야기를 나눠도 되는지에 대한 허락을 얻은 후, 상담사는 퍼펫과 직접적인 대화를 시도한다(퍼펫은 가족구성원들이 움직인다.). 우리는 먼저 퍼펫에게 자신들의 가족을 소개해 달라고 부탁하고 치료에 온 이유도 함께 묻는다. 그리고 치료를 하고 난 후 가족들에게 생겼으면 하는 희망은 어떤 것이 있는지 묻는다. 이런 대화는 대본에 의한 것이 아니다. "우리가 함께 시간을 보낸 후에 어떤 일이 일어나기를 기대하니?" "우리는 이것을 위해 어떻게 시작해야 할까?" "너나 너희 가족을 향해 갖고 있는 희망은 무엇이니?" "이런 희망을 위해 우리는 어떤 방식으로 여기서 함께할 수 있을까?"와 같은 질문이 바람직하다.

대안적인 활동

경험에 의하면 어린 아동들에게는 놀이를 하면서 다음과 같은 질문을 하면 도움이 된다. "만약에 너희 가족이 슈퍼영웅 가족이라고 상상하면 그중에 너의 미션은 무엇일까? 거기에는 어떤 악당이 나타날까? 영웅도 있니?" 또는 "만약 네가 탐정이라면 풀어야 하는 미스터리는 무엇일까? 이러한 미스터리를 풀기 위해 필요한 어떤 단서 같은 것들이 있니?"

문제에서 벗어나는 가족에 대해 알아 가기

　치료의 시작단계에서 상담사는 아동과 가족이 문제에서 벗어나 보려고 할 때 협력적인 관계를 만드는 데 핵심적인 역할을 할 수 있다. 이 단계에서 가족구성원은 의제를 설정하게 된다. 상담사는 놀이기반의 활동을 통해 대화를 하면서 구성원들 사이를 오가면서 가족들과 그들의 희망에 대해 탐색한다. 가족을 문제에서 벗어나 알기 시작하면 이야기 만들기, 드라마, 놀이기반 활동을 통해서 가족의 과거, 현재, 그리고 미래에 대한 이야기를 깊게 이해할 수 있게 된다. 이 단계에서 우리는 문제에서 벗어난 가족이야기의 새로운 측면에 대해 질문하기 시작한다. 이때 문제를 탐색하고자 하는 상담사 자신의 호기심을 스스로 조절할 수 있어야 한다. 나는 이런 노력이 치료기간 동안 필요한 공간을 형성할 수 있도록 도와준다고 생각한다. 더 나아가 가족체계 내에서 새로운 이야기가 시작되어 대안적인 이야기를 새롭게 형성할 수 있는 기술을 알 수 있도록 한다.

놀이기반 활동의 예시

　가족을 알아 가기 위해서 퍼펫에게 다음과 같은 전형적인 질문들의 인터뷰를 한다. "너의 가족에 대한 이야기를 해 줄래? 그런데 시작과 중간과 끝이 있게끔 만들어 주면 좋겠어." 우리의 경험상 이때(각 퍼펫에게 각각 직접적으로) 인터뷰하는 것이 좋다. "가족과 함께하는 활동 중 어떤 것을 좋아하니?" "가족 모두가 해야 할 일을 있다면 너는 어떤 일을 맡고 있니?" "너는 무엇을 제일 잘하고, 너희 가족은 무엇을 잘하니?" 중요한 부분에 대해 가족이 말해야 할 때는 가상으로 가족 영화나 텔레비전 인터뷰를 만드는 것처럼 접근하는 것도 도움이 된다. 가족구성원들에게 간단하지만 순환적인 질문을 하는 것이 도움이 된다. "가족 중 누가 가장 잘 지내는 것 같니?" "네가 말한 부분 중에서 형제자매나 엄마 아빠가 알지 못하는 것도 있을까?"라는 질문을 한다. 가족치료에서 순환적인 질문을 위한 기본적 사용은 브라운(Brown, 1997)의 저서에 자세히 기술되어 있다.

대안적인 활동

우리는 종종 가족들을 함께 참여시켜서 큰 전지에 생태체계도(ecomap)를 그리도록 하는데, 그것은 가족이야기에 중요한 활동과 사람들을 보여 주는 데 유용하다. 우리의 삶이나 가족이야기가 좋을 때도 있고 좋지 않을 때도 있듯이 가족의 긍정적인 것과 부정적인 것을 포함한 그들 인생의 모든 것을 그려야 그들이 누구인지를 이해하는 중요한 단서가 된다. 다양한 마커나 크레파스, 스티커와 잡지에 오린 그림(아동이나 가족구성원을 위한 상징적인 의미를 만들어 줄 수 있는) 등을 활용한다. 생태체계도를 어떻게 그리는지 간단히 설명해 줄 때 이 활동에서 최고의 결과를 얻을 수 있다.

구체적 아이디어를 얻으려면 하트만(Hartman, 1995)이 가족과 함께 작업한 치료적 도구로서의 생태체계도를 권한다. 이 도구의 다양성을 위해서는 로웬스타인(Lowenstein)의 '나의 세상에 속한 사람들'이라는 놀이기반의 작업도 도움이 될 것이다. 생태체계도가 완성되면 가족구성원들은 서로의 이야기들을 공유하도록 해야 한다. 우리는 이 같은 과정을 촉진하기 위하여 "당신 가족, 학급 혹은 함께 일하는 사람들 중에 어떤 사람들이 있나요?" 또는 "어떤 이야기가 당신을 성공했거나 자랑스럽다고 느끼게 해 주는가?"와 같은 질문을 한다.

대안적인 활동

가족이 함께 가족 초상화, 동적가족화(Kinetic Family Drawing: KFD)를 그리거나 가족구성원들을 동물로 표현하여 그림을 그리게 한다. 이런 활동을 위한 보다 자세한 내용은 아라드(Arad, 2004)와 커(Kerr, 2010), 그리고 오클랜더(Oaklander, 1998)를 참고하면 도움이 될 것이다. 그림이 완성되면 가족들이 문제에서 분리된 가족이야기를 풍부하게 기술할 수 있도록 그림에 대한 이야기 대화를 시도한다.

해체-외재화 단계

문제에 이름 붙이기

해체-외재화 단계에서 상담사와 가족의 주된 과제는 문제에 이름을 붙이는 작업일 것이다. 가족구성원들(전형적으로 아동)의 특성이나 성향에 영향을 미쳐 왔던 문제에 대해 이름을 붙이는 것은 문제를 외재화하는 데 지름길이 된다. 외재화는 이야기치료의 핵심적인 기술과 철학으로 아동과 가족에게 경험한 문제를 떼어 내어 다르게 볼 수 있는 기회를 준다. 한마디로 말하면 사람은 사람일 뿐이며, 문제는 문제일 뿐이다.

경험으로 볼 때 가족과 전문가가 문제를 기술하는 데 붙이는 이름은 상당히 다를 수 있다. 한 예로, 정신건강 전문가들은 ADHD(주의력결핍 과잉행동장애)나 ODD(반항성장애)처럼 형식적인 진단용어를 사용할 수 있는 반면, 가족들은 '바쁨' 혹은 '갈등' 같은 단어를 쓴다. 이때 상담사들이 좀 더 인내심을 가지면서 가족들에게 문제를 가진 경험과 가장 적합한 이름을 선택할 수 있게 기회를 주는 것이 필요하다. 가족이 가정상황 안에서나 치료적 상황 밖에서 문제를 거론할 때 적용해 볼 수 있는 이름을 사용하는 것이 바람직하다. 문제에 대한 전문지식이나 기술을 치료상황에 가져오는 것이 허용되기 때문에 외재화를 위해 이름을 붙이는 것은 가족구성원들에게 꽤 의미 있는 작업이 된다. 이 같은 지식은 가족체계에 대한 문제의 영향력을 이해하는 그 다음 단계의 작업을 할 때 상당히 유용하다.

아동이나 가족은 보통 한 가지 이상의 문제를 경험하거나 문제와 상호연관된 여러 가지의 경험들을 한다. 예를 들어, 한 개의 문제가 멈추고 다른 것이 시작되는 것을 구분하는 것이 가족에게는 어렵기 때문에 종종 아동과 가족이 학습과 행동 문제에 영향받는 것을 우리는 보게 된다. 이런 상황에서는 그들을 하나의 큰 문제로 보기보다는 문제를 구분하고 분리하는 외재화가 도움이 된다. 한 예로, 아동이나 가족에게 질문할 수 있다. 어떤 가족이 ADHD를 빈약함이라고 표현한다면 "지루함은 친구가 있니?"라고 물을 수 있다. 이럴 때, "네! 갈등은 항상 지루함과 같이 놀아요."라는 대답을 듣기는 쉽지 않다. 보다 다양한 외재화 대화를 통해서 교실 안에서의 지루함의 존재는 아동의 문제에 합류되고 더해진다는 것에 강하게 초대될 수 있다. 아동의 이야기에 포함된 문제의 영향력을 표현할 다른 단계들이 필요하기 때문에 문제를 분리하는 것은 도움이 된다. 모건(Morgan, 2000)은 외재화 과정에 대해 다양한 토론을 하고 있으므로 살펴보면 도움이 될 것이다.

외재화는 아동이나 가족구성원들을 무책임하게 만들 수 있다는 잘못된 개념 때문에 비판을 받기도 한다. 예를 들면, 이 같은 기법이 "ADHD가 그랬어요! 내가 한 게 아니라고요."처럼 원인을 다른 것에 떠맡긴다는 우려를 할 수도 있다. 그렇지만 우리의 경험에 의하면 반대의 결과가 나타난다. 아동들에게 이 기법을 사용할 경우, 아동이나 가족이 문제에 더 쉽게 접근해서 발달 단계와 좀 더 구체적이고 일치할 뿐 아니라 외재화가 수치심과 아동을 '문제'로 명명하는 낙인을 제거해 줄 수 있기 때문이다. 우리는 아동들과 가족의 치료에 개입할 때 그들의 어려움을 외재화하고 지배적인 이야기에 도전하며 문제의 영향력을 적극적으로 작업하여 책임감을 수용할 수 있는 심원한 능력을 보여 준다. 불행하게도 우리 사회는 '그들이 문제다.'라고 단정하고 사람이 문제에 대한 책임이 있다고 생각한다.

아동과 작업할 때 문제에 대한 풍부한 기술을 하기 위해서 놀이와 예술을 기반으로 한 개입을 활용한다. 아동이 자신의 경험을 이해하기 위해서 개인적인 이야기(내재화된 세계)를 외재화하거나 놀이를 통해 자연스럽게 받아들이는 태도는 결코 놀라운 것이 아니다(Freedman et al., 1997). 이야기 놀이상담사들은 아동과 가족이 좀 더 가족이야기의 변화를 촉진할 수 있는 외재화

과정에 보다 깊이 개입할 수 있도록 놀이를 활용한다.

놀이기반 활동의 예

가족들이 이 같은 기법에 잘 따라오면 우리는 그 이후의 치료과정에서도 종이봉지 퍼펫과 드라마틱한 놀이기반의 상호작용을 계속 사용한다. 문제를 퍼펫의 형태에 외재화하는 것이 이 기법이 추구하는 것이므로 문제를 외재화하는 수단으로 퍼펫을 사용하는 것은 바람직하다. 그림은 퍼펫에 비해 정적인 수단이어서 문제를 그림으로 표현하는 것은 덜 효과적이다. 이에 비해 퍼펫은 역동적인 수단이기 때문에 아동과 가족구성원이 드라마틱한 놀이활동과 상호작용, 그리고 대화과정을 통해 그들의 삶 속으로(예: 직접적으로 조종하거나/지배적으로) 들어올 수 있다.

종이봉지 퍼펫활동을 하면서 가족들에게 크레파스나 마커 등 미술도구로 문제의 종이봉지 퍼펫을 만들도록 제안할 수 있다. 이때 가족이 함께 협동하여 퍼펫을 만드는 게 도움이 된다. 때로는 상황이나 가족역동에 따라 특정 구성원을 선정하여 퍼펫을 만들게 하기도 한다. 협동하여 퍼펫만들기가 완성되면 한 가족구성원이 그림을 그리기 시작하고 시간 간격(예: 2분 정도)을 두면서 서로 협의한 후에 퍼펫이 완성될 때까지 다른 구성원에게 넘겨 주고 만드는 과정을 반복한다. 문제에 '가장 가까운 관계'를 가진, 흔히 '지목된 내담자(Identified Patient)'나 '문제'가 되면서 가족의 희생양이 된 구성원이 '문제 퍼펫'을 만들 때 외재화를 가장 정확하고 강력하게 표현할 수 있다.

일단, '문제 퍼펫'이 완성되면 상담사는 가족들이 외재화 대화를 나눌 수 있도록 개입한다. 이런 과정에서 상담사들은 가족구성원에게 질문을 하면서 문제의 영향력을 살펴볼 뿐 아니라, 사람과 문제 사이의 구분을 확장하는 태도로 '문제 퍼펫'을 사용한다. 우리의 경험상, 희생양인 아동이나 '문제를 일으키는 가족구성원'이 '문제 퍼펫'을 위한 목소리와 문장을 통제할 수 있는 퍼펫 주인공 역할을 맡는 것이 상당히 효과적이며 상징적이었다. 자주 사용하는 편은 아니지만 다른 가족구성원들이 '문제 퍼펫'을 조정할 수 있게 하는 것이 도움이 될 때도 있다. 이런 방법은 여러 가족구성원들에게 문제가 근접해 있는 상황에 유용하다(예: 부모자녀관계 문제). 이때 퍼펫은 같은 문제로 나타나지만 두 개의 다른 관점으로 문제를 바라보기 때문에 상담사와 가족들은 퍼펫의 영향력을 보다 다양하게 이해할 수 있다. 이런 개입은 이전에 가족 퍼펫활동에서 만든 가족 퍼펫도 문제 퍼펫과 함께 활용하면서 상담사와 상호작용할 수 있다.

상담사에 의해 촉진된 외재화 대화는 정형화된 대본이 있는 것은 아니지만, 일반적으로 "문제 퍼펫의 이름이 뭐예요?"라고 물어보면서 시작된다. 이렇게 문제에 이름을 붙이면서 시작한다. 다음과 같은 질문도 할 수 있다. 직접 퍼펫에게 물으면서 "보통 때는 하지 않지만 가족이나 아동에게 시키는 게 있니?" 또는 "만약 네가 가족이나 아동에 대해 말한다면 어떤 것을 말할 거니?" "너는 어떤 힘을 가졌니?" "아동이나 가족과 놀 때 넌 주로 어떤 속임수를 사용하니?" 등이 있다. 이 같은 외재화 대화를 할 때는 상담사가 외재화 문법을 사용하는 것이 중요하다. 이것은 문제가 아동에게 탓을 돌리지 않도록 해야 하기 때문이다. 상담사는 가족들이 문제인 것처럼 구체적인 구성원에 대해 이야기하기보다는 문제가 가족이 서로에게 가까워지는 것을 기술하도록 가족구성원들이 외재화 대화를 나누도록 촉진하는 것을 의식하고 있어야 한다. 모건과 화이트의 논문들을 더 살펴보면 문제의 영향력을 이해할 수 있는 이야기 기반의 질문들을 알 수 있다(Morgan, 2000; White & Morgan, 2006).

대안적인 활동

우리는 여러 가지의 미술도구들을 활용하여 가족들에게 문제를 그림으로 그리도록 한다. 이것이 완성되면 가족구성원들에게 그림에 대한 이야기를 공유하게끔 한다(또는 공동화를 그리게 해도 좋다). 상담사는 그림에서 표현된 문제로부터 가족구성원들 혹은 아동을 분리시켜 볼 수 있도록 외재화 대화를 추구해야 한다.

문제의 영향

이 단계에서 상담사는 가족과 함께 문제와 관련된 영향력들을 탐색하기 시작한다. 특히 문제가 어떻게 핵심관계나 가족들의 사고와 행동에 영향을 미치는지에 주목해야 한다. 예를 들어, 문제가 가족들이 서로 어떻게 행동하도록 영향을 미쳤고 가족들이 자신이나 구성원들에게 부정적인 사고를 갖게 했는지에 대해 묻는다. 외재화 단계에서는 문제가 가족이야기를 지배했던 순간에 대한 예를 찾는 것에 관심을 가진다. 이것은 상담사가 가족이야기 속에서 문제가 덜 영향력을 미치는 순간을 강조하고 잘 들을 수 있기 위해 중요하다. 문제의 영향력을 해체함으로써, 우리는 대안적인 이야기의 발달의 기초를 마련하고 구성원들이 가지고 있는 기술과 노하우를 동시에 인식할 수 있게 된다.

놀이기반의 활동의 예

가족의 생태체계도로 돌아가면, 가족들은 전지를 세 개의 부분으로 나눈 후 세 개의 원을 그린다. 세 개의 원은 가족이야기의 과거, 현재, 미래를 표현하는 마치 액자의 '틀'과 같은 역할을 한다. 가족의 문제가 이야기에서 얼마나 큰 영역을 차지하는지 이해하도록 현재를 가정 먼저 그리고, 두 번째로 과거를, 세 번째는 미래를 그리게 한다. 그리고 가족들은 각각의 틀에 제목을 붙인다(예: 과거, 현재, 미래). 이전 회기에서 완성했던 생태체계도와 유사한 방식으로 가족이야기의 중요한 부분들(사람들, 활동들, 역할들)을 원이라는 상징을 사용하여 가족이야기를 채워 넣을 수 있게 한다.

가족이야기의 중요성과 관련된 상징의 크기를 다양하게 함으로써 각 이야기의 측면의 중요성을 구분할 수 있게 한다(예: 가족이야기에서 사람이나 활동을 큰 원으로 나타낸다). 상담사들은 가족이 '문제'를 크고 작은 원으로 묘사하는 것을 이해하고 있는지 확인한다. 경험상, 가족들은 전형적으로 문제의 생태체제도를 그들 이야기의 시간틀과 다르게 그린다. 그들의 삶에서 문제가 더 큰 영역을 차지할 때 동시에 다른 측면의 크기와 영향에서의 변화도 일어날 수 있는 것 같다(예: 삶의 이야기에서의 부모, 친구, 학교는 문제의 영향력과 관련하여 더 크고 작은 영역이 될 수 있다.). 상담사가 자신의 삶의 영역들이 얼마나 크고 작은지(직업, 가족, 스포츠) 예시를 보여 주는 것도 도움이 된다.

과거의 '가족이야기'를 위해 가족에게 의미 있었던 시간의 기간을 6개월 정도로 선택하게 하는 것이 좋다(예: 이혼이나 죽음 같은 문제와 연결된 주요한 사건 및 경험과 동시에 일어난다.). 어린 아동과 작업할 때는 6개월 같은 추상적인 시간보다는 학교 입학, 생일과 같은 구체적인 시간틀을 사용하는 것이 도움이 된다. 가족에게 독특한 결과(문제에 대항했던 행위)나 사건(이런 행동을 함으로써 생긴 가능성들에 대한 가족구성원들의 반응과 이런 행동들이 주는 의미)과 연결되어 문제의 영향력을 변화시킬 수 있는 질문을 하는 것도 도움이 된다.

그러고 나서 상담사는 가족이야기를 바꿀 수 있도록 치료적 대화를 촉진한다. 짜여진 대본이 있는 것은 아니지만 일반적으로 다음과 같은 질문으로 시작된다. "문제가 더 커지거나 작아 보인다고 느껴진 때는 언제인가요?" "너는 친구나, 가족, 선생님이 문제와 어울릴 때 어떻게 좋니?" "문제나 걱정이 없어졌을 때 그들은 좋아할까요?"라고 질문하는 것이다. 문제의 영향력과 관련된 묘사를 위해 그림을 사용하여 설명한 페리(Perry, 1998)의 논문을 참고하길 권한다.

대안적 활동

'문제'가 가족과 이야기에 어떻게 영향 미치는지 볼 수 있도록 모래상자를 활용할 수도 있다. 가족들이 모래상자를 함께 만들면서 이야기를 꾸미는 것도 가능하다. 상징물을 가족이야기의 '재료'로 활용할 수도 있다. 아동은 모래상자를 사용하여 놀면서 이야기를 만드는 데 전혀 어색해하지 않는다. 그러나 나이가 좀 있는 자녀나 부모에게는 모래상자와 같은 놀이기반 활동을 위한 이론적 설명을 하는 것이 불편감을 줄여서 자발적으로 참여하는 데 도움이 된다. 구체적으로 모래상자는 아동들이 가족에 영향을 미치는 문제, 즉 본질적으로 추상적이지만 발달적인 '안전권' 바깥으로 문제를 꺼내 놓음으로써 그에 대한 이야기를 공유하도록 돕는 매개체가 된다고 소개한다. 모래놀이나 모래상자에 대한 추가자료들을 소개하려고 한다(Boisk & Goodwin, 2000; Homeyer & Sweeney, 2011; McNally, 2001). 프리드먼과 동료들(1997)도 모래상자를 아동과 가족의 이야기치료에 어떻게 통합했는지를 잘 보여 주고 있다.

문제의 필요조건과 신병 징집

이 단계에서는 문제가 존재하기 위한 어떤 조건들이 필요하며 가족이야기 안에서 문제가 어떻게 영향력을 얻게 되는지 살펴보아야 한다. 사건과 관계 역동, 가족의 이야기 안에 문제의 영향력을 행사하도록 하는 맥락적 요인들을 살펴보는 것이 도움이 된다. 문제는 넓게는 사회문화적 요인(예: 미에 대한 비현실적인 미디어의 메시지나 괴롭힘과 관련된 인종차별, 섭식습관이나 섭식장애와 관련된 체중조절 문제 등)으로부터 가족이야기에 권력과 영향을 받기 마련이다. 상담사들은 가족체계와 더 넓은 맥락(예: 학교환경, 지역사회 맥락, 사회정치적 환경)에 존재하는 문제의 권력과 영향력의 근원을 탐색하는 것이 중요하다.

놀이기반 활동의 예시

상담사들은 이전의 활동들을 하면서 가족들이 문제의 영향력을 과거, 현재, 미래로 시점을 변화해 가며 이야기를 공유할 때 필요조건과 신병 징집을 전형적으로 탐색하게 된다. 특히 가족 이야기를 듣고 묻는다. "어떻게 문제가 가족을 방문할 수 있게 결정했을까?" 또는 "어떤 초대장이 그 문제에게 보내진 걸까?" "어떤 것이 문제를 편하게 또는 불편하게, 그리고 행복하게 또는 불행하게 만들까?" "어떤 것이 문제를 보다 강력하거나 덜 강력하게 만들까?" 또는 "가족이나 학교 관련 사람들 또는 지역사회의 사람들이 문제를 돕거나 권력을 제공하였을까?" "문제를 덜 강력하게 만드는 가족이나 학교에 있는 사람은 누구일까?" 등으로 대화한다.

위치 잡기

이 단계에서는 가족이야기에서 은유적인 교차가 빛나고 대안적이거나 선호하는 이야기를 추구하고 문제에 대항하는 선택을 하는 지점을 확장할 수 있다. 문제가 녹아 있는 주제(지배적인 이야기)를 약화시키고 반대의 주제(대안적이고 선호하는 이야기)를 강화시키는 단계로 삼는다(Freedman et al., 1997). 가족이야기의 탐색을 위해서 이야기와 문제의 지배력에 대항하도록 돕는 '지지팀'의 구성원들을 만들어야 한다. '문제유발자로 아동'이 지목되는 많은 사례에서 가족은 누가 '아동과 함께' 있고 '문제와 함께' 있는 사람이 누구인지를 결정하는 작업을 한다. 경험상, 왜 지지팀이 문제에 대항하는 입장에 있는지 명확하지 않으면 이야기 놀이치료의 다음 단계에서 대안적이고 선호하는 이야기를 발달시키는 것이 어렵다. 모건(Morgan, 2000)은 이런 지지팀의 중요성에 대한 깊은 통찰력을 보여 준 바 있다.

놀이기반 활동의 예시

우리는 상담사로서 가족이 선호하는 이야기를 고정화시킬 수 있게 지원해 주는 기술과 노하우를 알고 있는 주변의 중요한 사람들이나 현존하는 '영웅들'을 포함하는 지지팀을 결성하는 것이 매우 중요하다는 것을 임상에서 경험했다. 우리는 기본 작업을 할 때 가족들이 가능한 한 많은 '영웅들'을 지지팀에 초대하도록 독려한다. 지지팀 구성원들은 가족 및 친지, 선생님, 또래, 애완동물과 다른 전문가들(예: 소아과나 정신과 의사, 종교 종사자)을 포함하고 때로는 비슷한 문제를 경험한 가족이나 아동들을 포함할 수도 있다. 가족과 함께 미션의 틀을 아우른 공식적인 편지나 이메일, 전화나 개인적인 초대장을 보낸다. 문제에 대항하는 가족을 지지할 수 있도록 가족에게 지지팀을 공동협력적으로 구성하는 것은 매우 중요한 단계로 '독특한 순환' 단계를 포함하여 재구성 과정을 통해 계속 사용될 수 있다.

지지팀에 아동이나 가족에게 의미 있는 사람들을 포함하는 것은 성공해도 직업적으로 이들을 가족의 작업과 활동에 직접적으로 참여시키는 것이 가능하지 않을 수 있다. 한 예로, 가족구성원 중에 이미 돌아가신 분이 팀에 포함되거나 가족이 알고 있는 가족은 아니지만 그들의 성향이나 기술이 존경받을 만한 사람(예: 역사적 인물인데 가족의 문화에 영향을 많이 미친 사람)을 초대한다. 때로는 문제에 대항하는 미션을 가진 가족들 가운데에서 울림을 주는 자질을 보여 주는 상상의 인물(예: 책, 영화, 텔레비전 속에 존재하는 아동과 가족의 상상인물)이 될 수도 있다. 이렇게 '가상의 지지팀'을 통해 받는 경험적 기술과 노하우와 지지는 '진정한 지지팀'으로부터 제공받은 생생하고 진실된 지지와 경쟁할 수 있다. 동시에 '가상'이란 용어는 가족이나 아동에게 '속임수'나 '판타지'보다 더 긍정적인 언어적 의미를 함축하고 있으므로 사실상 놀이기반의 치료적 환경에 보다 잘 어울린다. 더 나아가 아동이나 가족은 종종 가상팀이 문제의 영향력에 오래 묻혀 있던 가족과 그들 안의 기술과 능력들에 대한 신뢰를 갖도록 돕는 가상팀으로부터 힘을 끌어왔다고 보고하는 경우도 있다.

'지지팀'을 초대하여 문제에 대한 단서를 발견하기 위해 싸우고 반짝이는 순간의 증거를 찾는 형사나 범죄 대항팀 같은 의미 있는 은유를 적용할 수도 있다(Morgan, 2000). 가족을 격려하여 이 과정에 참여시킬 수 있다면 치료가 끝난 후에도 밖에서 따로 정기적인 만남을 이어 갈 수 있다. 맥러키(Mcluckie, 2005)의 연구에 의하면 가족을 그들의 걱정과 두려움으로부터 끌어내도록 하는 한 가지의 자원을 크게 개요하는 방식으로 가족을 개입시킬 수 있다. 치료 기간 동안 시행된 '지지팀'을 만나면서 입장지도를 위해 다음과 같은 질문을 할 수 있다. "문제(가능한 한 문제에 붙인 이름을 사용한다.)가 모든 규칙을 만드는 우두머리가 되는 걸 네가 제거한다면 무슨 일이 일어날까?" 또는 "문제에 대항하는 네 편은 누가 있니?" 그리고 "어떻게 네 팀으로 오게 되었니?" 등이다.

재구성(Re-construction)단계

독특한 결과

이 치료단계에서는 대안적이고 선호하는 가족이야기를 풍성하게 만들어 준다. 이 단계의 핵심목표는 (가족과 함께하는 치료적 과정 중에) 아동, 부모, 형제자매, 가족, 선생님이 문제의 영향력을 덜 받는 반짝이는 순간을 인식할 수 있게 하는 데 있다. 특히 문제가 녹여진 이야기에 도전하는 행동과 행위들을 탐색한다. 프리드먼과 콤스(Freedman & Combs, 1996)와 동료들에 의하면 그 같은 활동들은 행위영역에 속하며 이야기에 토대가 된다고 판단한 한두 개의 조망으로 채워지고 나머지들은 의식의 조망에 속한다(독특한 사건: 내면의 지식은 전형적으로 치료의 다음 단계를 탐색할 수 있다.)(Bruner, 2004).

경험에 의하면, 아동이나 가족이 문제에 대항하는 행동에 가담하도록 하는 능력을 확인하는 것은 충분하지 않다. 아동이나 가족이 누구인지에 대한 이야기에 시간을 연결하여 보는 작업을 해야 한다. 그것은 오래 지속되어야 하는 이야기(대안적이거나 선호하는 이야기)와 이런 기술들을 가족들 스스로 엮을 수 있다고 믿기 때문이다. 상담사들은 모든 팀에 의해 참여되는 어떤 지식과 기술을 촉진하는 아동과 가족이야기에 있는 이런 순간들의 불변을 지지해서 이런 순간들이 표면화될 수 있게 한다. 아동과 가족이 점점 지배적인 이야기의 영향력을 지속시키는 것과 이런 방식들을 통합함으로써 가족이 도전하여 만드는 독특한 결과를 과정 속에서 찾아간다. 독특한 결과와 빛나는 순간을 탐색하기 위해서는 모건(Morgan, 2000)의 연구를 참조하기 바란다.

놀이 기반 활동의 예시

문제에 의해서뿐 아니라 가족구성원에 의해서 이끌려 나오는 '에너지의 근원'에 대한 지식을 파헤치기 위해 '영웅'이나 '악당'과 관련된 즐거운 대화를 하는 것이 아동과 가족에게 유용하다는 것을 임상가로서 경험한다. 아동(입장을 밝히는 단계에서 유용하다.)의 삶에서 영웅이 누구인지 밝히고(생존 영웅과 가상의 영웅) 그들이 가지고 있는 '슈퍼파워'(예: 강점)에 대해 이야기한다. 가족구성원이 영웅이었던 때 역시 탐색한다(독특한 결과를 탐색하는 다음에 이어지는 단계에서 다시 한 번 도움이 될 것이다.). 프리드먼과 동료들(Freedman et al., 1997)은 대안적 이야기가 나올 때 아동의 이야기에서 영웅의 요소들이 나타난다고 주장하였다. 더 많은 정보들은 루빈(Rubin, 2007)의 자료를 통해 배울 수 있으므로 상담에서 활용될 수 있는 슈퍼영웅의 은유를 살펴보기를 권유한다.

이 단계에서 우리의 초점은 '악당(예: 문제)'이 가지고 있는 힘이 어디서 시작되었고 어떻게 유지되는지 살피는 것이다. 아동들은 힘을 얻거나 잃는 슈퍼영웅과 악당을 포함한 영웅이야기에 대해 빠르게 적응한다. 이런 개념을 탐색하기 위해서 때로는 아동과 가족구성원들이 가족이야기 속에서 영웅이나 악당의 역할을 하도록 한다. 가족은 종이로 만든 가면(예: '영웅'과 '악당' 페르소나의 가면)을 사용할 수 있다. 가면을 쓰고 다음과 같은 질문을 나누면서 치료적 대화를 촉진한다. "문제가 어떤 방법으로 가족에게 속임수를 쓰게 되었을까?" "네가 가진 힘은 무엇이니(가족구성원이 맡은 역할인 문제에게 직접 묻는다)?" "문제가 가지고 있는 힘은 어떤 것이니?" "형사로서 문제의 미스터리를 풀기 위해 찾은 단서는 무엇이니?" "문제를 지배했던 때가 언제인지 말해 줄 수 있니?" "문제에게 속임수를 썼거나 문제보다 훨씬 뛰어나게 영리했던 때는 언제니?" "너와 네 가족의 문제가 가진 파워를 사라지게 할 수 있었던 때는 언제였니?"

대안적 활동

널리 알려진 유기오(Yugio) 같은 카드게임을 활용하여 아동과 가족이 만든 비슷한 카드게임을 사용하여 작업할 수 있다. 구체적으로 가족구성원들에게 자원과 힘, 힘의 근원을 발견할 수 있도록 가족이야기 속에 등장하는 영웅과 악당의 카드를 만들라고 요청한다. 이 카드들을 활용하여 '악당'인 문제를 처단하고 물리칠 수 있는 전략들을 개발하도록 한다.

독특한 근거와 독특한 가능성들

이 단계(전형적으로 치료의 독특한 결과를 탐색하는 단계)에서는 아동과 가족이 어떻게 자신들의 행동이 지배적인 문제가 녹아 있는 이야기로 연연하지 않고 선호하는 이야기로 갈 수 있었는지를 살핀다. 이 단계는 아동과 가족이 전 단계에서 탐색한 가능한 행동들을 했던 것에 대해 강조한다. 어떻게, 어떤 지식을 통해 이런 행동들이 일어날 수 있었는지 이해할 수 있어야 한다. 프리드먼과 콤스(Freedman & Combs, 1997)는 이런 지식과 노하우가 의식의 조망에 위치한다고 언급했다.

상담사는 독특한 결과나 사건, 그리고 통합적인 방식으로 독특한 가능성들을 탐색해야 한다. 이런 조망을 끌어낼 수 있는 중요성을 확대하기 위한 명확한 치료적 단계로 구분한다. 경험에 의하면, 행동영역에만 집중하고 문제를 대응한 노하우를 풍성하게 만들지 못하면 선호하는 이야기를 끌어내지 못한다. 가족의 노하우를 접하지 않고는 행동이란 그것 자체로 가족의 이야기나 문제와 관련된 변화를 지속시키거나 유의미한 결과를 가져오지 못한다. 행동과 지식을 함께 연결하는 것이 아동과 가족에게 문제의 영향력을 탐색할 수 있게 돕고 선호하는 이야기를 새롭게 지속될 수 있도록 엮는 것 같다.

독특한 상황을 풍부하게 만들기 위해서는 아동과 가족의 행동과 관련하여 독특한 재기술과 독특한 가능성들을 찾아내야 한다. 독특한 재기술은 아동과 가족이 스스로에 대해 믿고 생각하는 것들이 행동으로 일어날 수 있게 이끈 것으로 귀착시킨다(예: 독특한 결과). 문제에 대응하는 행동과 사고에 대한 새로운 방식을 통해서 아동과 가족에게 가능한 미래의 가능성들로부터 독특한 가능성들을 귀결시킨다. 가족의 미래에 대한 전망을 보게 하는 것은 희망을 촉진시키고 아동과 가족이 새로운 이야기를 형성할 수 있는 힘을 가지고 있다는 신념을 가지고 살아갈 수 있도록 돕는다.

놀이기반 활동의 예시

독특한 결과를 탐색하는 동안 아동과 가족은 '영웅적인' 행동들을 표현한다. 다음과 같은 질문들을 함으로써 독특한 결과를 촉진할 수 있다. "X, Y, Z를 어떻게 할 수 있었나?"(예: 아동과 가족은 어떤 행동들로 문제에 대항하였는가?) 또는 "이런 방식으로 문제(문제에 붙인 이름을 사용)에게 속임수를 쓰고 압도할 수 있다는 것을 어떻게 알았을까?" "문제의 미스터리를 해결할 수 있는 중요한 단서는 무엇인가(문제의 이름을 사용하여)?" 우리의 경험상 아동들에게는 이런 구체적 행동을 가능하게 만든 노하우나 내적인 방법들과 자질에 대한 질문이 중요하다. 아동들에게 종종 이렇게 묻는다. "X, Y, Z를 할 수 있었던 네 능력(예: 문제를 대항하여 했던 행동들이 무엇인지)이 너에 대해서 뭐라고 말해 줄까?" 이런 질문들은 지나치게 추상적이고 복잡하지만, 아동들을 위해서 "네가 용감하다(상황에 가장 적합한 기술을 사용하면)는 것을 의미한다고 생각하니?"라고 물을 수 있다. 아동들은 그들의 행동과 관련된 적합한 특성의 기술들을 목록에서 뽑게 된다. 아동과 가족의 노하우와 기술이 이렇게 이어진다면, 어떻게 그들의 미래이야기를 바꿀 수 있는지 탐색하는 것이 중요하다. 예를 들어, 다음과 같은 질문을 할 수 있다. "수정구슬이 있어서 미래를 볼 수 있다면, 너는 미래에도 계속 X, Y, Z를 한다면 어떤 일이 생기게 될까?"(예: 문제에 대항하여 아동과 가족이 취하는 행동) "X, Y, Z를 사용하면서 문제에게 속임수를 쓴다면 가족, 교실, 그리고 친구들 사이에서 어떻게 이것들이 너를 도울 수 있을까?" "네가 크면 문제(문제에 붙인 이름을 사용하라)는 무엇을 하게 될까?" 등이다. 이런 방식으로 미래에 대해 초점을 둔다면 아동과 가족의 대안적이고 선호하는 이야기를 풍부하게 만들 수 있다.

대안적 활동

문제와 노는 역할 놀이에 참여하게 함으로써 아동과 가족이 갖고 있는 독특한 노하우를 알 수 있게 된다. 아동과 가족을 문제와 직면하지 않고 경쟁적이지 않은 방식으로 문제와 놀이를 한다면(예: 종이봉지 퍼펫), 이것은 문제에 대한 아동과 가족의 노하우를 풍부하게 만들어서 문제를 극복하는 자원을 찾는 데 도움이 된다. 예를 들어, 아동과 가족이 선생님이 되어서 문제에게 문제가 되는 것을 멈출 필요가 있다는 것을 가르칠 수 있다. 문제와 아이디어를 공유하는 것으로 견고한 역직관성이 될 수도 있으나 문제에 대해 투쟁하고 경쟁하는 단계로 이해할 수 있다. 문제를 다루는 회기에서는 '교육'적이 됨으로써 아동과 가족은 풍부한 지식에 빠져들 수 있고 문제가 존재할 수 있는 수단을 제공하는 역동적 과정을 배울 수 있다. 화이트(White, 2006)는 아동과 가족을 통틀어 다양한 은유를 제공하는 것에 대해 추후 논의하기로 하였다.

그런 역할연습을 통해 다음과 같은 질문을 할 수 있다. "문제(이름 붙인 문제 사용하기)가 너나 가족이 어려움을 덜 야기한다고 생각하는 문제에 대해 아는 것은 어떨까?" 또는 "아동과 가족이 어려움을 유발하는 것을 배운다면 무엇이 일어날 것이며, 네가 아는 것 중 너와 네 가족이 덜 어렵다고 느껴질 수 있도록 너는 무엇을 하고 있니?"

독특한 순환

이 단계는 가족의 이야기를 재구성할 수 있는 선구자적 단계이고 절정 단계라고 볼 수 있다. 이야기 놀이상담사들이 선형적인 과정을 가지 않고(이미 앞에서 이 모델의 개념을 언급하였다.) 어느 정도 일부러 꾸민 것처럼 보이지만 치료의 종결단계에서는 가족의 새로운 이야기(재발견된)를 순환시킴으로써 보통 끝내곤 한다. 이 단계는 단순히 수동적인 종결과정이 아니라 상담사와 가족이 자신들이 이뤄 온 작업들을 되새겨 보는 시간인 것이다. 경험상 이 단계는 가족과 가족구성원이 새로운 이야기를 고정화시키는 데 아주 핵심적인 역할을 한다.

문제가 지배적이지 않은 새로운 이야기(선호하는 이야기)에 대해 유포하는 것은 치료적 관계나 가족체계 안에 한정 짓는 것을 뛰어넘어 지지팀과 가족 구성원들의 삶의 많은 측면으로 변화된 이야기에 대한 소식을 널리 알려야 한다. 이런 방식으로 새로워진 이야기를 유포하는 것은 사회구성주의적 관점이 작업에 드러나게 하는 과정이며, 진술과 재진술 과정을 반복함으로써 가족이 선호하는 이야기는 좀 더 현실적이 될 수 있다. 새로워진 이야기를 유포되게 하는 것은 다양한 의식과 문서를 통해 가능하며 아동과 가족의 노하우와 기술을 알려 주는 내용을 담는다. 또한 변화를 증언해 줄 수 있는 관중을 참여시킴으로써 변화를 진정한 것으로 만드는 데 도움이 된다.

놀이기반 활동의 예시

이전의 활동들을 하는 것은 아동과 가족의 지지팀(위치 잡기 단계를 살펴보라.)을 발견하는 것이며 이 지지팀은 아동과 가족의 새 이야기가 고정화될 수 있도록 축복해 주는 데 증인으로서의 역할도 할 수 있도록 활성화시킨다. 우리는 치료회기 내에서 나누는 이야기와 활동 속에서 선호하는 이야기가 주된 자리를 차지하면서 아동과 가족에게 '새로워진 이야기가 유포될 수 있도록 돕는' 자랑스럽게 만들 의식이 무엇인지를 생각한다. 우리는 아동과 가족이 집에서처럼 마지막 회기에서는 축하파티를 하는 것을 허용하는 편이다. 따라서 마지막 축하의식에 어떤 사람들을 초대하고 싶은지를 명단을 짜는데, 이들은 주로 지지팀의 구성원들(친척, 가족, 또래, 선생님)이다. 아동과 가족과 함께 공동작업을 하면서 초대를 촉진하고 왜 축하의식을 하는지 이유에 대해 자세하게 설명한 초대장을 보낸다. 물론 어떤 사람은 초대에 응할 수 없는 경우도 있는데, 이때는 의식을 통해 아동과 가족이 읽을 수 있는 칭찬의 문서를 작성해 달라고 부탁한다. 특히 증인이 되어 문제에 지배받지 않는 새로워진 이야기를 지속할 수 있는 아동과 가족이 갖고 있는 기술과 지식에 대한 기억을 공유해 달라고 요구할 수 있다. 또는 미래에 이런 새로워진 가족의 이야기가 지속될 수 있는 기술이나 지식이 어떤 것인지 반영해 달라고 요청한다. 지지팀의 참여자들의 언급과 문서는 아동과 가족에게 상당한 의미를 준다는 것을 임상에서 경험한다. 특별히 그런 평가들이 자신들에 대한 신뢰에서 온다는 것과 새로운 이야기의 출현을 주목한다는 점에서 그러하다.

실제 축하의식은 주로 치료 종결회기가 된다. 이때 문제에 대항할 수 있도록 지지해 주는 그들의 노하우와 기술을 알고 있는 다른 가족들을 초대하여 그들로 하여금 상을 수여하기도 한다. 이 회기를 위해서 아동과 가족이 미리 상이나 카드를 선택할 수 있고, 필요하다면 상담사는 그 과정을 준비해 주기도 한다. 그리고 가족에게 이 여정에서 가장 중요했던 순간을 떠올리고 연설을 할 수 있도록 요구할 수 있다. 이때 아동과 가족은 자신들에게 의미 있었던 놀이기반 활동들, 한 예로 퍼펫을 포함한 예술작품들을 청중과 공유할 수도 있다. 도움이 되면 자신들의 노하우와 기술을 보여 주는 퍼펫쇼를 청중에게 보여 줌으로써 놀이기반의 활동으로 마무리할 수 있다. 상담사나 지지팀을 포함한 청중을 갖는다는 것은 가족의 선호하는 이야기를 풍부하게 만드는 데 효과적이다. 치료회기에서 아동과 가족이 만들었던 작품들은 가져가도록 하여 이런 기법들을 집에서도 계속 활용할 수 있음을 격려해 준다. 예로, 가정 지지팀들은 퍼펫을 포함한 활동들을 계속할 수 있다.

상담사로서 선호하는 이야기를 서로 순환하면서 풍부하게 만들어 갈 수 있도록 예정되어 있지 않은 질문들을 함으로써 의식을 더 촉진할 수 있다. 질문은 다음과 같다. "네가 문제를 멈추게 했다는 것을 누가 알고 있니?" 또는 "네가 문제(문제의 이름을 사용한다)를 멈추게 했다는 것을 누가 제일 먼저 알아차릴 수 있을까?" 또는 "네가 X, Y, Z(문제에 대항하기 위해 했던 행동의 목록들)를 할 수 있었다는 것을 누가 알고 있었을까?" 또는 "네가 문제 (문제의 이름을 사용하라.)를 멈출 수 있었다는 것을 알고도 놀라지 않을 사람이 누가 있을까?" 또는 "너와 가족이 그렇게 행동할 수 있다는 것에 대해 이미 알고 있는 너의 지지팀은 너와 가족에 대해 무엇을 알고 있는 것일까?" 등이다.

가족의 선호하는 이야기에서 빛나는 기술이나 노하우에 대한 증거들을 가지고 올 수 있도록 가족의 여정에 대한 자세한 개별적인 카드와 문서를 각 가족구성원들에게 제공하기도 한다. 이런 문서는 회기 중간에 행해졌던 놀이기반의 활동들에 대한 구체적인 근거자료를 마련해 준다(예: 문제의 속임수를 밝혀내기 위한 퍼펫의 사용). 그리고 미래에도 이런 선호하는 이야기가 지속되고 고정화될 수 있도록 어떻게 가족이 지속할 수 있는지에 대한 반영이 되어 준다. 이런 과정을 겪은 아동과 가족이 비슷한 문제를 경험하는 다른 아동과 가족에게 '희망의 메시지 북'을 작성할 수 있도록 격려하는 것도 필요하다. 이 책은 지지팀이라는 영역을 확장할 수 있도록 돕기도 하고 비슷한 도전을 경험하는 아동과 가족에게 격려와 희망을 줄 수 있기 때문에 유용하다. 모건(Morgan, 2006, 2000)의 연구에서 가족이 선호하는 이야기를 위해 청중을 부르는 추가적인 아이디어가 있으므로 이를 참조할 수 있고 모건과 프리드먼, 그리고 동료들(1997)에 의하면 수료증, 문서, 의식과 관련된 것들을 싣고 있다. 노비(Novy, 2002)는 그녀의 『생애사 작업실 프로젝트』에서 치료적 도구로서의 청중 사용에 대한 깊은 통찰을 보여 주고 있다. 로웬스타인 (Lowenstein, 1999) 같은 다른 놀이상담사들은 치료적 사용의 예시로 수료증과 문서를 사용하는 데 가치를 둔다.

결론적으로 이 장에서는 이야기 놀이치료 이론에 근거한 핵심원리와 모델에 근거한 치료적 과정을 밝혔다. 사회구성주의적인 실재를 중요하게 여기는 만큼 이야기 놀이치료만이 유일한 효과적인 방법이라고 제안하지는 않는다. 그보다 우리는 이야기치료, 놀이치료, 그리고 가족치료 분야에서의 임상가들의 연구나 문헌, 임상적 경험에 근거하여 작업한다. 더 나아가 우리의 작업은 치료를 위해 자문을 받으러 오는 아동과 가족과 공동협력 작업을 하는 것을 통해 이뤄 온 작업들이다. 우리는 특별히 이야기 놀이치료를 하면서 아동과 가족이 함께 작업해 오면서 쌓아 온 가족들의 대화내용들을 통해 이루어 갈 수 있었기에 특히 감사함을 전하고 싶다. 이 장을 쓰면서 우리가 가진 의도는 다른 상담사들이 아동을 포함한 가족과 작업할 때 새로운 방식들을 시도할 수 있도록 비계를 설치해 주고 싶은 소망을 가졌다. 요약하자면, 우리는 여기에 독자들을 초대하고 싶었다. 사회에 존재하는 강압적인 권력에 도전하면서 새로운 가능성을 창조하고 아동과 가족들이 의미를 만들 수 있도록 상담사와 가족이 서로 협력하고 문제를 벗어난 희망적인 작업을 하는 것에 전문가들이 흥미를 가질 수 있도록 돕고 싶었다. 그래서 우리 지역사회에서 이런 문화와 대화들이 더 증가할 수 있기를 희망한다.

제**6**장
부모자녀 놀이치료와 치료놀이

● Evangeline Munns

서 론

부모가 자녀에게 실시하는 놀이치료와 치료놀이는 부모와 자녀 사이의 건강한 애착을 증진시키는 것을 주요한 목적으로 하는 놀이치료의 두 가지 모델이다. 그런데 이들 모델은 기법상으로는 서로 반대입장을 고수한다. 즉, 부모가 자녀에게 실시하는 놀이치료는 비지시적인 데 반해, 치료놀이는 지시적이다. 그러나 두 가지 치료기술은 아동들은 스스로 치유할 잠재력을 가지고 있으며, 가치롭고, 수용되고, 존중받으며 양육된다는 느낌을 가지고 싶어 한다는 유사한 핵심 신념을 가지고 있다.

부모가 자녀에게 실시하는 놀이치료

부모가 자녀에게 실시하는 놀이치료는 1950년대 후반과 1960년대 초반에 버나드(Bernard)와 루이스 거니(Louise Guerney) 박사에 의해 시작되었다. 이들은 임상심리학자로서 칼 로저스(Carl Rogers)의 내담자중심의 접근에 영향을 받았다. 내담자 중심의 접근으로 부모를 훈련시키기 위해서 버지니아 액슬린의 비지시적 놀이치료 기법을 적용하였는데, 그것을 '자녀관계(filial)'라고 불렀다. 오늘날에는 전 세계에서 이 이론을 지지하는 경험적 연구들이 이루어지면서 실천이 늘고 있다(Brattom, Ray, Rhine, & Jonew, 2005; VanFleet, Ryan, & Smith, 2005). 연구를 통해 부모 양육기술, 부모의 공감능력, 아동 행동과 사회 · 정서 성장의 증가와 낮은 부모 스트레스, 부모자녀관계의 증진을 도모했다고 밝혀졌다(Dillman, Taylor, Purswell, Lindo, Jayne, & Fernando, 2011).

부모가 자녀에게 실시하는 놀이치료는 근본적으로 부모자녀 연결을 향상시키는 주된 수단으로 놀이를 사용하는 가족치료 형태다. 부모는 조율하고 공감하고 수용하며 판단하지 않는 방식으로 자녀들과 놀이하는 방법을 배운다. 또한 자녀들이 자신의 갈등, 두려움, 바람, 그리고 문제에 대한 창의적인 해결책을 표현할 수 있도록 돕는 심리교육적인 모델이다. 놀이는 아동들에게 언어이므로 그들은 자신의 독특한 방식으로 놀이를 하면서 삶과 제한성을 배운다(Landreth, 2002; Sweeny & Landreth, 2011).

부모가 자녀에게 실시하는 놀이치료에서는 부모가 변화의 주된 역할을 하며, 다음과 같은 이유로 부모를 참여시킨다. 부모는 일반적으로 자녀를 잘 알고 있다. 자녀의 삶에서 가장 중요한 사람이다. 그들은 이미 부모자녀관계를 형성하고 있기 때문에 새삼스럽게 아동들과 상담사로서 새로운 관계를 맺을 필요가 없다. 부모들은 이 과정을 통해 자녀에 대한 새로운 이해를 얻었기 때문에 치료가 끝난 후에도 다른 자녀와 이런 기술들을 새롭게 확장하여 사용할 수 있다. 이 치료는 부모자녀관계를 강화시켜 주고 궁극적으로는 부모와 자녀가 서로 즐거움을 찾을 수 있는 접점을 제공해 준다. 웃음은 치유역할을 한다.

공인된 부모가 자녀에게 실시하는 놀이치료의 두 가지는 다음과 같다. 하나는 부모자녀관계치료(Child-Parent Relationship Therapy: CPRT)로서 랜드레스(Landreth) 박사와 브래턴(Bratton) 박사에 의해 고안되었다(Land eth & Bratton, 2006). 또 하나는 자녀에게 실시하는 놀이치료로서 밴 플리트(VanFleet) 박사에 의해 개발되었다(Van Fleet, 2003, 2011). 이들은 처음에 거니(Guerney)에게 배웠기 때문에 그들의 방법론은 유사한 부분이 많다. 브래턴과 랜드레스의 프로그램은 마지막 회기에 모든 자녀들을 포함하는 밴플리트 프로그램과는 달리 다소 짧은 편이다.

두 프로그램의 특징은 10회기에서 20회기 정도의 단기적인 치료방법이라는 것이다. 물론 부모자녀관계의 문제가 심각하다고 판단될 때는 추가적인 회기를 요구하거나 다른 치료개입을 제안할 수도 있다. 예를 들어, 반응성 애착장애나 트라우마로 인한 어려움을 경험하는 보다 심각한 역기능적인 문제를 가진 대상을 위해서는 회기를 늘릴 수 있다(VanFleet, 2011).

자폐스펙트럼에 있는 아동들과 애착문제, 자기통제장애 그리고 가정내 폭력이나 물질남용장애의 가정의 자녀들뿐 아니라, 사회적 · 정서적 · 행동적 문제까지 폭넓은 범주에 적용될 수 있다(내재화 그리고 외현화 장애 모두 포함)(VanFleet, 2011). 또한 청소년 자녀를 포함하는 연령까지로 확대할 수 있도록 부모자녀관계 놀이치료가 수정되고 있다(Ginsberg, 1977).

단 계

먼저 가족을 평가하면서 아동의 발달적 · 사회적 역사의 정보를 폭넓게 파악한 후에는, ① 상담사에 의한 놀이치료 시연, ② 부모를 위한 훈련, ③ 부모와 아동의 놀이회기를 슈퍼비전하기, ④ 집에서 놀이회기 갖기, ⑤ 종결의 다섯 가지 단계가 필요하다.

상담사에 의한 놀이치료 시연

부모들은 상담사가 액슬린의 비지시적 방법(Axline, 1969)에 따라 아동들과 놀이회기를 진행하는 것을 관찰한다. 비지시적 놀이는 반드시 필요한 경우에만 제한을 한다. 여기서는 판단하지 않은 채 아동을 수용하고 지지하며 감정을 반영해 주면서 아동 스스로가 놀이를 주도하도록 한다.

부모를 위한 훈련

부모는 놀잇감에 대해 설명을 들은 후, 다음 네 가지의 주된 놀이치료 기술을 배우게 된다.

- 구조화: 각 놀이회기가 시작하고 끝날 때마다 아동에게 무엇을 말할지 알려 준다. 예를 들어, 치료를 시작할 때 상담사는 "이 방은 우리의 특별한 놀이방이고 여기서 너는 어떤 장난감이든지 가지고 네가 원하는 대로 놀 수 있어."라고 말한다. 약속된 놀이회기 시간인 30분이 다 되어 갈 무렵에 상담사는 "5분 후에 놀이시간이 끝날 거야."라고 말하고, 끝날 때는 다시 알려 준다. 즉, 상담사는 "준호야, 1분 후에 오늘 우리가 함께 노는 건 끝날 거야."라고 말한다. 상담사는 끝낼 시간이 되면 편안하지만 분명한 어조로 "준호야, 오늘 우리의 놀이시간은 이제 끝났어."라고 알려 준다.
- 공감적인 경청: 어른은 아동들이 놀이를 주도하는 동안 그들이 놀이를 통해 표현하는 것에 열심히 집중한다. 그리고 그것에 대해 감정을 반영해 주면서 따라가는 방법으로 아동들이 어른들로부터 이해를 받는다는 느낌을 갖도록 돕는다.
- 아동중심의 상상 역할놀이: 아동이 만약 당신을 '상상놀이의 가상역할'을 하도록 초대한다면 어떻게 반응하고 참여할 것인가?

• 제한 설정: 3단계 접근을 활용하여 어떻게 제한을 설정하고 다음 단계를
　어떻게 강화할 것인가?

부모와 아동의 놀이회기를 슈퍼비전하기

　부모는 상담사의 역할을 하면서 아동의 역할을 하는 상담사와 함께 놀이
회기를 진행하면서 앞에서 언급한 네 가지의 기술을 연습한다. 이 같은 연습
회기를 하는 동안 상담사는 부모들의 노력에 대해 종종 칭찬을 해 준다. 이
처럼 회기 동안에 잘못한 것보다는 잘한 것에 초점을 맞추는 것이 바람직하
다. 부모가 네 가지 기술을 습득했다고 판단되면 부모가 아동들과 직접 놀이
하는 시간을 갖기 시작한다. 이때 상담사는 개입하거나 방해하지 않고 주로
관찰을 한다. 놀이회기가 끝날 때마다 상담사는 부모와 시간을 가지면서 놀
이치료 기술에 초점을 맞추면서 피드백을 해 준다. 또한 아동의 놀이에서 드
러날 수 있는 가능한 주제의 표현을 포함하여 아동의 놀이를 해석해 주기도
한다.

　회기가 진행됨에 따라 아동이 집이나 학교에서 어떤 진전을 보이는지에
대한 점검을 포함하기도 한다. 일반적으로 상담사는 그다음 단계로 이행하
기까지 5~6회기의 슈퍼비전을 한다.

집에서 놀이회기 갖기

　이 단계의 첫 회기는 시간이나 장소, 놀잇감의 구비와 사용, 방해요소를
어떻게 조율할지 등을 고려하여 집에서 놀이회기를 어떻게 가질 것인지의
계획을 세우는 데 할애한다.

　부모는 자녀와 함께 일주일에 한 번씩 30분 동안 집에서 특별한 놀이시간
을 가진다. 그리고 그 과정에서 드러난 문제와 성공했던 것, 질문사항, 주된
놀이의 주제를 기록한 후 상담사와 만나 논의하게 된다. 즉, 집에서 두 회기
의 놀이시간을 가진 후 부모는 자신의 기록지를 가지고 상담사를 만나서 이
에 대한 토의를 한다. 이 단계에서 4회기에서 12회기의 놀이시간을 가진 후

일반적으로 치료는 종결된다.

종 결

집과 학교에서 아동의 행동이 개선될 때, 이와 같은 놀이치료 기술들(구조화, 공감적 경청, 상상역할 놀이와 제한 설정)이 일상생활까지 확장될 수 있도록 부모를 격려하는 것이 중요하다. 부모는 치료가 끝난 후에도 자녀들과 특별한 놀이시간을 갖는 것이 중요하다는 것을 인식할 필요가 있다.

집단형식으로 맞추기

집단형식으로 진행될 때는 보통 여섯 명에서 여덟 명의 부모들이 매주 2시간씩 16회기에서 20회기 정도 만나게 된다. 물론 부모 중 한 명이 참석하거나 부부 모두가 함께 참석해도 된다(Guerney, 1980). 한부모가족과 작업할 때에는 적용하는 치료단계를 약간 수정하기도 한다. 초반에는 가족들이 서로를 알아 갈 수 있는 시간을 보다 많이 할애하는 것이 중요하다. 우리는 그러한 목적으로 집단 치료놀이 게임을 사용하기도 한다(Munns, 2009). '안녕하세요-고맙습니다' 활동(먼저 상대의 이름을 부르면서 콩주머니를 던진다.)을 하거나 '손쌓기' 게임(서로의 손을 겹쳐가 쌓아서 올라갔다가 다시 쌓아 올라가는)을 한다. 또는 풍선을 상대에게 던지면서 서로 치게 하여 땅에 닿지 않도록 하는 놀이도 한다. 이런 것들은 부모들이 서로에게 좀 더 편해지며 자유로워지도록 돕는다.

이 같은 재미있는 게임을 간단한 실시한 후, 상담사는 '부모가 자녀에게 실시하는 놀이치료'의 본질을 설명해 준다. 보조자가 있다면 따라할 수 있는 시연회기를 갖기도 하면서 부모들이 아동중심적인 놀이방식으로 놀이회기를 진행할 수 있도록 훈련을 한다. 구체적으로 구조화, 공감적 경청, 상상역할 놀이, 제한 설정의 네 가지 기술을 각각 시연해 주고 부모들이 따라할 수 있도록 돕는다. 각 기술을 가르치고 훈련한 후에는 집단의 리더인 상담사가 피드백을 한다. 이 같은 훈련단계는 4회기에서 6회기 정도 반복하는 것이 좋다. 이 단계를 끝내면 집에서 하는 놀이단계로 옮겨 간다. 부모들은 집에서 놀이치료를 진행하라는 과제를 받는다. 이때 놀이장면을 비디오로 찍어서 다음 모임에 가져오도록 부탁한다. 만약 부모에게 비디오카메라가 없다면 부모와 아동은 센터로 와서 놀고, 상담사는 놀이회기를 관찰해 줄 수 있다.

부모들이 집단으로 만나게 되면 자신들의 놀이장면을 담은 비디오를 다른 부모들과 나누면서 놀이에 나타나는 주제들에 대해 토론할 뿐 아니라, 서로에게서 피드백도 받을 수 있다. 이런 과정을 여러 회기에 걸쳐서 진행하다 보면 부모들은 돌아가면서 모두 자신들의 비디오를 볼 수 있다. 이 단계는 상담사가 부모들이 집에서도 놀이회기를 지속하고 유지할 만큼의 충분한 기술을 습득했다고 판단될 때까지 지속된다. 부모들은 자신들의 놀이기술을 확장할 수 있고 일상생활에서 아동들을 이해할 수 있도록 격려받는 것이 필요하다. 아동들의 행동이 집이나 학교에서 개선되어 부모자녀관계 놀이치료가 종결되면 부모는 함께 빵을 굽거나 자전거를 타거나 산책하는 등의 특별한 시간을 지속할 수 있다. 서로 즐길 수 있는 것들을 지속할 때 그들의 관계는 성장할 수 있다.

결 론

부모자녀관계 놀이치료는 부모가 내담자 중심의 놀이치료 접근을 지향하면서 자신들의 자녀와 상호작용하는 것을 배우는 놀이치료 모델 중 하나다. 자녀들의 변화에 주된 치료적 개입자가 되는 것이다. 이런 과정에서 부모와 자녀들은 관계가 돈독해지고 서로의 애착은 증진된다(VanFleet, 2011). 그뿐 아니라, 자녀들이 향상했으면 하고 바라던 행동과 정서적 안녕과 자녀에 대한 새로운 이해를 얻을 수 있다. 무조건적인 긍정적인 수용과 공감적 반응의 기술을 습득하는 것은 가족의 변화를 지속시킬 수 있도록 도우며, 후에 다른 자녀들에게도 적용할 수 있는 장점이 있다.

치료놀이

치료놀이의 역사

치료놀이의 창시자인 앤 전버그 박사(Dr. Ann Jernberg)는 1960년 후반에 시카고 헤드 스타트 프로그램에서 부모자녀 간의 애착을 증진시키기 위해 정부의 지원금을 받으면서 연구했던 심리학자다(Jernberg, 1929). 그녀는 1971년 시카고에 치료놀이연구소를 설립하고 오늘날까지 치료놀이의 국제적인 본부 역할을 담당하였다. 치료놀이는 현재 세계적으로 보급되어 있다(Booth & Jernberg, 2010).

철 학

치료놀이는 근본적으로 애착이론에 근거를 둔다(Bowlby, 1988; Cassidy & Shaver, 2008). 아동의 첫 관계 경험이 사실상 미래의 관계를 위한 형판을 구성한다고 믿는다. 관계나 애착이 안정적이지 않으면 인생 후반에서의 다른 관계도 문제가 드러나기 쉽다(Karen, 1994; Zeanah, 1994; Fearonm, Bakermans-Kranenburg, Ijzendoorm, Lapsley, & Roisman, 2010). 치료놀이는 첫 번째 관계로 돌아가게 해서 그것을 보다 강하고 건강하게 만드는 것에 목적이 있다. 어린 자녀들과 양육자 사이의 첫 번째 연결에 근거하여 접촉을 목적으로 하는 어린 자녀들을 위한 활동들이 주로 사용되었다. 개입은 아동의 정서적 연령에 맞춰 단계를 바꿔 가게 되고 처치가 진행되면서 점점 연령에 적합한 활동들이 추가적으로 포함된다. 치료놀이의 강조는 정상적인 부모자녀의 상호작용을 만들어 가는 데 있다(Munns, 2000, 2009, 2011a, 2011b).

치료놀이는 치료의 언어적 혹은 해석적 형식이 아니며 놀이적인 상호작용과 양육적인 접촉이 강조되는 것이다. 초점이 아동의 건강하고 긍정적인 측면에 있으므로 자존감과 자기신뢰를 높여 줄 수 있다. 괴이한 행동은 무시하거나 제외된다. 치료놀이는 장난감을 사용하지 않는 단기적 접근이다. 가족을 12회기에서 18회기 이상 정도를 일주일에 한 번씩 만난다. 회기시간은 놀이장면과 부모상담이 각각 30분씩이다(Munns, 2000, 2009).

치료놀이는 어린 아동부터 나이가 있는 아동까지 보다 넓은 범주에서 적용이 가능하다(Munns, 2008, 2011a). 위축되고 겁 많은 아동부터 외현화 공격적인 성향을 보이는 아동까지 많은 문제를 일으키는 아동들과 가족의 의미 있는 긍정적 변화를 만든다(Munns, 2009). 특히 입양 부모와 자녀들에게도 효과적이다(Lindamen & Lender, 2009). 무선할당된 통제집단 연구는 공격성 감소에서 효과적이었고(Munns, 2009, 2011b), 애착이 증진되고 자존감이 향상되었다(Siu, 2009; Meyer & Wardrop, 2009; Coleman, 2010).

부모가 참여하는 첫 회기는 상담사가 아동과 상호작용하는 것을 관찰하는 회기이며 그 이후부터는 상담사의 안내에 따라 부모가 아동들과 직접 접촉한다. 치료놀이는 놀이를 활용한 신체적 즐거움을 지닌 특성이 있다.

전제된 차원

전버그 박사는 수백 명의 정상 아동과 부모 사이의 상호작용을 지켜본 결과 네 가지의 주된 차원으로 분류하였다(Jernberg & Booth, 1979; Booth & Jernberg, 2010).

구 조

어린 자녀에게조차 그들의 삶에는 구조란 것이 있다. 먹고 자고 목욕하고 놀이시간처럼 시간표가 짜여 있다. 따라서 아동의 세계에 규칙과 리듬이 있다는 것은 오히려 아동에게 예측과 안정감을 주는 계기가 될 수 있다. 일반적으로 부모들이 이 같은 결정을 내리기 때문에 어린 아동이 어떤 결정을 해야 한다는 기대를 하지는 않는다. 규칙이란 모든 장소에 존재한다. 예를 들어, "아동이 기어 다닐 수 있어도 뜨거운 물주전자를 만져서는 안 된다." "부드러운 장난감은 던질 수 있어도 주스가 담긴 유리잔을 던져서는 안 된다." 등이 있다. 이런 것들은 아동이 자신의 충동성을 조절하는 법을 배우게 돕고 어떤 것을 해서는 안 되며, 어떤 것은 수용할 수 있는지를 배우게 된다.

상담사는 치료놀이에서 활동을 주도하거나 아동의 요구에 따라 각 활동들을 미리 계획함으로써 회기를 구조화한다. 치료가 종결에 임박할수록 부모에게 보다 많은 주도성이 요구된다. 각 회기마다 명백한 시작과 끝이 있다. '아프게 하지 않기' 같은 규칙은 회기 내에서 안전감을 형성하는 데 도움을 준다.

충동적이거나 불순응적이거나 반항적이고 통제적이고 외현화하고 과잉행동적이거나 쉽게 주의산만해지는 아동의 경우, 그들의 삶에 구조화가 필요하다. 따라서 치료놀이에서의 이 차원은 아동들을 위해 강조된다.

도전

어린 아동들은 집에서 보통 그들의 성공을 확신하는 방법으로 도전을 받는다. 장난감은 대부분 아동의 손이 닿는 데 놓여 있다. 쿠션은 아동이 앉았다가 일어나는 법을 배울 수 있도록 돕고 걸음마를 배우는 아동은 처음에는 어른들이 손을 잡아 주지만 결국은 혼자 걸을 수 있도록 손을 놔 준다. 아동들은 자라면서 이 같은 도전들을 계속 받게 되며 그것들의 성공경험으로 자신감을 얻고 자존감을 키워 간다. 아동들은 적절한 과제를 수행하는 것은 보상받고 격려받고 자극받는 것임을 배우게 된다.

치료과정에서 이런 도전들은 아동들이 완전히 습득할 수 있게끔 주어진다. 아동은 도전적인 과제를 통해서 성취감과 힘을 얻는다. 도전적인 활동은 특히 두려움과 수줍음이 많고 과도하게 불안하거나 위축된, 또는 의존적이며 과잉보호된 아동들에게 적합하다. 이런 활동들은 내면에 억압된 긴장과 공격성이 많은 아동들에게 수용될 만한 방식으로 자신의 감정을 해소할 수 있게끔 추천할 만하다.

참여시키기

부모가 자신이나 자녀 모두가 즐거움을 느끼면서 어린 자녀들과 상호작용할 수 있는 다양한 방법이 있다. 예로, 부모들은 '까꿍' 놀이나 '짝짝꿍' 이나 '시장에 가면'* 같은 게임을 활용할 수 있다. 이 같은 참여는 아동의 세계를 이해하고 자녀들의 단서에 민감해질 수 있다는 전제조건이 있다면, 결과적으로 모든 이에게 즐거움을 제공한다. 아동들은 다른 사람과의 관계로 자신들을 깨닫고 신체의 경계선을 배운다. 또한 다른 사람들과의 관계에서 즐거움의 근원이 무엇인지 배우고, 놀라움을 배우는 것의 즐거움을 알게 된다.

상담사들은 치료놀이에서 다양한 활동에 아동을 참여시키며 보통은 새롭고 그들에게 자극적이다. 상담사들은 아동의 흥미와 반응을 얻기 위해 최선을 다한다. 이것은 위축되고 경직되고 회피하는 경향을 보이는 아동들에게는 특히 중요하다. 이들 역시 자폐성향을 보이는 아동들처럼 높은 보호적인 장막을 가진다.

양 육

양육은 삶에서 소홀히 다룰 수 없는 중요한 측면으로 사랑받고 돌봄의 가치와 중요성을 가지게 하여 궁극적으로는 자신에 대한 감각으로 이어진다. 이상적인 경우에는 부모가 재워 주고 흔들어 주고 먹여 주고 목욕시켜 주면서 힘을 갖도록 한다. 부모의 따뜻하고 일관된 정서적인 태도를 경험한 아동은 자신들의 욕구가 채워지는 것을 알게 된다. 그뿐 아니라 부모들은 아동에게 공감적으로 반응해 주고 안정적이 되려고 노력하면서 필요할 때는 자녀를 진정시킬 수 있어야 한다. 자녀를 양육하는 것은 그들의 내면의 안정감을 발달시키도록 돕고 양육자와 긍정적인 애착을 형성할 수 있도록 끊임없이 노력하는 것이다.

---

* '시장에 가면'이란 놀이는 기억력 놀이로 서로 번갈아 가며 시장에 가면 사는 물건들 혹은 음식들을 추가해 가는 것이다. 사는 물건들이 누적되므로 기억해야 한다.

상담사는 치료과정에서 양육적 돌봄을 알려 주는 첫 번째 모델이며, 그런 활동으로 부모를 안내하는 사람이기도 하다. 때때로 부모가 양육을 받을 필요가 있기도 하다. 양육적인 활동은 다음과 같은 다양한 내용을 포함한다. 아동들의 발이나 손에 로션 바르기, 좋아하는 간식 먹기, 아동을 이불에 올리고 흔들어 주면서 특별한 자장가 불러 주기, 막대사탕이나 쭈쭈바와 같은 간식 주기 등이 있다. 이런 활동은 아동의 정서적인 연령에 적합해야 하며 치료놀이에 참여하는 아동들의 대부분은 발달적 연령보다 정서적 연령은 낮다. 개입을 끝낼 무렵에는 아동의 발달연령에 맞추어 진행된다.

어떤 상처도 허용되지 않는다. 아동이나 부모가 사고로 상해를 입게 되면 즉각적인 집중을 해 주는 것이 필요하다.

양육적인 접촉은 모든 아동들에게 필요하지만(Field, 2000), 박탈이나 학대의 배경을 가진 아동들에게는 특히 중요하다. 치료놀이는 신체적·성적인 학대로 외상을 입은 아동들에게 사용할 수 있으나, 이들에게 접근할 때는 보다 천천히 보다 온화하게 하도록 수정되어야 할 필요가 있다. 아동이 활동에 참여하기를 거부한다면 그것을 존중하면서 격려할 필요가 있다(James, 1994). 이들을 위한 개입은 양육과 자존감, 고무 관련 활동들이 필요하다. 그렇지만 아동들의 단서에 반응적으로 속도를 조절해야 한다. 아동이 접촉에 대해 탈감각화되는 것은 중요하지만(Ford, 1993; Hindman, 1991) 조심스럽게 이루어져야 재외상 경험을 하지 않게 된다.

목 표

치료놀이의 목표는 긍정적인 애착과 관계를 증진시키기 위함이며 자존감과 신뢰를 고양시킨다. 그리고 아동과 부모 모두의 자신감이 있고 아동들이 규제할 수 있게 돕고 부모가 아동의 단서와 욕구에 조율할 수 있게끔 돕는다.

치료놀이는 입양가족이나 위탁가족, 또는 재혼가족의 아동들과 자폐성향이 있는 아동들의 관계나 애착 형성에 적합하다.

개입의 단계

치료놀이는 세 단계의 개입에 의해 이루어진다.

1단계 시작

- **탐색**: 치료놀이의 시작단계로 상담사는 흥겹게 자신을 아동들에게 소개하는데, 이것은 아동에게 매주 정규적으로 만남이 이루어질 것이라는 사실을 숙지하도록 민감한 태도를 보여야 한다. 상담사는 아동들이 서로를 잘 알고 싶다고 느끼도록 재미있게 참여시켜야 한다. 자신들의 손크기나 키를 탐색하게 할 수도 있다. 얼굴에 얼마나 많은 점을 갖고 있는지 또는 눈동자의 색깔은 무슨 색인지를 살펴보게 할 수도 있다. 상담사는 아동들이 긍정적인 측면으로 자신들의 신체적 자각을 할 수 있도록 도와야 한다.
- **신혼단계**: 아동들은 초반에는 상담사를 시험적으로 받아들이면서 활동을 잘 따라온다. 매사에 조심스럽게 배려하기도 하고 웃음이나 즐거움을 표현하기도 한다. 시간이 지나면서 아동들은 상담사를 신뢰하기 시작하고 활동에 참여하는 것도 보다 편안해진다. 부모나 아동들 모두 행복하고 제시하는 활동마다 잘 이루어져 가는 단계를 신혼단계라고 부른다.

2단계 중간

- **부정적 시기**: 아동들이 저항하기 시작한다. 아동들은 자신의 삶에서 이미 경험했던 통제권을 다시 얻고 싶어 한다. 가정에서 폭군이었던 아동에게는 그와 같은 경향이 특히 강하다. 아동들은 '대장'이 되고 싶어 하

는데 모든 것을 통제하고자 하는 욕구를 지닌 아동이라면 더 그럴 것이다. 왜냐하면 그들은 자신을 위해서 세상을 안전하게 만들려는 방식의 노력을 해 왔기 때문이다. 이런 통제력이 과거에 나타났을 수도 있고 미래에 나타날 수도 있는데, 어쨌든 모두 외상 경험이다. 때로는 이런 저항이 수동적으로 나타나기도 한다. 그 같은 예는, 아동들이 주저하거나 누워 버리거나 아무것도 하고 싶지 않은 것처럼 행동하는 것이다. 때로는 소리를 치면서 돌아다니거나 우는 등의 공격적 태도를 보이면서 저항을 적극적으로 나타내기도 한다.

이 시점에서 부모는 아동들이 좋아지기는커녕 오히려 더 안 좋아지고 있다는 두려움을 느끼기 시작한다. 부모가 이런 걱정을 할수록 상담사는 차분히 계획된 활동들을 그대로 진행하려고 노력해야 한다. 한 예로, 아동은 게임의 규칙을 바꿔서 자기가 유리한 쪽으로 하고 싶어 할 수도 있다. 이 경우 어른들이 규칙을 강하게 고수하면 아동은 떼를 쓰기 시작한다. 이때 상담사는 아동에게 정해진 규칙을 따르면서 게임을 진행하거나, 아니면 게임을 하지 않고 잠시 진정하기 위해 앉아 있는 것 중 어떤 것을 할지에 대한 선택권을 주어야 한다. 어른들이 떼쓰는 행동에 대해 일관된 태도를 가질 때 그것은 빨리 사라지는 경향이 있다.

아동들이 보이는 저항기간의 길이는 저항의 강도만큼이나 다양하다. 물론 모든 아동들이 부정적인 단계를 거치는 것은 아니다. 그렇지만 아동의 행동이 급격하게 과해지는 이런 단계가 온다면 상담사가 여전히 곁에서 수용해 주고 있다는 점을 느끼게 해 주는 것이 핵심이다. 때때로 아동들은 '내가 나쁜 면을 보여 주더라도 선생님은 여전히 나를 좋아하나요?'라는 느낌으로 상담사를 시험하기도 한다. 따라서 상담사는 언제나 아동을 소중히 여기고 있다는 무언의 내재된 메시지를 주는 것이 필요하다.

• 성장하고 신뢰하는 시기: 아동들은 점점 협력적이 되고 눈맞춤을 이어 가면서 상담사에게 접근하고 미소나 웃음을 보인다. 그리고 활동들도 분

명히 즐기고 있다. 지금까지의 과정을 지속적으로 관찰해 온 부모들은 이제부터 직접적인 참여를 하게 된다. 경우에 따라서는 부모의 놀이에 합류하면서 아동들이 전에 보이던 부정적인 패턴을 잠시라도 드러내기도 한다. 그러나 이 같은 현상은 대부분 곧 사라진다.

부모와 아동 사이의 관계는 지속적으로 성장한다. 부모나 아동 모두 친밀감을 즐기게 되고 오랜 시간 동안 즐거움을 만끽한다. 반항적이던 아동들은 부모에게 순종하면서 덜 반항하게 되며, 수줍어하던 아동들은 좀 더 자신감을 가지면서 활발해진다. 부모와 아동들은 이처럼 건강한 방식으로 보다 가까워진다. 부모들은 아동들의 행동이 학교에서처럼 증진되었다고 보고한다.

3단계 종결

상담사는 의뢰된 문제들이 사라지거나 실질적으로 줄어들면 치료의 종결을 언급해야 한다. 아동들이 기대하는 행동을 지속적으로 유지한다면 몇 회기만 더 진행한다. 종결 직전 회기에는 가족들과 함께할 마지막 파티 회기에 하고 싶은 활동을 고르게 해야 한다. 부모들은 집에서 아동이 좋아하는 음식과 음료수를 가져오기도 한다. 마지막 회기에서는 치료놀이 활동을 마친 후 참여자들이 모두 파티모자를 쓰고 음식을 나누어 먹기도 하고 아동에게 작은 선물을 주기도 한다. 이것은 가족의 변화를 축하하는 과정이다. 일반적으로는 네 번의 추후회기를 하는데, 그중 첫 번째 회기를 종결한 지 한 달이 지난 시점으로 잡는다. 가족들에게 치료과정에서 했던 치료놀이 활동을 가정에서도 계속하도록 권할 필요가 있다.

사례 연계

다음 두 개의 사례는 서로 성향이 다른 아동들과의 과정이 어떻게 진행되는지를 묘사한 것이다.

사례 1

의뢰 문제: 샐리는 6세 난 소녀다. 그녀는 언제나 위축되어 있었고 수동적이며 두려움이 많아서 언제나 엄마에게 달라붙어 있었다. 친구들도 없었고 변화에 저항하는 아동이었다. 그녀는 불안정하고 불안이 많았다. 학대에 대한 기록은 없었으나 일반적으로 학대의 경험이 있는 아동들이 보이는 여러 증상을 드러냈다.

- **1단계 시작:** 처치의 첫 단계에서는 상담사가 적극적으로 들어가 샐리를 끌어당기려고 했다. 그리고 놀며 재미를 느끼도록 했다. 샐리는 스스로 상담사에게 다가오면서 즐거움을 느끼기 시작했다. 이것이 신혼단계다.
- **2단계 중간:** 상담사는 샐리에게 도전의 기회를 주었다. 엄지 씨름 대회, 종이 때리기, 종이 검 싸움, 면봉 서로 던지기 등의 활동을 했다. 샐리는 점점 적극적이 되었고 편하게 방어기제들도 사용하게 되자 정서적인 표현이 늘었다. 이 방식이 잘 되어 가면서 샐리는 '말대답'을 하면서 약간 저항적이 되기 시작했고 '못되지기' 시작했다. 부모들은 샐리가 좋아지기보다 더 나빠졌다고 걱정하기 시작하였다. 그러나 그녀는 동시에 보다 독립적이 되고 자기주관적이 되어 가고 있었다. 상담사는 부모들의 자기신뢰가 자랄 수 있도록 도왔다.

  샐리는 계속 '날개를 계속 펴면서' 주위의 어른들의 승인을 얻고 싶어 했고 좀 더 협력적이 되었다. 회기 내내 지지적이고 수용적인 상담사와 긍정적인 관계를 형성하였다. 샐리는 회기를 매우 기다렸고 부모는 이전에는 관찰자 역할에 머물렀지만 점차 활동을 이끄는 책임감을 보였다. 집에서도 치료놀이를 하는 것이 적극적으로 독려되었다. 샐리는 점점 활동적이 되었고 더 행복해졌다. 집에서도 덜 부모에게 매달렸고 위험도 감수할 줄 알게 되었다. 부모도 샐리를 과잉보호하는 것이 줄었다.
- **3단계 종결:** 개입의 종결은 샐리가 얻은 것들이 강화될 때, 부모가 동의하면 가능해진다. 그녀는 자기확신적이되고 좀 더 독립적이며 정서적으

로 표현적이 되었지만 이것들이 적당하고 더 행복한 수준이다. 3회기 정도를 남기고 아동에게 치료놀이가 끝날 것에 대해 미리 알려 줘야 그들도 나름대로 준비를 할 수 있다. 파티는 마지막 회기에 열리는데, 아동이 가장 선호하는 활동을 하고 그들을 위해 간식도 준비한다. 그리고 아동을 위해 작은 선물도 마련한다. 아동들이 이야기할 수 있는 긍정적인 기여를 했던 게임을 골라 놀게 한다. 이러한 개입방법에 따라, 샐리의 경우에도 모든 사람이 그녀에 대해 좋아하는 점을 적은 네모난 색지를 테이프로 연결해서 체인목걸이를 만들어 그녀에게 수여했다. 이 체인목걸이는 회기가 끝난 후 기념품으로 집에 가져갔다. 네 번의 추후치료를 위해 첫 번째 약속시간을 미리 잡았다. 상담사는 헤어지기 위한 안녕 노래를 부르면서 가족을 문까지 배웅하며 안아 주고 악수를 한다. 한 달 후에 다시 만날 것을 알려 주었는데, 이것은 아동이 상담사를 다시볼 수 있다는 것을 미리 알면 종결에 대해 가질 수 있는 분리불안을 도울 수 있기 때문이다.

이 사례에서 샐리는 집에서나 학교에서 좀 더 자신감이 생기고 활발해졌지만, 친구를 사귀는 데는 여전히 어려움이 남아 있어서 이 같은 사회화를 위한 또래집단 활동을 추천하였다.

사례 2
의뢰 문제: 조니는 8세 난 소년으로 학교나 집에서의 또래관계에서 끊임없이 갈등을 보였다. 그는 공격적이고 충동적이며 불순응적일 뿐 아니라 반항적이고 고집스러우며 통제적이었다. 간혹 소외되기도 했다. 그는 친구가 없다. 부모들은 조니에게 쉽게 인내심을 잃었고 화를 내거나 원망을 하면서 거절하는 태도를 보이기도 하였다. 부모와 조니 사이에는 신체적·정서적 거리감이 있었다.

- 1단계 시작: 조니의 지금까지 듣던 것과는 달리 치료의 초반에는 정당하고 의젓한 모습을 보여 주었다. 상담사가 '문제'에 대해 언급하지 않고 대신 따뜻하고 환영하는 것에 조니는 다소 어색해했다. 그는 상담사가 이 같은 긍정적인 신체적 접촉을 하면서 상처에 로션을 발라 주면서 부드럽게 돌봐 주자 놀라워했다. 이것이 조니에게 큰 변화를 가져왔다. 어른들은 조니를 수용하고 존중하기 시작했다. 조니가 완전하게 협응적이지 않을 때조차 상담사는 비판적이거나 못마땅해하지 않았다.

- 2단계 중간: 조니는 통제하고자 하는 욕구가 있었기 때문에 부정적인 행동을 하면서 주의집중을 받기 시작하였다. 조니는 사람들이 자신을 '부정적'으로 보는 것에 익숙해져 있었고 '포기하지 않는' 이미지로 정체성을 확립해 갔다. 반대로 말하거나 시무룩해하거나 공격적이 되거나 소리를 지르고 울면서 저항하기 시작했다. 부모들은 조니가 자신들을 돕지 않는 것에 대해 염려하였다. 그러나 그들은 상담사가 조니의 떼쓰는 행동도 견뎌 내는 것을 보면서 또 아동을 순응하도록 돕는 것을 보며 중요한 교훈을 배웠다. 상담사는 차분하고 흥겹지만 그가 하기 원하는 행동을 인내를 가지고 기다려 주었다. 조니는 차츰 게임의 규칙에 순응해야 하며 그렇지 않으면 게임을 할 수 없음을 배우게 되었다. 그리고 치료실 안에서는 어떤 상처도 허락되지 않았기 때문에 아무리 작은 상처가 생겨도 즉각적으로 돌봐 주어야 한다는 점을 배웠다. 조니가 상처를 냈다면 그 자신이 상처를 치료할 수 있도록 이끌었다. 그 과정은 상처를 쓰다듬고 로션을 바르고 밴드를 붙이는 행동이었다. 이런 상처에 대한 '상환' 행동은 누군가에게 상처를 줄지라도 그것을 경감시키도록 도왔다는 감정을 느끼게 해 주기 때문에 단순히 문제만 일으킨 것이 아니라 해결도 했음을 보여 준다.

치료놀이의 강한 부분이 바로 조니를 양육했다는 점이다. 조니 같은 아동은 종종 따뜻한 정서를 받기보다는 비판이나 거부를 받게 마련이다. 조니의 유아시절로 돌아가 보면 문제를 일으키지 않았을 것이고 있는 모습 그대로 수용되었을 것이다. 그러므로 이런 활동들을 재창조하는 것이 필요하다. 조니가 좋아하는 자장가를 부르며 부모가 팔에 안고 막대사탕이나 젖병을 주면서 담요 안에서 조니를 흔들어 주는 것이다. 이런 시도는 부모와 아동을 기본적으로 그렇지만 긍정적으로 재연결하게 돕는다. 엄지손가락을 빨거나 아동 같은 말투를 하는 등 퇴행하는 행동이 일시적으로 나타나기도 했다. 그러나 이 같은 퇴행은 몇 주 동안 지속하지 않기 때문에 조니가 부모와의 관계에서 변화하는 계기가 될 수 있었다. 부모 또한 조니를 욕구가 있는 아동으로 볼 수 있게 되었고 덜 비난하고 좀 더 수용할 수 있었다. 양육하는 활동을 통해서 조니는 자신이 가치롭고 돌봐 주어야 할 대상임을 배울 수 있었다. 어떤 요구 없이 긍정적인 집중을 받아 볼 수 있었던 것이다.

조니는 부모가 이끌면서 보이는 확고하고 일관된 태도에 대해 점점 협동적이 되었고 덜 통제적이 되었다. 그들 사이에 좀 더 자발적인 정서가 일어났다. 서로를 즐기기 시작하고 눈맞춤도 잘되었고 함께 놀면서 미소를 보이거나 서로 웃는 행동이 늘어났다. 조니는 자신이 부모에게 두통거리가 아니라 즐거움의 원천이 될 수 있다는 것을 배울 수 있었던 것이다.

• 3단계 종결: 조니는 집에서 순응적이 되었을 뿐 아니라 학교에서도 협동적이 되었다. 비난보다는 칭찬을 보다 많이 받기 시작했고 자신에 대한 기본적인 이미지가 점점 긍정적이 되었다. 자신의 강점을 깨닫기 시작했고 그의 가치와 기준에 의해 정체성을 확립하면서 주변의 어른을 기쁘게 만들려고 동기화되어 갔다. 그의 내면의 통제력은 증가하였다. 부모자녀관계는 점점 강해지고 건강해졌다. 이런 긍정적인 성장을 통해서 파티를 준비하면서 종결을 계획하였다. 종결 후 나머지 네 번의 추후회기를 갖는데, 첫 번째 만남을 계획하고 부모들이 치료놀이 활동을 집에서도 계속할 수 있도록 격려하였다.

종 결

부모가 자녀에게 실시하는 놀이치료(filial therapy)와 치료놀이는 부모자녀의 애착을 증진시키는 데 효과적이며 증거기반적이라는 점은 이미 알려져 있다. "둘 중의 어떤 방식이 보다 더 적합할까?"에 대한 고민이 있다. 어떤 가족들은 이 두 가지 방법 모두를 통해 이익을 얻었다. 이 글을 쓰고 있는 저자 또한 부모가 자녀에게 실시하는 놀이치료로 효과를 얻었으며, 대부분의 부모들이 개인적인 문제로부터 자유로워지고 보다 건강해질 수 있다는 믿음이 생겼다. 자신들의 개인적인 문제가 더 깊게 내재되어 있거나 만성적이어서 서로 얽혀 있다고 생각하는 부모들은 자녀들이 더 공격적일 수 있기 때문에 치료놀이를 선택하는 것이 바람직할 수도 있다.

제**7**장
모래, 물, 상징물과 모래상자를 활용하여 입양가족과 작업하기

● Theresa Fraser

보웬, 브론펜브레너, 헤일리, 사티어, 미누친, 그리고 휘태커 같은 이론가들은 가족치료가 전체를 이루고 있는 부분들에 대한 이해인 만큼 가족체계를 전체로 이해하는 것이 중요하다고 강조하였다. 부분들이 어떻게 서로 연결되며 이 연결을 촉진시키거나 발전시킬 수 있는 과정에 대한 통찰을 얻는 것이 접수면접과 개입단계의 목적이다.

가족의 정서적 구성은 결혼과 출산, 입양과 같은 강한 연속적인 애착을 통해 그들의 삶을 구성한다. 가족이라는 관점에서는 세대 간에 경계가 없다. 가족의 정서적 구성은 위협과 스트레스에 대해 자동적인 반응들을 유발하는 것들이 서로 얽혀 있는 관계의 종합체로 기능한다(Smith, 2001: 101).

어떤 입양가족이 우리 상담센터에 의뢰하였을 때, 저자의 경험에 의하면 그들은 서로 얽혀 있는 한 개의 관계조직이라고 생각되었다. 캐나다에서는 혼자 사는 사람이거나 또는 커플이 신생아나 유아, 아동을 국제적으로 입양하려면 여러 가지 방법이 있다. 개인적으로 진행하거나 친척이나 재혼가정의 아동 또는 캐나다 아동복지센터를 통해 입양한다. 이들이 상담에 의뢰하는 흔한 이슈는 강력한 애착을 지속적으로 만들기 위한 투쟁이다. 물론 각 가족구성원들은 체계적 패턴행동으로 상담과정에 임한다. 이런 패턴은 가족력에 근거하는데 어떤 아동은 다양한 부모상을 가진다. 입양부모 이전에 친척이나 위탁가정, 생물학적 가족을 포함하여 주요한 애착대상이 필수적인 것은 아니므로 반드시 그렇다고 단정 짓기는 어렵다. 아동은 이미 어릴 때 이런 이야기가 구성되었으며 주변의 빈 공간을 메울 수 있는 그 어떤 존재도 없었기 때문에 때로는 잃어버린 많은 단어들에 의해 이야기가 혼재될 수도 있다.

학대 같은 외상적인 경험과 방임은 언어를 사용하기 이전 시기에도 일어날 수 있는데, 이 같은 일상적인 경험은 강한 정서반응을 촉발하는 요인이 될 수도 있다. 따라서 입양한 부모는 최근의 가족체계 이슈가 현실에 있는 것이 아니라, 오래전의 이야기 그리고 옛것과 새것의 혼합일 수 있음을 알아야 한다. 이런 역동들이 입양된 자녀와의 관계를 깨트릴 수 있기 때문이다 (Edwards, 2000).

프랜시스는 지금까지 형제들과 함께 식사준비를 해 왔다. 그런데 그의 새로운 입양부모는 프랜시스 혼자 식사준비를 담당하도록 했다. 어느 날 아침, 양아버지는 자신에게 와플을 구워 달라고 부탁했다. 프랜시스가 음식을 식탁에 준비하자, 양아버지는 와플이 "역겹다."고 표현하면서 자신이 좋아하는 정도로 구워지지 않았다고 말했다. 양아버지는 자신이 아이에게 상처를 줬다는 것을 후에 깨닫게 되었지만, 그는 자신이 고마운 마음으로 친절하게 행동하지 못한 것은 아이의 방어적 행동 때문이라고 생각했다. 사실 프랜시스가 이전에 살던 집은 쥐나 바퀴벌레가 많았기 때문에 모든 음식에 코를 갖다 대고 냄새를 맡는 것이 일상적이었다. 이것에 대해 입양부모들은 프랜시스가 자신들의 양육을 신뢰하지 못할 때 이런 일이 시작되었다고 생각했다.

각 가족구성원들이나 구성원 하위체계들은(형제자매의 입양의 경우) 위협이나 스트레스에 대한 제각각의 자동적인 반응을 보여 주기도 한다. 한 예로, 조이는 경찰 사이렌 소리가 들리면 상당히 과잉 흥분을 한다. 어떤 경우는 집 안으로 뛰어 들어오면서 "경찰이 와요."라고 소리치고 방에 숨는다. 조이는 술 취한 생부가 운전하던 차에 타고 가면서 경찰차에 추격당했던 경험이 여러 번 있었다. 그리고 경찰이 영장을 들고 집에 올 때면 아버지는 늘 침대 밑에 숨을 준비가 되어 있었다. 여러 차례의 놀이치료 회기를 진행하면서 조이의 놀이에서 드러난 경찰은 어린아동을 보호하는 사람으로 지각되기 시작하였다. 그의 양부모는 조이를 위해 특별히 경찰서를 견학할 기회를 제공하였다.

아동들이 자신의 인생각본에 자신이 가족의 갈등의 원인이 되고 사랑받지 못하는 입장에 있다고 쓴다면, "우리는 이제 너의 가족이야."라는 새 가족의 주문에도 직접적인 갈등을 유발할 수 있다. 모두가 잠이 든 후에 에밀리는 자신의 침실에서 양엄마의 노트북 컴퓨터를 사용했다. 이 사실이 발각되어 노트북을 뺏기면서 에밀리는 짐을 싸기 시작했다. 에밀리는 이전에 위탁가정에서 전자제품을 훔쳤던 기억을 떠올리며 자신이 어린이 복지재단으로 보내질 것이라고 생각했다. 에밀리를 입양한 엄마는 잘못을 잡아 주려고 했던 순간마다 에밀리를 어린이 복지재단으로 다시 보내려는 것이 아님을 설명해야 했다.

브루스 페리 박사와 동료의 연구에서 뇌는 (초기 경험이나) 처음에 고정된 형판에 의해 창조되며 그 같은 새로운 경험은 원래의 것과 비교된다고 밝혔다. 새로운 경험은 새로운 기억의 더 많은 반복에 의해 만들어지고 나서 점점 크게 확장될 수 있다(Perry, 2001). 치료실 안에서 어떻게 이런 부분이 일어나는가 하면 상담사가 가족에게 내 주는 숙제가 종종 부모와 아동들이 함께 새로운 기억을 창조하며 이 같은 반복되는 경험에 근거해서 새로운 형판이 만들어지는 것이다.

입양 아동과 가족과 함께하는 놀이치료에서는 놀이도구가 입양가족이 내담자 집단을 반영한다는 것을 알아야 한다. 상징물들은 다양한 문화와 세대의 가족(다문화 및 게이·레즈비언 커플)을 반영할 수 있어야 한다. 또한 이런 도구들은 과거, 현재, 미래의 가족경험을 반영할 수 있어야 한다.

임상가들은 치료적 과정의 목적에 초점을 맞추면서 안전한 피난처에서 가족들 각자가 가족 내에서 생성되는 상호주관적인 경험에 참여한다. 활동은 응집력 있는 전생애사적 이야기를 형성할 수 있게끔 도와야 한다(Hughed, 2007: 2).

입양가족 전문상담사들은 종종 부모들에게 코칭하는 역할도 감당하여 회기 밖에서도 안전감을 제공할 수 있는 전문가라는 점을 아동들이 인식할 수 있도록 해야 한다.

찰스는 3세 난 소녀를 입양한 아빠다. 그는 슬하에 이미 두 명의 성장한 형제를 두고 있었다. 그는 어린 여자아동을 어떻게 다뤄야 하는지 잘 몰랐고, 아무리 부모교육을 받아도 아이가 끊임없이 새엄마에게만 집중한다고 호소하였다. 아버지와 딸이 참여한 치료회기 중에 아이가 넘어졌는데 아이는 주저 없이 여자 상담사에게 달려갔다. 상담사는 그녀를 안고 "아빠가 상처에 호호해 주려고 네 팔과 다리를 보고 싶어 한다."라고 말하면서 찰스에게 딸을 넘겨 주었다. 이런 단서들을 계기로 딸은 적절하게 반응할 수 있었다.

각 가족체계는 독특하며 자녀들은 독특한 과거경험의 편집과 다양한 가족체계에서 형성된 형판을 가지고 있다. 입양가족을 만나는 상담사는 그런 가족체계를 인식하고 있어야 한다. 또한 어느 정도 자란 자녀를 입양한 가족의 경우에는 특별한 치료적 개입과 고려가 필요하다(Elbow, 1986). 접수면접에서 다음의 기능영역들을 파악할 필요가 있다.

- 최근 부모와 자녀의 관계(가족 안의 부모 각각)
- 부부관계
- 아동의 생물학적 부모나 가족 혹은 최근 가족(위탁가족 포함)과의 관계에서 가족정체성 받아들이기

- 확대가족과 관련하여 입양가족의 정체성
- 새롭거나 바뀐 부모의 정체성
- 생물학적 혹은 입양된 형제자매의 관계
- 아동의 개인적인 치료 이슈들

　　입양가족이나 위탁가족을 만날 때는 그 가족에게 맞는 치료를 해야 한다. 기본적인 일상생활에서 복합체나 강도가 경험된다면 부모, 양육자, 아동들 모두에게 굉장한 도전이 된다(Hart & Luckock, 2006: 34).
　　일부 임상가들이 가족 내에서 학대나 방임의 유산을 받은 아동에게 미친 거대한 잠재적 영향력을 미처 발견하지 못한 부분이 드러나는 경우도 있다 (Hart & Luckock, 2006에서의 Howe, 2003).

　따라서 접수면접에서 정보를 얻으면 즉각적인 치료목적이 무엇인지 확인할 수 있게 부모와 상담사가 협력하는 것이 시급하다. 부모자녀의 애착을 지지하는 것은 개입이 내재된 일관된 집중요인이며, 부모가 자신의 정체성을 생성하는 것을 지지하는 부모의 결정을 지지하는 것이 상담사의 역할이다. 상담사는 개입에 초점을 맞추면서 통합된 방식(Drewes & Bratton, 2011)과 규정적인 방식(Schaeffer, 2001)으로 체계적인 작업을 하기 위해 다양한 형식을 활용할 수 있다. 이것은 또한 상담사가 치료적 관계의 다른 단계에서 집중하고자 하는 영역에 따라서 가족 전체, 가족의 하위체계, 부모만, 혹은 아동 각자와 작업할 수 있음을 의미한다. 예를 들어, 마샥 상호작용 평가(Marschak Interactional Method: MIM, 검사도구로 아동과 부모의 상호작용을 볼 수 있다.)는 부모자녀관계의 네 가지 영역을 이해하는 데 도움이 된다(Boothe & Jernberg, 2009). 칼라 샤프(Carla Sharpe)가 집짓기 기법(Build a House technique)을 개발하였고 안전에 대한 시각, 역할, 규칙을 확인하는 데 유용하였다(Sharpe, 2005). 입양가족을 주로 다루는 상담사는 놀이치료의 여러 가지 접근을 포함하여 초기 치료계획을 형성하기 위해서 다양한 평가도구를 사용할 수 있어야 한다.

보웬이론의 틀을 가진 놀이치료는 모든 가족구성원들의 참여를 격려하며 가족구성원들 서로의 상호작용을 지적한다. 그리고 이런 체계적 패턴을 통해 가족이 왜 치료에 의뢰되었는지에 대한 이유를 이해할 수 있다(Nims & Duba, 2011: 83).

드 도메니코(De Domenico)는 모래상자-세계기법(STWP)의 이론을 개발하였는데, 이 기법은 놀이상담사들이 아동과 청소년, 성인과 집단, 때로는 가족과 작업할 때 유용한 기법이다. 이것은 마거릿 로웬펠드(Margaret Lowenfeld)의 '세계기법'과 도라 칼프(Dora Kalff)의 모래놀이치료(De Domenico, 개인적인 의사소통, 4월 25일, 2005)와 관련되어 있다. 모래와 모래상자, 물과 이미지(상징물)들을 사용하여 작품을 제작하는데, 그 작품은 만든 사람의 경험을 반영하고 의사소통하게 된다. 나는 드 도메니코 박사와 2004년도부터 2010년까지 6년 동안 함께 미시건, 랜싱에서 공부하였다. 그리고 모래상자-세계기법(STWP)을 개인, 부부, 집단, 그리고 가족에게 사용하며 강의와 놀이치료를 병행하고 있다.

입양가족과의 다양한 작업에서 상담사는 모래상자 놀이치료를 직접적으로 간접적으로 가족구성원들 각자나 가족 전체에게 활용할 수 있다. 이 같은 접근에 대한 자세한 언급은 여기서는 생략하기로 한다. 다양한 입양가족들과 진행한 회기를 기술하면 새롭게 형성된 입양가족에 의해 염려되는 일반적인 주제를 나타내기 위해 활용되는 정신역동적 과정으로 모래놀이를 사용할 수 있다. 가족에서 모래상자를 활용하면 상당히 영향력 있는 도구가 된다.

모래 내적인 작업은 내담자가 우리에게 가지고 오는 많은 정신내적인 고통을 은유적으로 표현한다. 모래는 역사의 부산물이며 우리 또한 그러하다(Carey, 1999: 12).

최근 생겨난 부모자녀관계:
규칙, 역할, 의사소통, 그리고 문제해결

각 가족구성원들(부모와 네 명의 입양자녀들, 그리고 두 명의 생물학적 자녀 체계)이 모두 모인 첫 면접회기에서 상담사는 새로 형성된 가족 안에서 자신의 위치를 잘 나타내 줄 수 있는 상징물을 골라서 상자 속에 넣으라고 요구했다 (Gil, 1994). 그들은 각자 상징물을 골라 와서 상자 안에 넣자, 가족에게 그들이 지내는 안전한 장소라고 느껴질 때까지 상징물을 상자 안에서 자유롭게 움직이고 위치를 바꿀 수 있도록 했다. 추가하고 싶은 상징물이 있다면 더 넣을 수도 있고 뺄 수도 있다. 자신들이 만든 모래상자 세계가 원하는 만큼 꾸며졌다고 느껴질 때까지 가능하면 말을 하지 않고 집중하도록 요구했다.

이런 과정에서 상담사와 가족구성원 간에 구두로 전달되었건 그렇지 않던 간에 상담사와 가족구성원이 가족의 규칙과 규준을 이해할 수 있게 도와야 한다. 각 회기를 진행하면서 가족구성원들은 부모에게 가까이 다가갈 때 느끼는 감정이 어땠는지 알 수 있게 되며, 때로는 모래상자에서 상징물들을 움직이거나 빼낼 때 느꼈던 감정도 인식할 수 있다. 빠른 시간 내에 가족은 모래상자 안에서 표현한 행동과 가정이라는 환경에서 보이는 행동 사이의 연결점을 도출해 낼 수 있게 된다. 이 같은 내면세계와 외부세계 사이의 연결은 내적인 부분이 놀이를 통해 표현될 수 있는 모래놀이-세계기법의 필수사항은 물론 아니다(De Domenice, 개인적 의사소통, 4월, 25일, 2005).

모든 구성원들은 존중받을 수 있도록 가족에게 필요한 가족의 안전한 규칙을 알 수 있게 되었다는 점이 놀이활동을 통해 얻은 성과다. 가정에 갑자기 어린 동생이 옴으로써 느껴지는 감정을 언어적으로 표현할 수 있고, 때로는 가족에게 관심을 요구할 수도 있다.

부부관계

짐과 패트리스는 7세 난 남자 아동을 입양했는데 아빠인 짐과는 별 문제가 없지만, 엄마인 패트리스와는 여러 가지 갈등을 드러냈다. 짐은 패트리스가 아이한테 너무 완고하다고 느꼈으며, 패트리스는 이런 점에서 남편에게 지지받고 있지 못하다고 불만을 드러냈다. 이것은 부부관계에서 갈등과 스트레스의 원인이 되었다. 치료과정에서 부모들에게 각자의 모래상자를 꾸미도록 요구했다. 모래상자의 제작이 끝나자 각자가 만든 세상을 서로 '감상'하도록 권유했다. 이를 통해 패트리스는 자신의 도움을 보다 많이 필요로 하는 좀 더 어린아동을 입양하고 싶었던 바람이 있었고, 그것에 대해 후회하고 있음을 알게 되었다. 어린 여자아동을 입양하고 싶었으나 입양기관에서 우연히 지금 데려온 아들을 만났고 여행과 손으로 만드는 것을 좋아한다는 공통된 흥미에 끌려 입양했다. 사실 짐과 패트리스는 집 재개발 사업을 하기 때문에 비수기 동안에는 여행을 많이 다녔다.

이 회기를 통해서 짐은 자신의 과거경험에서 자신의 엄마가 지지적이지 않고 통제적이었음을 회상해 냈다. 패트리스가 새로 온 아들에게 맞지 않는 기대를 하게 될 것이라는 잘못된 신념에 근거하여, 새 아들이 자신 부부 사이를 '가르도록(split)' 허용하고 있었다는 점을 깨닫게 되었다. 현실적으로는 입양한 새 아들은 짐과 좀 더 쉽게 연결됨을 경험했는데 그 이유는 패트리스가 양육보다는 훈육의 역할을 했기 때문이다. 두 부모가 '같은 페이지'에 있게 되면서 "아빠나 엄마한테 물어봐."라고 자연스럽게 말하게 되었고 따라서 아들이 부모 사이를 조작하려는 시도는 하지 않게 되었다.

더 나아가, 부부는 아들과의 좋은 애착을 형성하겠다는 강한 열망으로 인해 그들의 성적 생활은 줄어들고 데이트를 즐기던 저녁시간이 사라졌음을 알게 되었다. 부부는 서로 보다 많은 시간을 함께 보내게 되었으며, 이로 인해 서로에 대한 지지가 부족하다고 느끼는 것이 줄어들었다. 이것을 통해 부부는 부부관계가 우선임을 확신하게 되었다. 패트리스는 어린여자 아동을 입양하려 했던 것에 대한 감정과 상실감을 작업하기 위해 개인회기를 몇 차례 더 가졌다. 짐 또한 개인회기를 진행했는데, 이때 자신의 어머니가 아동의 할머니로서 역할과 기대를 충족하지 못한다는 점을 이슈로 다루게 되었다.

연이은 부부회기 동안에는 부모로서의 정체성을 형성하기 위해 짐과 패트리스의 확장된 가족에 대한 이야기도 나누게 되었다. 여기서는 청중과 함께 하는 가족의 행사에서 나누었던 많은 충고들을 다루기 위해 고군분투했다. 모래상자 밖의 작업에서는 역할연습을 하면서 아들의 과거력에 대한 의도하지 않은 질문들에 반응해 보는 연습을 했다. 아동이 전에 함께 지낸 가족에게서 형성했을 부모상과 자신들을 비교하거나, 엄마와 아빠 사이에서도 비교할 때 어떻게 하면 지지적으로 아들에게 반응할 수 있을지를 다루는 회기도 가졌다.

미해결된 분리와 상실: 아동 개인을 위한 처치 이슈

마틴 부부는 입양한 자녀들 가운데 가장 어린 아동에 대한 문제로 의뢰되었고 첫 회기가 진행되었다. 이 아동은 매일같이 떼를 쓰면서 잠도 제대로 안 잤으며, 특히 집에 누가 오거나 전화를 걸면 언제나 과잉반응을 보였다. 막내 아이인 마리아와 함께한 회기에서 상담사가 앞에서 모래상자를 만들지, 아니면 엄마와 상담사가 아동의 작품을 만드는 데 증인으로 함께 참여할지 물었더니 아이는 모래상자를 다 만들 때까지 엄마가 치료실 밖에서 문을 열어 놓고 기다려 달라고 요구했다. 모래상자를 다 꾸민 후에 엄마를 들어오게 하여 함께 놀았다. 처음 만든 작품에는 아동들과 부모가 모두 등장하는데 괴물들이 나타나 아동들을 괴롭히는 내용이었다. 그러고 난 후 모든 괴물들을 치우고 그 옆에 다시 새로운 작품을 만들었다. 이것은 아동이 자신의 경험이 과거로부터 왔지만 현재에도 여전히 영향을 미치고 있다는 것을 암시하고 있었다.

엄마가 마리아의 놀이에 참여했을 때, 마리아는 엄마에게 특정한 이미지를 가지고 놀도록 요구했다. 그것은 괴물에게서 아동들을 보호하는 것으로 그것이 그녀의 임무라고 주의를 주었다. 그런데 그 괴물들은 이미 여러 번의 성공경험을 가진 존재들이고, 애들을 괴롭히는 데 이력이 나 있다는 것이다. 따라서 아동들은 괴물들이 쉽게 변화하지 못할 것이라는 제한을 덧붙였다. 아동들이 괴물에 대해 화나고 두렵다 해도 무시할 수 없고 괴물을 잘 다뤄야 한다고 했다. 아동들 본인은 이런 괴물의 이야기를 잘 알고 있지만 자신을 보호해 주어야 할 엄마는 잘 모른다고 말했다.

입양엄마는 직관력이 뛰어난 분이어서 금방 여자 영웅 목소리를 흉내 내면서 아동들을 보호하는 역할을 했다. 그녀는 아동들을 모든 모래상자 안에서 사방으로 지키며 괴물에 맞서며 자신의 등 뒤에 아동들을 놓고 지키려고 했다. 왜냐하면 안정적인 엄마는 '아동들이 필요로 하는 것이 무엇인지' 알기 때문이다. 엄마는 계속 말하기 시작했다. 괴물들이 아동들을 괴롭히려 하지 않았다 하더라도 아동들에게 그들을 어떻게 하면 잘 대해 줄 수 있는지를 가르쳐 주겠다고 했다. 일단 이 세상 속에서는 아동들이 원하는 것을 우선적으로 들어줘야 하기 때문에 안전한 규칙을 세울 필요가 있다고 언급했다. 그리고 괴물들이 이 규칙을 따라야 한다고 하면서 배울 수 있도록 도와주겠다고 말했다. 엄마가 괴물과 이런 대화를 나누는 동안 마리아는 쉴 수 있는 것처럼 보였다. 이 같은 놀이를 하는 데는 많은 시간이 걸리지 않았다. 아동을 위해 고른 상징물이 상자 속에서(달리고 숨는 대신) 자기 역할을 다하기 시작했고 아동들은 보호자인 엄마로부터 정서적 안정을 얻을 수 있었다. 마리아는 가장 큰 여자 괴물도 평화를 발견하여 이제는 쉴 수 있게 되었다고 말했다.

회기가 끝났을 때, 마리아의 엄마는 이런 치유의 과정이 현재의 삶의 경험과의 연결을 지을 필요는 없다고 말했다. 마리아의 새엄마는 눈물을 흘리며 회기를 떠났고, 궁극적으로는 새 아동과의 신뢰감을 경험할 수 있었다. 양쪽 부모는 마리아가 자신들의 가족 안에서의 자신의 미래에 대해 보다 많은 이야기를 나누기 시작했다고 보고 했다. 또한 그들은 생모를 찾아 주기 위한 책임감을 덜 느끼기 시작하면서 이에 대해 여유가 생겼다고 말했다. 마리아와 엄마의 치료회기를 시작한 것은 사실상 가족 내에서 미래를 위해 신뢰를 형성하는 데 꽤 중요한 요인이었다. 그전에 마리아와 오빠가 함께 회기에 참석했는데, 최근의 첫 번째 모래놀이 치료회기가 꽤 유용해서(치료회기에 다시 오고 싶어 하는 열정에 근거하여 고집 피며 떼 쓰기가 사라질 것이므로) 가족치료 회기에 참석하는 것에 대해 호의적이었다.

발전적으로 부모화되기

가족치료 회기에 참석한 후 입양된 부모에 의해 새롭게 통합된 중요한 개념은 아동의 외상경험의 과거력을 볼 때, 아동들에 대해 연대기적으로가 아닌 발달적으로 반응할 필요가 있다는 깨달음이었다. 아동의 외상경험의 과거력을 보면 종종 입양부모들이 어린 아동들에게 반응하는 것이 어떤지를 알 수 있다. 예를 들어, 훔치거나 거짓말하는 행동은 부모나 가족의 거부에 대한 증거 대신 자신을 보호하고자 하는 행동으로 볼 필요가 있다. 아동 트라우마와 상실에 대한 국제학술연구소의 작업은 양육에 근거한 애착에 꽤 높은 가치를 강조하고 있다. 그들의 모래상자에서 벌어지는 상황을 아동이 어떻게 바라보는지가 매우 유력할 수 있음을 밝혔다. 과거의 주제와 현재의 근심, 미래에 대한 두려움이 놀이에서 나타날 수 있고 때로는 부모에게 통찰을 주거나 아동의 발달적 단계를 이해할 수 있게끔 한다.

스티브는 10세 난 소년으로 9년 반 동안 입양기관에 있었다. 이전에도 입양되었던 경험이 있는데 그때의 양부모는 자동차도 운전할 수 없는 나이 든 여성이었기 때문에 그는 외부의 지역사회 자원에 노출된 적이 없었다. 이것은 이후 아동에게 큰 방해가 되었다. 스티브는 또래관계에서 고군분투했는데, 선생님들에게는 적대적이고 무례했고 변화를 두려워하여 늘 새로운 상황에서 특별히 또래들을 귀찮게 괴롭혔다. 그의 새아버지는 인내심이 많은 편이었지만 스티브에게 부모역할을 하면서 종종 부적절감을 느꼈다. 결국 심하게 고집을 부리면서 떼를 쓰는 행동을 하면 자신이 코너에 몰리는 것 같은 기분이 들어 "안 돼."라는 반응을 하게 되었다. 스티브가 모래상자를 만들었을 때 상자를 꾸미는 게 너무 재미없다고 말하면서 '혼자인 아동'이라는 제목으로 작품을 만들었다. 그가 만든 세상에는 장난감도 친구도 TV도 없었다. 그 다음에 만드는 세상에서도 사람들의 상호작용이나 보호요인, 그들에게 안전을 보장해 줄 요소는 거의 없었다. 이를 통해 부모들은 그의 사회성 기술 발달에 영향 줄 수 있는 환경적 자극이 부족하다는 것을 깨달을 수 있었다. 사실 그들은 스티브가 다른 이들과 상호작용하지 않으면서 오랫동안 혼자서 놀 수 있는 능력이 있다고 생각했다. 이런 깨달음으로 스티브의 부모는 그를 지속적인 규칙을 필요로 하는 걸음마 단계의 유아로 다루며 양육하기 시작했으며, 스티브가 부모를 필요로 할 때 언제나 그의 곁에 있어 줄 수 있음을 재확인시켰다.

가족 정체성 만들기

아담의 부모는 그들의 새 자녀와 매번 가족 내의 규칙과 기대에 불만을 호소하면서 끊임없이 통제하려고 했다. 가족놀이치료 회기에서 가족은 두 팀으로 나뉘어졌다. 상담사는 조심스럽게 이들 가족 중 서로 갈등이 있는 부모와 아동을 한 팀으로 만들었다. 각 팀에게 '규칙이 없는 땅'이란 세상을 만들어 보게 지시했다. 이런 세상을 완성한 후 서로 다른 부모와 아동이 한 팀이 되어 만든 새로운 세상을 관람할 수 있는 기회를 주었다. 이런 과정을 마친 후 가족들에게 이런 규칙이 없는 땅에 대해 토론을 하도록 하였다. 아동들은 결국 규칙이 가족에게 매우 필요함을 생각하게 되고 자신의 가족에게 적합한 규칙들을 모아 완성하도록 진행했다(Fraser, 2010).

친부모와의 재연결

이 글을 쓴 상담사도 입양부모다. 우리와 함께 사는 11세 난 아들은 18개월 때부터 우리와 함께 살고 있다. 우리는 아이에게 18세가 되었을 때, 원한다면 자신의 친부모를 찾도록 돕겠다고 공개적으로 약속해 왔다. 어버이날 즈음, 아이가 불안해하면서 눈물을 흘리는 것을 보았다. 우리는 아이로부터 2세 반 때까지는 자신을 찾아와 주었던 생모에 대한 기억은 있었지만, 생부에 대한 기억이 없다는 이야기를 들을 수 있었다. 아이는 생부가 어떻게 생겼고 왜 더 이상 자신의 삶의 일부가 되지 않는지에 대해 알고 싶어 했다. 그래서 우리는 아이의 생부를 찾기로 결심했고 며칠 후 페이스북을 통해 운 좋게 생부를 찾았다. 우리는 페이스북을 통해 생부와 연락을 하면서 아이와 다시 연락할 의지가 있다는 것을 서면으로 밝혀 주기 원한다고 말했다. 생부와 우리 아이의 신뢰관계를 깨지 않기 위해 헤어진 이유를 여기서 공개적으로 밝히지는 않지만, 그들이 다시 만나는 것은 지금보다 더 긍정적이라고는 판단되지 않았다. 그러나 캐나다의 각각 다른 지역에 살고 있는 그들은 가족의 비밀 페이스북을 만들고 그곳에서 서로의 사진을 공유하면서 짧은 이메일을 주고받았다.

이런 부분은 성장한 자녀를 입양할 때 영향을 미칠 수 있는 일반적인 이슈다. 생물학적 부모의 양육에서 벗어났거나 학대나 방임과 같은 세세한 사건을 비밀로 붙여 왔다면, 어떻게 이런 생육가족을 칭송해 줄 수 있을까 하는 의문이 있다.

상담사인 나의 양육가족은 다섯 명의 자녀가 있었고 각각 다른 두 가족으로부터 입양되었다. 현재 나이가 가장 많은 아이는 친척집에서 보냈다. 각각의 아이들은 친부모와 조부모에 대한 서로 다른 기억을 가지고 있었다. 어린 두 아이의 부모는 자신들의 조부모와 서로 연락하고 있는 것에 대하여 화를 내었기 때문에 설명을 해 줘야 했다. 딸아이의 입양부모는 조부모를 초대하여 같이 지내도록 허락하면서 지금은 그들과 보다 빈번한 접촉을 하는 것이 필요한 것 같다고 말해 주었다. 나중에 아이는 그때를 회상하면서 조부모를 만나는 것이 힘들었다고 말했다. 아이가 여러 가지 사건 때문에 위탁가정을 떠나게 될 때마다, 조부모는 집에 데려다 주는 역할을 했었기 때문에 조부모를 만날 때마다 또다시 친부모에게 보내지면 어떻게 하지라는 걱정을 했다는 것이다.

놀이치료

모래놀이치료와 다른 형태의 놀이치료는 입양가족에게 은유로 작업할 수 있도록 돕고 새로운 이야기를 형성할 수 있게 한다. 놀이치료적 접근은 초기 이슈를 드러낼 뿐 아니라 새롭게 생성되는 가족정체성도 지지한다. 놀이치료는 가족구성원들이 소속감과 모든 구성원들에게 수용되는 감각을 획득하도록 돕는다.

입양가족을 만나는 상담사는 다양한 가족기능에 초점을 맞추고 그것을 고려할 필요가 있다. 모래놀이기법은 가족구성원 각자에게 활용될 수도 있고 때로는 가족체계 전체에게 적용되기도 한다.

> 아동을 포함한 모든 가족구성원들에게 모래놀이치료를 제공할 경우 상담사가 부모나 가족, 배우자의 개인보고에 의한 가설을 만드는 것보다 가족의 의사소통과 역할, 삼각관계와 연합 등의 패턴을 보다 잘 관찰할 수 있는 기회를 갖게 된다(Homeyer & Sweeney, 2011: 70).

입양가족과 성공적으로 작업하는 놀이치료사는 모래상자-세계기법을 포함한 놀이치료 기법을 활용하면 도전과 결함 대신에 강점에 초점을 맞출 수 있다. 이것은 더 나아가 가족 스스로가 자원을 선택하도록 돕고 협력적인 지지를 형성할 수 있다(Espe-Sherwindt, 2008). 또한 많은 입양가족들은 온라인에서의 집단적 지지나 촉진 집단을 통해 이익을 얻고 부모양육에 얽힌 외상경험을 지지받을 수 있다. 또한 부모들은 다른 부모들과 연결되어 언어작업을 하면서 특별한 입양경험을 나눌 수 있다. 이것은 궁극적으로는 아동들이 생물학적 부모와 연락해야 하는 앞으로의 주제들에 대비할 수 있게 돕는다.

추후회기

　추후회기는 아동들이 새로운 발달단계로 들어갈 때 다시 치료실을 방문할 수 있다는 여지를 주기 때문에 입양가족을 지지하는 데 중요하다. 일반적으로 추후회기는 한두 회기를 진행한다. 그리고 이것은 그들이 자신들의 일상의 삶으로 잘 되돌아갔다고 여겨질 때 시작하면 좋다. 이런 경우 각각 다른 치료단계에서 만들었던 모래상자의 사진을 함께 보며 회상하는 것도 도움이 된다. 때로는 치료회기 때 만들어 냈던 사람들이 서술했던 내용들(아동 혼자 만들거나 가족 전체가 만든 것 모두)을 다시 상기하는 것도 도움이 된다. 그리고 새로운 모래상자를 만들어 보는 것도 바람직하다. 상담사는 추후회기가 아동, 부모, 가족 전체에게 필요하다는 점을 알아야 한다. 위기에 대해 반응하기보다는 이렇게 회기가 진행되는 과정을 일련의 과정으로 본다면 치료적 개입이 가족을 서로 지지하고 돕게 하는 과정이 될 수 있음을 알 수 있다.

부록
가족놀이치료 사례

종류	내담자	호소문제 및 사진
가족 놀이 가계도	분리 불안을 호소하는 쌍둥이 자매의 가족놀이 치료	

가족 놀이 가계도	분리 불안을 호소하는 쌍둥이 자매의 가족놀이 치료	첫째 (노랑 원)	아빠	슈렉	"아빠랑 닮았어요."라고 말하며 웃는다.
			엄마	요정	"얼굴도 이쁘고 머리도 길어서"라고 말한다.
			본인	요정	엄마와 비슷한 상징물을 골라온다
			둘째	똥	동생은 맨날 똥만 싸고 그런다면서 '똥'을 놓았다.
		둘째 (초록 원)	아빠	괴상한 장난감	아빠가 혼낼 때 무섭다며 토이스토리에 나오는 괴상한 장난감 피규어를 놓는다.
			엄마	항아리 & 아이	엄마의 이미지를 항아리에 붙여서 엉덩이를 내밀고 있는 피규어를 골랐는데 "그냥 얼굴이 귀여워서"라고 말한다.
			본인	자동차	"나 같고 운전하는 것을 좋아해서 골랐다."라고 말한다.
			첫째	연꽃	"첫째 얼굴처럼 크고 예뻐서"라고 말하며 첫째는 얼굴이 예쁘고 귀엽고, 올 때 더 귀엽다고 말한다.
		아빠 (보라 네모)	아내	모친상	엄마(아내)는 늘 이렇게 머리에 이고 있고 아이를 돌보고 일도 하니까 이걸 놓았다고 말한다 (아내의 노고를 인정하는 모습).
			본인	태권도 남자상	아빠 본인은 태권도하는 남자의 모습으로 "저는 밖에 나가면 항상 이렇게 싸워야 한다고 생각합니다. 가족들을 위해서 돈을 벌고 하는 것이 싸움과 같다고 생각돼요."라고 말한다.
			첫째	소녀상	아빠는 첫째와 둘째가 예쁘고 밝은 것 같아 보이지만 무표정하게 있는 모습이 아이들과 비슷해서 놓았다며 진지하게 표현한다. "어딘가 모르게 즐거워하지 않고 안 웃는 모습이 비슷해."라고 남편이 이야기하는 동안 어머니가 운다.
			둘째	소녀상	
		엄마 (빨강 원)	남편	신랑상	"결혼했을 때 생각나서……"라고 말하며 눈물을 보인다.
			본인	각시상	
			첫째	발레리나	애들은 똑같이 생겼지만 다르게 행동하고 자유롭게 표현하는 모습이 있어서 이렇게 표현했다. "평상시에 억눌려서 하지 못하지만……"라고 말하며 엄마 때문에 자신 없어 하는 것 같다고 한다.
			둘째	발레리나	

가족 게임 놀이	감정 표현을 잘 하지 못하는 아들과 엄마의 가족놀이 치료	초등학교 3학년 아들과 어머니의 모자가정의 가족놀이치료로 아이가 스스로 게임을 고안하여 엄마와 함께 놀이를 하였다. 구슬을 쳐서 구멍 안으로 넣는 것이 목적이며 장애물을 맞추면 점수를 잃거나 얻기도 하는 형식이다. 아동은 자신이 만든 규칙과 게임을 엄마가 잘 순응하며 따라하는 모습을 보며 기분 좋아했고 스스로 성취감을 느끼게 되어 이 게임을 다음 회기에서도 반복해서 진행하였다.
가족 모래 상자	부부간의 싸움이 잦은 가정의 아들과 어머니의 가족놀이 치료	엄마와 아들(초등학교 2학년)이 함께 만든 작품 제목: 전쟁 스토리 파충류와 인류의 싸움이다. 적이 병아리를 가두어 병아리를 구하기 위해 성을 쌓고 싸우기로 했다. 거북이는 등껍질 때문에 들켜서 잡혀 탈출 시도를 하고 있다. 악어가 몰래 강아지를 죽이고 경비원이 아기를 죽인다. 도움을 요청했고 드럼이 울리면 대장인 큰 악어가 성을 부수고 레이저를 발사하고 마법을 풀어서 결국은 파충류가 승리했다.

가족 퍼펫극	부모의 관심을 받고 싶어 하 는 아이 와 엄마, 아빠가 참여한 가족놀이 치료	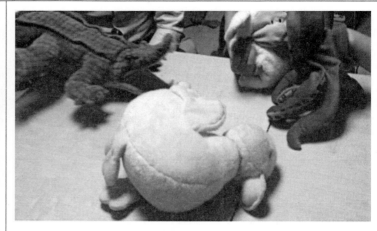 아빠는 악어를 고르고 엄마는 문어, 둘째딸이 스스로 하얀 토끼를 골랐다. 참여하지 않은 언니는 동생이 대신 오리를 골라 주었다. 오리는 퍼펫극 내내 대부분 누워 있다. 토끼는 계속 문어에게 가서 안기고 붙들고 늘어지고 음식을 갖다 달라고 애원한다. 악어는 혼자 방관하며 놀고 있고, 문어는 토끼의 부탁을 계속 거절하며 "혼자 해. 나 좀 내버려둬."라고 말한다.

🕮 참고문헌

Albert, A. (Ed.) (1995). *Chaos and Society*. Oxford, England: IOS Press.

Allen, F. (1934). Therapeutic Work with Children. *American Journal of Orthopsychiatry*, *4*(2), 193-202.

American Psychiatric Association [APA]. (2000). *Diagnostic and statistical manual of mental disorders* (4th ed. revised). Washington, DC: American Psychiatric Association.

Arad, D. (2004). If your mother were an animal, what animal would she be? Creating play-stories in family therapy: The animal attribution story-telling technique (AASTT). *Family Process*, *43*(2), 249-263.

Ariel, S. (2005). Family play therapy. In C. Schaefer, J. McCormick, and A. Ohnogi (Eds.), *International Handbook of Play Therapy: Advances in Assessment, Theory, Research, and Practice*. New York, NY: Jason Aronson, 3-22.

Assagioli, R. (1965). *Psychosynthesis: A Manual of Principles and Techniques*. New York, NY: Viking Press.

Axline, V. (1947). Nondirective Therapy for Poor Readers. *Journal of Consulting & Psychology*, *11*, 61-69.

Axline, V. (1947). *Play Therapy*. New York: Ballantine Books.

Axline, V. (1950). Entering the Child's World via Play. *Progressive Education. Vol. 27*, 68-75.

Axline, V. M. (1969). *Play Therapy*. (Rev. ed.). New York, NY: Ballentine Books.

Beels, C. (2002). Notes for a cultural history of family therapy. *Family Process, 41*(1), 67-82.

Berlyne, D. (1960). *Conflict, Arousal and Curiosity*. New York: McGraw Hill.

Boisk, B. L., & Goodwin, A. (2000). *Sandplay therapy: A step-by-step manual for psychotherapists of diverse orientations*. New York (NY): W. W. Norton.

Booth, P., & Jernberg, A. (2010). *Theraplay: Helping Parents and Children Build Better Relationships Through Attachment Based Play* (3rd ed.). San Francisco, CA: Jossey Bass.

Booth, P., & Jernberg, A. M. (2009). *Theraplay: Helping Parents and Children Build Better Relationships Through Attachment-Based Play*. Hoboken, NJ: John Wiley & Sons.

Bowlby, J. (1953). *Child Care and the Growth of Love*. Baltimore: Pelican Books.

Bowlby, J. (1988). *A Secure Base, Parent-Child Attachment and Healthy Human Development*. New York, NY: Basic Books.

Bratton, S. C., Ray, D., Rhine, T., & Jones, L. (2005). The Efficacy of Play Therapy With Children: A Meta-analytic Review of Treatment Outcomes. *Professional Psychology: Research and Practice, 36*(4), 376-390.

Bratton, S., Ceballos, P., Sheely-Moore, A., Meany-Walen, K., Pronchenko, Y., & Jones, L. (2013). Head Start Early Mental Health Intervention Effects of Child-Centered Play Therapy on Disruptive Behaviors. *International Journal of Play Therapy, 22*(1), 28-42.

Breunlin, D., Pinsof, W., Russell, W., & Lebow, J. (2001). Integrative problem-centered metaframeworks therapy I: Core concepts and hypothesizing. *Family Process, 50*(3), 293-313.

Breunlin, D., Schwartz, R., & Mac Kune-Karrer, B. (2001). *Metaframeworks: Transcending the Models of Family Therapy*. San Francisco, CA: Jossey-Bass Publishers.

Bronfenbrenner, U. (1979). *The ecology of human development*. Cambridge, MA:

Harvard University Press.

Bronfenbrenner, U. (2005). *Making Human Beings Human.* Thousand Oaks, CA: Sage Publications Inc.

Brown, C. (2007). Situating knowledge and power in the therapeutic alliance. In C. Brown & T. Augusta-Scott (Eds.), *Narrative therapy: Making meaning, making lives* (pp. 3-22). Thousand Oaks, CA: Sage Publications.

Brown, C., & Augusta-Scott, T. (Eds.). (2007). Introduction: Postmoderism, reflexivity, and narrative therapy. In C. Brown & T. Augusta-Scott (Eds.), *Narrative therapy: Making meaning, making lives* (pp. 9-47). Thousand Oaks, CA: Sage Publications.

Brown, J. (2007). Circular questioning: An introductory guide. *Australian and New Zealand Family Therapy, 18*(2), 109-114.

Brown, S. (2010). *Play.* New York: Penguin Group.

Brumfield, K., & Christensen, T. (2011). Discovering African American Parents' Perceptions of Play Therapy: A Phenomenological Approach. *International Journal of Play Therapy, 20*(4), 208-223.

Bruner, J. (2004). Life as narrative. *Social Research, 71*(3), 691-710.

Burton, C. (1986). Peekaboo to "All the all the Outs in Free"; Hide-and-Seek as a Creative Structure in Drama Therapy. *The Arts in Psychotherapy, 13*, 129-136.

Capra, F. (1996). *The Web of Life: A New Scientific Understanding of Living Systems.* New York, NY: Anchor Books, Doubleday.

Carey, L. (1999). *Sandplay therapy with children and families.* New York, NY: Jason Aronson, Inc.

Carroll, F., & Oaklander, V. (1997). Gestalt Play Therapy. In K. O'Connor & L. Braverman (Eds.), *Play Therapy: Theory and Practice.* New York: John Wiley & Sons.

Carter, B., McGoldrick, M., & Garcia-Preto, N. (2011). *The Expanded Family Life Cycle: Individual, Family, and Social Perspectives* (4th ed.). Boston, MA, Allyn and Bacon.

Cassidy, J., & Shaver, P. (2008). *Handbook of Attachment.* New York, NY: The Guilford Press.

Cattanach, A. (2006). Narrative play therapy: A collaborative approach. In C. Schaefer

& H. G. Kaduson (Eds.), *Contemporary play therapy: Theory, research and practice* (pp. 82–99). New York, NY: The Guilford Press.

Cattanach, A. (2008). *Narrative approaches in play with children.* London, UK: Jessica Kingsley Publishers.

Cattanach, A. (Ed.). (2002). *The story so far: Play therapy narratives.* London, UK: Jessica Kingsley Publishers.

Cederborg, A. (1997). Young children's participation in family talk therapy. *The American Journal of Family Therapy, 25*(1), 28–38.

Chasin, R. (1989). Interviewing families with children. *Journal of Psychotherapy & the Family, 5*(3), 15–30.

Chethick, M. (1989). *Techniques of Child Therapy: Psychodynamic Strategies.* New York: Guilford Press.

Christian, K., Russ, S., & Short, E. (2011). Pretend Play Processes and Anxiety: Considerations for the Play Therapist. *International Journal of Play Therapy, 20*(4), 179–192.

Coleman, D., & Skeen, E. (1973). Play, Games, and Sports: Their Use and Misuse. *Childhood Education, 61*, 192–198.

Coleman, R. (2010). Research Findings That Support the Effectiveness of Theraplay. In P. Booth & A. Jernberg. (Eds.), *Theraplay: Helping Parents and Children Build Better Relationships Through Attachment-Based Play* (3rd ed.) (pp. 85–97) San Francisco, CA: Jossey-Bass.

Conn, J. (1948). Play-interview as an Investigative and Therapeutic Procedure. *The Nervous Child, 7*, 257–286.

Corey, G. (8th Ed.) (2009). *Theory and Practice of Counseling and Psychotherapy.* Belmont, CA: Brooks/Cole.

Dale, N. (1989). Pretend Play with Mothers and Siblings. *Journal of Child Psychol. Psychiatry, 30*(5), 751–759.

Dansky, J., & Silverman, I. (1973). Effects of Play on Associative Fluency in Preschool Children. *Developmental Psychology, 9*, 38–43.

Darewych, O. (2013). Building Bridges with Institutionalized Orphans in Ukraine: An Art Therapy Pilot Study. *The Arts in Psychotherapy, 40*, 85–93.

De Domenico, G. (2011, August 30). Retrieved from http://www.vision-quest.us/

vqisr/The%20Sandtray-Worldplay%20Method%20of%20Sandplay.pdf.

de Saussure, F. (1974). *Course in general linguistics* (W. Baskin Trans.). London, UK: Fontana/Collins.

Derrida, J. (1995). The play of substitution. In W. Anderson (Ed.), *The truth about the truth: De-confusing and re-construction the postmodern world* (pp. 86-95). New York: Putnam.

Dickerson, V. (2007). Remembering the future: Situating oneself in a constantly evolving field. *Journal of Systemic Therapies, 26*(1), 23-37.

Dillman, D., Taylor, D., Purswell, K., Lindo, N., Jayne, K., & Fernando, D. (2011). The Impact of Child Parent Relationship Therapy on Child Behavior and Parent-Child Relationships: An Examination of Parental Divorce. *International Journal of Play Therapy, 20*(3), 124-137.

Drewes, A., & Bratton, S. (2011). *Integrative play therapy.* Hoboken, NJ: John Wiley & Sons.

Eakes, G., Walsh, S., Markowski, M., Cain, H., & Swanson, M. (1997). Family centered brief solution-focused therapy with chronic schizophrenia: A pilot study. *Journal of Family Therapy, 19*, 145-158.

Ebrahim, C., Steen, R. L., & Paradise, L. (2012). Overcoming School Counselors' Barrier to Play Therapy. *International Journal of Play Therapy, 21*(4), 202-214.

Eckhoff, A., & Urbach, J. (2008). Understanding Imaginative Thinking During Childhood: Sociocultural Conceptions of Creativity and Imaginative Thought. *Early Childhood Education Journal, 36*, 179-185.

Edwards, J. (2000). On being dropped and picked up: Adopted children and their internal objects. *Journal of Child Psychotherapy, 26*(3), 349-367.

Elbow, W. (1986). From caregiving to parenting: Family formation with adopted older children. *Social Work, 31*(5), 366-370.

Ellis, M. J. (1973). *Why People Play.* Englewood Cliffs, NJ: Prentice-Hall.

Emde, R. N. (2007). Engaging imagination and the future: Frontiers for clinical work. *Attachment & Human Development, 9*(3), 295-302.

Erikson, E. (1940). Studies in the Interpretation of Play. *Genetic Psychology Monographs, 22*, 559-671.

Espe-Sherwindt, M. (2008). Family-centred practice: collaboration, competency and evidence. *Support for Learning, 23*(3), 136-143.

Falicov, C. (2003). Culture in family therapy: New variations on a fundamental theme. In T. Sexton, G. Weeks, & M. Robbins (Eds.), *Handbook of Family Therapy: Theory, Research and Practice*. New York, NY: Brunner-Rutledge.

Falicov, C. (2005). Emotional transnationalism and family identity. *Family Process, 44*, 399-406.

Fearon, R., Bakermans-Kranenburg, M., Ijzendoorn, M., Lapsley, A., & Roisman, G. (2010). The Significance of Insecure Attachment and Disorganization in the Development of Children's Externalizing Behavior: A Meta-Analytic Study. *Child Development, 81*(2), 435-456.

Field, T. (2000). *Touch Therapy*. New York: Churchill Livingstone.

Ford, C. W. (1993). *Compassionate Touch: The Role of Human Touch in Healing and Recovery*. New York: Simon and Schuste.

Frank, L. (1954). Play in Personality Development. *American Journal of Orthopsychiatry, 25*, 576-589.

Fraser, T. (2010). A land with no rules. In L. Lowenstein (Ed.), *Creative Family Therapy Techniques: Play, Art and Expressive Activities to Engage Children in Family Sessions*. Toronto, Ontario: Champion Press.

Fraser, T. (2011). *Adopting a child with trauma and attachment disruption experiences*. Ann Arbor, MI: Loving Healing Press.

Freedman, J., & Combs, G. (1996). *Narrative therapy: The social construction of preferred realities*. New York, NY: W. W. Norton & Company.

Freeman, J., Epston, D., & Lobovits, D. (1997). *Playful approaches to serious problems: Narrative therapy with children and their families*. New York, NY: W. W. Norton & Company.

Freud, A. (1969). *The psychoanalytical treatment of children: Lectures and essays*. New York, NY: Schocken Books.

Freud, S. (1905). *Jokes and Their Relation to the Unconscious*. S. E. 8. London: Hogarth Press.

Freud, S. (1906-1908). *Creative Writers and Day-Dreaming*. S. E. 9. London: Hogarth Press.

Freud, S. (1914). *On the Beginning the Treatment.* In Further Recommendations on Technique. SE. 14. London: Hogarth Press.

Garvey, C. (1976). Some Properties of Social Play. In J. Bruner, A. Jolly & K. Sylva (Eds.), *Play.* New York: Basic Books.

Geertz, C. (1973). Thick description: Toward an interpretive theory of culture. *The interpretation of cultures* (pp. 3-30). New York, NY: Basic Books.

Gendlin, E. (1981). *Focusing.* New York, NY: Random House, Inc.

Gil, E. (1991). *The Healing Power of Play.* New York, NY: The Guilford Press.

Gil, E. (1994). *Play in family therapy.* New York, NY: The Guilford Press.

Ginott, H. (1961). Play Therapy: The Initial Session. *American Journal of Psychotherapy, 15,* 73-88.

Ginsberg, B. (1977). Parent Adolescent Relationship Development Program. In B. G. Guerney (Ed.), *Relationship Enhancement.* San Francisco, CA: Jossey-Bass, Inc.

Ginsberg, B. (2011). Congruence in Nondirective Play and Filial therapy: Response to Ryan and Courtney. *International Journal of Play therapy, 20*(3), 109-123.

Golding, C. (2006). Redefining the nuclear family: An exploration of resiliency in lesbian parents. In Anne M. Prouty Lyness (Ed.), *Lesbian Families' Challenges and Means of Resiliency: Implications for Feminist Family Therapy.* New York, NY: The Hawthorn Press, Inc.

Goodyear-Brown, P. (2010). *Play therapy with traumatized children: A prescriptive approach.* Hoboken, NJ: John Wiley & Sons, Icn.

Green, E., Myrick, A., & Crenshaw, D. (2013). Toward Secure Attachment in Adolescent Relational Development: Advancements From Sandplay and Expressive Play-Based interventions. *International Journal of Play Therapy, 22*(2), 90-102.

Gross, K. (1901). *The Play of Man.* New York: Arno Press.

Guerney, L. (1977). Filial Therapy. In K. J. O'conner & L. M. Braverman (Eds.), *Play therapy and Practice: A Comparative Presentation* (pp. 131-159). Somerset, NJ: Wiley.

Guerney, L. (1980). Client-centered(non-directive) Play Therpay. In C. Schaefer & K. O'Connor (Eds.), *Handbook of Play Therapy.* New York: Wiley.

Guerney, L. (1980). Filial Therapy. In R. Herink (Ed.) *The Psychotherapy Handbook* (pp. 227–229). New York: the American Library, Icn.

Guerney, L. (1983). Introduction to filial therapy. In P. Keller & L. Ritt (Eds.), *Innovations in clinical practice: A sourcebook, vol. 2* (pp. 26–39). Sarasota, FL: Professional Resource Exchange.

Gurman, A. S., & Messer, S. B. (Eds.) (2003). *Essential psychotherapies.* New York, NY: The Guilford Press.

Hall, T. M., Kaduson, H. G., & Schaefer, C. E. (2002). Fifteen effective play therapy techniques. *Professional Psychology: Research and Practice, 33*(6), 515–522.

Hart, A., & Luckock, B. (2006). Core principles and therapeutic objectives for therapy with adoptive and permanent foster families. *Adoption and Fostering, 30*(2).

Hart, T. (2003). *The Secret Spiritual World of Children.* Maui, Hawaii: Inner Ocean pub.

Hartman, A. (1995). Diagrammatic assessment of family relationships. *Families in Society, 76*, 111–122.

Haslam, D., & Harris, S. (2011). Integrating Play and Family Therapy Methods: A Survey of Play Therapists' Attitudes in the Field. *International Journal of Play Therapy, 20*(2), 51–65.

Herzka, H. (1986). On the Anthropology of Play: Play as a Way of Dialogical Development. In R. Van der Kooij & J. Hellendoorn (Eds.), *Play-Play Therapy-Play Research.* Netherlands: Swets & Zeitlinger and PAOS.

Hindman, J. (1991). *The Mourning Breaks.* Oregon: Alexandria Associates.

Hoffman, L. (2002). *Family Therapy: An Intimate History.* New York, NY: W.W. Norton.

Homeyer, L. E., & Sweeney, D. S. (2011). *Sandtray therapy: A practical manual* (2nd ed.). New York, NY: Routledge, Taylor & Francis Group.

Homeyer, L., & Sweeney, D. (2011). *Sandtray therapy a practical manual.* New York, NY: Routledge, Taylor and Francis Group.

Howe, D. (2003). Attachment disorders: disinhibited attachment behaviours and secure-based distortions with special reference to adopted children, *Attachment & Human Development, 5*(3), 265–70.

Howe, N., & Bruno, A. (2010). Sibling Pretend Play in Early and Middle Childhood:

Role of Creativity and Maternal Context. *Early Education and Development,* *21*(6), 940–962.

Hudson, C. (2010). *Complex systems and human behavior.* Chicago, IL. Lyceum Books.

Hug–Hellmuth, H. (1921). On the technique of child analysis. *International Journal of Psychoanalysis, 2,* 287–305.

Hughes, D. (2007). *Attachment focused family therapy.* New York, NY: W. W. Norton and Co. Inc.

Irwin, E., & Malloy, E. (1994). *Family puppet interview.* In C. Schaefer and L. Carey (Eds.), *Family Play Therapy* (pp. 21–34). Northvale, NJ. Jason Aronson.

James, B. (1994). *Handbook for the Treatment of Attachment-Trauma Related Problems in Children.* New York, NY: Lexington Books.

Jennings, S. (1999). *Introduction to developmental playtherapy.* London, UK: Jessica Kingsley Publishers.

Jernberg, A., & Booth, P. (2010). *Theraplay: Helping Parents and Children Build Better Relationships Through Attachment Based Play* (3rd ed.). San Francisco, CA: Jossey–Bass Publishers.

Jernberg, A. (1979). *Theraplay: A New Treatment Using Structured Play for Problem Children and Their Families.* San Francisco, CA: Jossey–Bass Publishers.

Johnson, J. (1976). Relations of Divergent Thinking and Intelligence Test Scores with and Nonsocial Make–believe Play of Preschool Children. *Child Development,* *47,* 1200–1203.

Jordan, C., & Hickerson, J. (2003). Children and adolescents. In C. Jordan & C. Franklin (Eds.), *Clinical assessment for social workers* (2nd ed.) (pp. 179–213). Chicago, IL: Lyceum Books Inc.

Kaduson, H., & Schaefer, C. (Eds.) (1997). *101 favorite play therapy techniques.* Northvale, NJ: Jason Aronson.

Karen, R. (1994). *Becoming Attachment.* New York: Warner, Books.

Kaslow, F. (2000). Continued evolution of family therapy: The last twenty years. *Contemporary Family Therapy, 22*(4), 357–386.

Kaslow, F. (2000). History of family therapy: Evolution outside of the U.S.A., *Journal of Family Psychotherapy, 11*(4), 1–35.

Kaslow, N. J., Dausch, B. M., & Celano, M. (2003). Family therapies. In A. S. Gurman & S. B. Messer (Eds.), *Essential psychotherapies: Theory and practice* (2nd ed.) (pp. 400-462). New York, NY: The Guilford Press.

Keith, D., & Whitaker, C. (1981). Play therapy: A paradigm for work with families. *Journal of Marriage and Family Therapy, 7,* 243-254.

Kerr, N. (2010). My family as animals. In L. Lowenstein (Ed.), *Creative family therapy techniques* (pp. 50-51). Toronto, ON: Champion Press.

Klaff, D. (1980). *Sand Play. Santa Monical,* CA: Sigo.

Klein, M. (1932). *The Psycho-analysis of Children.* London: Hogarth Press.

Klein, M. (1953). The psychoanalytic play technique. *American Journal of Orthopsychiatry, 25,* 223-237.

Korner, S., & Brown, G. (1990). Exclusion of children from family psychotherapy: Family therapists' beliefs and practices. *Journal of Family Psychology, 3,* 420-430.

Kottman, T. (1996). Adlerian Play Therapy. In K. O'Connor & L. Braverman (Eds.), *Play Therapy: Theory and Practice.* New York: John Wiley & Sons.

Kranz, K., & Daniluk, J. (2006). Living outside the box: Lesbian couples with children conceived through the use of anonymous donor insemination. In A. Prouty Lyness (Ed.), *Lesbian Families' Challenges and Means of Resiliency.* New York, NY: Hayworth Press, Inc.

Landreth, G., & Bratton, S. (2006). *Child-Parent Relationship Therapy: A 10 Session Filial Therapy Model.* New York, NY: Taylor and Francis.

Landreth, G. (1991). *Play Therapy: The Art of the Relationship.* Muncie, Indiana: Accelerated Development Inc.

Landreth, G. (2002). *Play Therapy: the Art of the Relationship* (2nd ed.). Philadelphia, PA: Brunner-Routledge.

Landreth, G. (2001). *Innovations in play therapy: Issues, process, and special populations.* Philadelphia, PA: Brunner-Routledge.

Lebo, D. (1952a). The Development of Play as a Form of Therapy: From Rosseau to Rogers. *American Journal of Psychiatry. 112,* 418-422.

Lebo, D. (1952b). The Relationship of Response Categories in Play Therapy to Chronological Age. *Child Psychiatry, 2,* 330-336.

Levy, D. (1937). Studies in Sibling Rivalry. Res. Monogr. *American Orthopsychiatric Association*. No. 2.

Lindamen, S., & Lender, D. (2009). Theraplay with Adopted children. In E. Munns (Ed.), *Applications of Family and Group Theraplay*. New York, NY: Jason Aronson.

Lorenz, Edward (1993). *The Essence of Chaos. Seattle*, WA: University of Washington Press.

Lowenfield, M. (1970). *The Lowenfield Technique*. Oxford: Pergamon Press.

Lowenstein, L. (1999). *Creative interventions for troubled children & youth*. Toronto, ON: Champion Press.

Lowenstein, L. (2002). *More creative interventions for troubled children & youth*. Toronto, ON: Champion Press.

Lowenstein, L. (Ed.) (2010). *Creative family therapy techniques*. Toronto, ON: Champion Press.

Lund, L., Zimmerman, T., & Haddock, S. (2002). The theory, structure, and techniques for the inclusion of children in family therapy: A literature review. *Journal of Marital and Family Therapy, 28*(4), 445–454.

Lyotard, J. F. (1984). The Post-modern Condition. Minneapolis: University of Minneapolis Press.

Mahon, E. (1993). Play: Its Role in Child Analysis, Its Fate in Adult Analysis. In A. Solnit, D. Cohen & P. Neubauer (Eds.), *The Many Meanings of Play: A Psychoanalytic Perspective*. New Haven: Yale University Press.

Marans, S., Mayes, L., Cicchetti, D., Dahl, K., Marans, W., & Cohen, D. (1991). The Child-Psychoanalytic Play Interview: A Technique for Studying Thematic Content. *Journal of the American Psychoanalytic Association, 4*, 1015–36.

Martin, J., & Sugarman, J. (2000). Between the modern and the postmodern: The possibility of self and progressive understanding in psychology. *American Psychologist, 55*(4), 397–406.

Maturana, H., & Varela, F. (1980). *Autopoiesis and Cognition: The Realization of the Living*. Dordrecht, Holland: D. Reidel Publishing Co.

McGoldrick, M. (2005). *Ethnicity and Family Therapy*(3rd ed.). NewYork, NY: The Guilford Press.

McLuckie, A. (2005). Narrative family therapy for pediatric obsessive-compulsive disorder. *Journal of Family Psychotherapy, 16*(4), 83-106.

McLuckie, A. (August, 2002). Narrative play therapy: Rediscovering our hidden heroes. Oral presentation for the Summer Play Therapy Institute? *The International Society for Child and Play Therapy*, Kingston, ON.

McMahon, L. (1992). *The Handbook of Play Therapy*. New York: Tavistock Routledge.

Meador, B., & Rogers, C. (1980). Person-Centered Therapy. In R. Corsini and Contributors (Eds.), *Current Psychotherapies*. Itasca: R. E. Peacock.

Meares, R. (1993). *The Metaphor of Play*. Northvale: Jason Aronson Inc.

Merriam-Webster Online Dictionary (2012).

Meyer, L., & Wardrop, J. (2009). Research on Theraplay Effectiveness. In E. Munns (Ed.), *Applications of Family and Group Theraplay* (pp. 17-24). Northvale, NJ: Jason Aronson.

Miklowitz, D., & Tompson, M. (2003). Family variables and interventions in schizophrenia. In G. Scholevar & L. Schwoeri (Eds.), *Textbook of Family and Couples Therapy: Clinical Applications*. Washington, DC: American Psychiatric Publishing, Inc.

Minuchin, S., Nichols, M., & Lee, W. (2007). *Assessing Families and Couples: From Symptom to System*. New York, NY: Pearson Education, Inc.

Mook, B. (1994). Therapeutic Play: From Interpretation to Intervention. In J. Hellendoorn, R. van der Kooij & B. Sutton-Smith (Eds.), *Play and Intervention*. Albany: State University of New York Press.

Moran, G. (1987). Some Functions of Play and Playfulness. *The Psychoanalytic Study of the Child, 42*, 11-30.

Morgan, A. (2000). *What is narrative therapy?* Adelaide, South Australia: Dulwich Centre Publications.

Morgan, A. (2006). Creating audiences for children's preferred stories. In M. White & A. Morgan (Eds.), *Narrative therapy with children and their families* (pp. 99-119). Adelaide, South Australia: Dulwich Centre Publications.

Moustakas, C. (1959). *Psychotherapy with Children*. New York: Harper & Row.

Munns, E. (2000). *Theraplay: Innovations in Attachment-Enhancing Play Therapy*.

Northvale, NJ: Jason Aronson Inc.

Munns, E. (2008). Theraplay With Zero to 3 Year Olds. In C. Schaefer, S. Kelly-Zion, J. McCormick & A. Ohnogi (Eds.), *Play Therapy for Very Young Children* (pp. 157-170). New York, NY: Jason Aronson.

Munns, E. (2009). *Applications of Family and Group Theraplay.* New York, NY: Jason Aronson.

Munns, E. (2011a). Integration of Child-Centered Play Therapy and Theraplay. In A. Drewes, S. Bratton, C. Schaefer (Eds.), *Integrative Play Therapy* (pp. 325-340). Hoboken, NJ: John Wiley & Sons.

Munns, E. (2011b). Theraplay: Attachment Enhancing Play Therapy. In C. Schaefer (Ed.), *Foundations of Play Therapy* (2nd ed.) (pp. 275-296). Hoboken, NJ: John Wiley & Sons.

Nichols, M., & Schwartz, R. (1998). *Family therapy: Concepts and methods* (4th ed.). London, England: Allynand Bacon.

Nims, D. (2007). Integrating play therapy techniques into Solution-Focused Brief Therapy. *International Journal of Play Therapy, 16*(1), 54-68.

Nims, D., & Duba, J. (2011). Using play therapy techniques in a Bowenian theoretical context. *The Family Journal: Counseling and Therapy for Couples and Families, 19*(1), 83-89.

Nobel, C. (2004). Postmodern thinking: Where is it taking social work? *Journal of Social Work, 4*(3), 289-304.

Novy, C. (2002). The biography laboratory: Co-creating in community. In A. Cattanach (Ed.), *The story so far: Play therapy narratives* (pp. 209-229). London: Jessica Kingsley Publishers.

O'Connor, K., & Braverman, L. (Eds.) (2nd ed) (2000). *Play Therapy: Theory and Practice.* Hoboken, NJ: John Wiley & Sons.

Oaklander, V. (1978). *Windows to our Children-A Gestalt Therapy Approach to children and Adolescents.* Moab, Utah: Real People Press.

Oaklander, V. (1988). *Windows to our children: A Gestalt Therapy Approach to children and Adolescents..* Highland, NY: The Gestalt Journal Press.

Ornstein, A. (1984). The Funciton of Play in the Process of Child Psychotherapy: A Contemporary Perspective. *Annual Journal of Psychoanalysis, 12,* 349-366.

Oxford University Press (1989). *Oxford English Dictionary* (2nd ed.) Vol. XI. Oxford: Clarendon Press.

Papp, P. (1983). *The Process of Change*. New York, NY: The Guilford Press.

Pepler, D. (1982). Play and Divergent Thinking. Contr. *Hum. Dev.*, *6*, 64-78.

Perkins McNally, S. (2001). *Sandplay: A sourcebook for play therapies*. Lincoln, NE: Writers Club Press.

Perry, B. (2001). *Adapted in part from: Maltreated Children: Experience, Brain Development and the Next Generation*. New York: W. W. Norton & Company.

Perry, L. (1998). Sarah-Jane's story. In C. White & D. Denborough (Eds.), *Introducing narrative therapy* (pp. 77-88). Adelaide, South Australia: Dulwich Centre Publications.

Peters, H. (2009). Navigating the shifting sands of social work terrain: Social work practice in postmodern conditions. *Journal of Progressive Human Services*, *20*(1), 45-58.

Phillips, R. (1985). Whistling in the Dark?: A Review of Play Therapy Research. *Psychotherapy*, *22*(4), 752-760.

Piaget, J. (1954). *The construction of reality in the child*. New York, NY: Ballantine Books.

Piaget, J. (1962). *Play, Dreams and Imitations in Childhood*. New York: W. W. Norton Press.

Piaget, J. (1969). *The mechanisms of perception*. New York, NY: Basic Books.

Pinsof, W., Breunlin, D., Russell, W., & Lebow, J. (2011). Integrative problem-centered metaframeworks therapy II: Planning, Conversing, and Reading Feedback. *Family Process*, *50*(3), 314-336.

Poulter, J. (2005). Integrating theory and practice: A new heuristic paradigm for social work practice. *Australian Social Work*, *58*(2), 199-212.

Rank, O. (1968). *Will Therapy and Truth and Reality*. New York: Alfred A. Knopf.

Ray, D., Lee, K., Meany-walen, Carlson, S., Carnes-Holt, & Ware, J. (2013). Use of Toys in Child-Centered Play Therapy. *International Journal of Play Therapy*. *22*(1), 43-57.

Reichenberg, W. (1939). An Experimental Investigation of the Effect of Gratification

Upon Effort and Orientation to Reality. *American Journal of Orthopsychiatry*, *9*, 186-204.

Riedel Bowers, N. (2009). A Naturalistic Study of the Ealry Relationship Development Process of Non-Directive Play Therapy. *International Journal of Play Therapy, 18*(3), 176-184.

Rogers, C. (1951). *Client-Centered Therapy*. Boston: Houghton-Mifflen.

Rogers, C. (1989). *On becoming a person: A therapist's view of psychotherapy*. New York, NY: Houghton Mifflin Company.

Rubin, K. (1982). Early Play Theories Revisited: Contributions to Contemporary Research and Theory. *Contr. Hum. Dev., 6*, 4-14.

Rubin, L. C. (2007). *Using superheroes in counselling and play therapy*. New York, NY: Singer Publishing Company.

Russ, S., & Niec, L. (2011). *Play in Clinical Practice: Evidence-Based Approaches*. New York, NY: The Guilford Press.

Russ, S., Fiorelli, J., & Cain Spannagel, S. (2011). Cognitive and affective processes in play. In S. Russ & L. Niec. *Play in Clinical Practice: Evidence-Based Approaches*. New York, NY: The Guilford Press, 3-22.

Satir, V. (1983). *Conjoint Family Therapy* (3rd ed). PaloAlto, CA: Science and Behavior Books, Inc.

Scarlett, W. (1994). Play, Cure, and Development: A Developmental Perspective on the Psychoanalytic Treatment of Young Children. In Slade & D. Wolfe (Eds.), *Children at Play*. New York: Oxford University Press.

Schaefer, C., & O'Connor, K. (1983). *Handbook of Play Therapy*. New York: Wiley.

Schaefer, C. (Ed.) (1993). *The Therapeutic Powers of Play*. New Jersey: Aronson.

Schaefer, C. E. (2001). Prescriptive play therapy. *International Journal of Play Therapy*, Vol. 10(2), 2001, 57-73.

Schaefer, C. E., & Carey, L. (1994). *Family play therapy*. New York, NY: Aronson.

Scharff, J. (1989). Play with young children in family therapy. *Journal of Psychotherapy & the Family, 5*(3), 159-172.

Scheuerl, H. (1975). *Theorien des Spiels*. Weinheim: Beltz.

Schiepek, G., Fricke, B., & Kaimer, P. (1992). Synergetics of psychotherapy. In W. Tschacher, G. Schiepek & J. Brunner (Eds.), *Self-Organization and Clinical*

Psychology: Emperical Approaches to Synergetics in Psychology. London, England: Springer-Verlag.

Schwartz, R. (1995). *Internal Family Systems Therapy.* New York, NY: The Guildford Press.

Selvini Palazzoli, V. (1978). *Paradox and Counterpardox: A New Model in the Therapy of the Family in Schizophrenic Transaction.* New York, NY: J. Aronson.

Sharp, C. (2005). *The Build-a-House Technique.* Kailua, HI: Self-published Retrieved from: http://carlasharp.com

Sklare, G. (2005). *Brief Counseling That Works: A Solution-focused Approach for School Counselors and Administrations* (2nd ed). Thousand Oaks, CA: Corwin Press.

Smith, R., & Southern, S. (2005). Integrative confusion: An examination of integrative models in couple and family therapy. *The family Journal: Counseling and Therapy for Couples and Families, 13*(4), 392-399.

Smith, W. H. Jr. (2001). Child Abuse in family emotional process. *Family Systems, 5*(2), 101-126.

Solomon, J. (1954). Therapeutic Play Techniques. *American Journal of Orthopsychiatry. Vol. 25,* Jan. 1955.

Sours, J. (1980). Preschool-age Children. In G. Sholevar, R. Benson & B. Blinder (Eds.), *Emotional Disorders in Children and Adolescents.* New York: Spectrum.

Stone, G. (1971). The Play of Little Children. In R. Herron & B. Sutton-Smith (Eds.), *Childs Play.* New York: Wiley.

Sui, A. (2009). Theraplay in the Chinese World: An Intervention Program for Hong Kong Children with Internalizing Problems. *International Journal of Play Therapy,* Jan. 18(1), 1-12.

Swearer, S. (2006). Problem-solving play therapy. In H. Gerard Kaduson (Ed.), *101 Favourite Play Therapy Techniques: Volume III.* Northvale, NJ: Jason Aronson, Inc.

Sweeney, D., & Landreth, G. (2011). Child-Centered Play Therapy. In C. E. Schaefer (Ed.), *Foundations of Play Therapy* (2nd ed.) (pp. 129-152). Hoboken, NJ:

Wiley.

Taft, J. (1917). *The Dynamics of Therapy in a Controlled Relationship*. New York: MacMillan Co.

Taylor de Faoite, A. (Ed.). (2011). The theory of narrative play therapy. In *Narrative play therapy: Theory and practice*, (pp. 26–49). London, UK: Jessica Kingsley Publishers.

Turner, B. A. (2005). *The handbook of sandplay therapy*. Cloverdale, CA: Temenos Press.

Vallacher, R., & Nowak, A. (Eds.) (1993). *Dynamical Systems in Social Psychology*. New York, New York: Academic Press, Inc.

van der Kooij, R., & Hellendoorn, J. (1986). *Play–Play Therapy–Play Research*. Netherlands: Swets and Zeitlinger and PAOS.

Van Geert, P. (1994). *Dynamic Systems of Development: Change Between Complexity and Chaos*. New York, NY: Harvester Wheatsheaf.

Vandenberg, B. (1986). Play, Myth and Hope. In R. Van der Kooij & J. Hellendoorn (Eds.), *Play–Play Therapy–Play Research*. Netherlands: Swets and Zeitlinger and PAOS.

VanFleet, R., & Guerney, L. (Eds.) (2003). *Casebook of Filial Therapy*. Boiling Springs, PA: Play Therapy Press.

VanFleet, R. (2011). Filial Therapy: Strengthening Family Relationships with the Power of Play. In C. E. Schaefer (Ed.), *Foundations of Play Therapy* (2nd ed.) (pp. 153–169). Hoboken, NJ: Wiley.

VanFleet, R., Ryan, S., & Smith, S. (2005). Filial Therapy: a Critical Review. In L. Reddy, T. Files-Hall, & C. Schaefer (Eds.) *Empirically based Play Interviews for children* (pp. 241–264). Washington, DC: American Psychological Association.

von Bertalanffy, L. (1968). The meaning of general systems theory. In L. von Bertalanffy (Ed.), *General Systems Theory: Foundations, development and application*. New York: George Braziller, Inc.

Von Hug-Hellmuth, H. (1921). On the Technique of Child-Analysis. *International Journal of Psychoanalysis, 2*, 286–305.

Vygotsky, L. S. (1962). *Thought and language*. Cambridge, MA: MIT Press.

Vygotsky, L. S. (1967). Play and its role in the mental development of the child. *Soviet

Psychology, *5*(3), 6–18.

Vygotsky, L. S. (1978). *Mind in society: The development of higher psychological processes*. Cambridge, MA: Harvard University Press.

Vygotsky, L. S. (1986). translation newly revised and edited by Alex Kozulin. *Thought and language*. London, UK: The MIT Press.

Warren, K., Franklin, C., & Streeter, C. (1998). New directions in systems theory: Chaos and complexity. *Social Work*, *43*(4), 357–372.

Weininger, O. (1989). *Children's Fantasies*. London: Karnac Books.

Weinstein, D. (2004). Culture at work: Family therapy and the culture concept in Post-World War II America. *Journal of the History of the Behavioral Sciences*, *40*(1), 23–46.

Werbos, P. (1994). Self-Organization: Reexamining the basics and an alternative to the big bang. In Pribram (Ed.), *Origins: Brain and Self-organization*. Hillsdale, New Jersey: Lawrence Erlbaum Associates, Publishers.

Weston, K. (1997). *Families We Choose: Lesbians, Gays, Kinship*. Boston, MA: Beacon Press.

White, C. (2006). Narrative practice with families with children: Externalising conversations revisited. In M. White & A. Morgan (Eds.), *Narrative therapy with children and their families* (pp. 1–56). Adelaide, South Australia: Dulwich Centre Publications.

White, C., & Denborough, D. (1998). *Introducing narrative therapy: A collection of practice-based writings*. Adelaide, South Australia: Dulwich Centre Publications.

White, M. (1997). *Narratives of therapist's lives*. Adelaide, South Australia: Dulwich Centre Publications.

White, M., & Epston, E. (1990). *Narrative means to therapeutic ends*. New York, NY: Norton.

White, M., & Morgan, A. (2006). *Narrative therapy with children and their families*. Adelaide, South Australia: Dulwich Centre Publications.

White, R. W. (1959). Motivation Reconsidered: the Concept of Competence. *Psychological Review*, *96*, 299–333.

Wieland-Burston, J. (1992). *Chaos and order in the world of the psyche*. New York,

NY: Routledge, Chapman & Hall, Inc.

Wiener, N. (1961). *Cybernetics: Or Control and Communication in the Animal and the Machine* (2nd ed.). Cambridge: MIT Press.

Winnicott, D. (1971). *Playing and Reality.* London and New York: Routledge Press.

Winnicott, D. W. (1971). *Playing and reality.* New York, NY: Basic Books.

Winslade, J. M. (2005). Utilising discursive positioning in counselling. *British Journal of Giudance & Counseling, 34,* 1–14.

Xu, J. (2010). The impact of Postmodernism on counseling: Boom or Bane? *International Journal of Advanced Counselling, 32,* 66–74.

Yalom, I. (1975). *Theory and Practice of Group Psychotherapy.* New York: Basic Books.

Young, K. (2008). Narrative practice at a walk-in therapy clinic: Developing children's worry wisdom. *Journal of Systemic Therapies, 27*(4), 54–74.

Zeanah, C. (1994). Intergenerational transmission of relationship pathology: a mother-infant case study. Paper presented at the International Conference on Attachment and Psychopathology, Toronto, Ontario, September.

📖 찾아보기

내 용

편저자 소개

Nancy Riedel Bowers(RSW, Rpt-S, PhD)는 캐나다 온타리오 워털루 소재 윌프리드 로리에 대학교 사회사업학과 및 신학대학의 교수다. 그녀는 현재 캐나다의 한 공인된 대학교의 사회복지 대학원에서 단 하나뿐인 놀이치료 수업을 강의하고 있다. 또한 국제적인 놀이치료수련가로서 활동하고 있다. 연구자이자 국제적인 워크숍 발표자로서 그녀는 특히 아동과 놀이치료의 분야에서 심리치료적 과정을 연구하고 있다. 그녀의 수많은 저서와 연구 논문에서 놀이치료의 세심한 계획과 개입을 위한 선택적 대안들을 포함한 치료 단계들을 언급하고 있으며 최근 '놀이의 재정의(Redefinition of Play)'에 대한 국제 연구를 완성하였다. 또한 그녀는 APT 교육과정의 훈련자이며, APT와 CACPT의 지도감독자다.

저자 소개

Anna Bowers는 브리티시컬럼비아 대학교 심리학 석사과정에 있다. 그녀는 온타리오 키치너에서 성장하였고 워털루 대학교에서 심리학 학사학위를 받았다. 학부생으로서 인지발달 연구실과 사회심리학 연구실 모두에서 연구 조교로 일했고 ADHD, 아스퍼거증후군, 학습장애를 가진 아동들의 지능적 기능을 연구했다.

Kristin Trotter(PhD)는 오랜 기간 동안 개인센터에서 가족치료사로 일해 왔다. 그녀는 임상사회사업 박사학위를 가지고 있으며 온타리오와 미국협회에 결혼 및 가족치료 분야의 치료사로 등록되어 있으며 아동, 어른, 가족, 커플, 그리고 개인과 상담을 한다.

Alan McLuckie(PhD, MSW)는 토론토 대학교에서 사회복지 박사학위를 받았고 캘거리 대학교에서 사회사업학위(MSW)를 받았다. 그는 사회복지사로 등록되어 있으며 경험이 풍부한 정신건강치료사로서 아동과 가족을 상담하고 있다.

Melissa Rowbotham(BEd, MEd)는 토론토 오타리오에 위치한 학습장애와 정신건강 장애를 가진 아동들을 전문으로 하는 아동 정신건강센터인 Integra 재단의 지역사회교육 및 개입실천의 책임자다.

Evangeline Munns(PhD)는 캐나다에서 가장 규모가 큰 놀이치료 훈련학교가 있는 온타리오 오로라에 위치한 Blue Hills 아동 및 가족서비스기관에서 놀이치료 서비스의 임상책임자로 있는 심리치료사다.

Theresa Fraser(CYW, MA, CPT-S)는 트라우마와 상실에 대한 임상 전문가로 쉐리던 대학교의 교수이며 아동, 청소년, 집단, 가족에 대해 놀이치료를 활용하는 아동 및 가족치료사다. 그녀는 아동보호와 입양아동에 대한 여러 권의 책을 저술했다.

역자 소개

김유숙(Kim Yoosook)
일본 동경대학교 의학부 보건학 박사(가족치료 전공)
현 서울여자대학교 교육심리학과 교수
　　한스카운셀링센터 수석연구원

〈대표 저서〉
가족치료(3판, 2014, 학지사)
가족상담(3판, 2015, 학지사)
아동과 청소년 심리치료(2008, 학지사)

최지원(Choi Jiwon)
서울여자대학교 교육심리학과 문학박사(상담 및 임상심리 전공)
현 서울여자대학교 교육심리학과 초빙교수
　　서울사이버대학교 가족상담학과 겸임교수
　　한스카운셀링센터 상임연구원

〈대표 저서〉
놀이를 활용한 이야기치료(공저, 2013, 학지사)
우리 가족이 함께 만들어 가는 이야기(공저, 2010, 이너북스)

김사라(Kim Sarah)
서울여자대학교 교육심리학과 문학박사(상담 및 임상심리 전공)
현 경희사이버대학교 상담심리학과 강사
　　숭의여자대학교 가족복지과 강사
　　한스카운셀링센터 상임상담사

가족놀이치료

가족을 위한 협력적 접근
Play Therapy with Families: A Collaborative Approach to Healing

2015년 9월 25일 1판 1쇄 발행
2017년 9월 15일 1판 2쇄 발행

편저자 • Nancy Riedel Bowers
옮긴이 • 김유숙 · 최지원 · 김사라
펴낸이 • 김진환
펴낸곳 • ㈜ 학지사
　　　　　04031 서울특별시 마포구 양화로 15길 20 마인드월드빌딩
대표전화 • 02)330-5114　　　팩스 • 02)324-2345
등록번호 • 제313-2006-000265호

홈페이지 • http://www.hakjisa.co.kr
페이스북 • https://www.facebook.com/hakjisa

ISBN 978-89-997-0774-2 93180

정가 17,000원

이 도서의 국립중앙도서관 출판시도서목록(CIP)은 서지정보유통지
원시스템 홈페이지(http://seoji.nl.go.kr)와 국가자료공동목록시스템
(http://www.nl.go.kr/kolisnet)에서 이용하실 수 있습니다.
(CIP 제어번호: CIP2015022953)

교육문화출판미디어그룹 학지사
심리검사연구소 인싸이트 www.inpsyt.co.kr
원격교육연수원 카운피아 www.counpia.com
학술논문서비스 뉴논문 www.newnonmun.com